主编　王振良

三津譚往

2019

王云芳　编

天津社会科学院出版社

图书在版编目(CIP)数据

三津谭往. 2019 / 王云芳编. -- 天津 : 天津社会科学院出版社, 2021.1

(问津文库 / 王振良主编)

ISBN 978-7-5563-0709-8

Ⅰ. ①三… Ⅱ. ①王… Ⅲ. ①天津—地方史—近代 Ⅳ. ①K292.1

中国版本图书馆 CIP 数据核字(2020)第 260692 号

出版发行:天津社会科学院出版社
地　　址:天津市南开区迎水道 7 号
邮　　编:300191
电话/传真:(022)23360165(总编室)
(022)23075303(发行科)
网　　址:www.tass-tj.org.cn
印　　刷:天津市天办行通数码印刷有限公司

开　　本:880×1230 毫米　1/32
印　　张:9.375
字　　数:210 千字
版　　次:2021 年 1 月第 1 版　2021 年 1 月第 1 次印刷
定　　价:68.00 元

植根于泥土深处的
历史文化呈现

王之望

常言道,“一方水土养一方人”。这里所谓“水土”,当然不能作纯粹物质意义的水土来理解,而是物质文化与精神文化的交融统一。问津书院的系列图书《三津谭往》,便是对天津本土历史文化方面的深入开掘和集中展示。

由天津社会科学院文学研究所副研究员王云芳博士编的《三津谭往.2019》,汇集了问津讲坛第61期至第70期的研究报告成果,比较全面地介绍了天津现存的各种建筑遗产,并力图揭示其文化内涵。

天津是近代中国第二大工业城市,尤以近代化学工业的发展较为突出,截至19世纪末,已有化工类工矿企业36家,由被称为“工业先导,功在中华”(毛泽东语)的著名实业家范旭东创办的永利碱厂、久大精盐公司和黄海化学工业研究社组成的企业集团最具代表性。《工业遗产视角下的“永久黄”》,不仅讲述了企业创业的艰辛曲折、享誉世界的“红三角”牌纯碱和“侯氏制碱法”的创造、“以能服务社会为最大光荣”的企业精神,还叙述了天津“永久黄”工业遗产的分布和建筑详情，同时论述了工业遗产的历史价值、技术价值、社会价值和建筑价值，提出了工业遗产保护的重要性和迫切性。

《漫话小站周公祠》则通过位于津南区的周公祠，讲述了天津近代以来蜚声中外的农业品牌“小站稻”诞生原委。周公祠不是私家祠堂，而是清朝皇帝为天津总兵周盛传、周盛波兄弟敕建的官办祠堂曰昭忠祠，以表彰周氏兄弟主要是周盛传在小站练兵、“公造新式炮台”及屯垦种植优质水稻“小站稻”的功绩。津南种稻并非始自周氏，早在宋元时期即已断续试种，明代科学家徐光启曾在津南考查屯田、躬亲实验、历尽艰辛，最终完成了“南稻北移”的壮举。但“小站稻”品牌的形成还是应归功于盛军屯垦。一是其选择从未开垦过的斥卤之地作为垦区，既避免与民争地，又便于大面积垦荒。二是前人屯田，只用海河水或坑塘淀泊水灌溉，依靠潮汐顶托和退降，水质较咸，水稻质地较差，盛军则利用海河、南运河两个水源，后者又称御河水，源自黄土高原冲刷，富含氮磷钾肥，对近海盐碱土壤有改良作用，且排灌分渠，利于洗刷土地盐碱，确保稻米的高品质。三是改进工程施工技术，防止河道淤积而导致堤岸受涝水冲刷。四是这些措施和设施，使得水稻在盐碱地大面积种植成为可能，从而吸引当地农民前来领种，并逐步扩大到周边地区，告别了前人屯田“旋作旋废”的历史。应该说，后人为之立祠祭祀，当属实至名归。

《天津工商学院的建筑》《天津乡土建筑的文化内涵》《天津文庙建筑文化谭》《西青乡土建筑》《静海的祠堂建筑》《丰台天尊阁》等篇，讲述对象此前大多鲜有专门研究，不乏开创性并给人耳目一新的感受。天津城市素有“万国建筑博览会”之称，但人们津津乐道和关注的目光多聚焦于名人故居，因而工商学院建筑的研究显得别开生面。乡土建筑的价值过去常被人忽视，实则不仅可以从中了解乡土建筑的传统工艺水平和特点，还可以了解彼时人们的生活习尚。作为修谱和祭祀祖先场所的家族祠堂，有益于敦睦亲情和对后人进行家国情怀的传承教育。天津文庙是天津市区最大的古建筑群，也是全国唯一府县合一的文庙建筑，具有祭祀、教育和纪念等多种功能。其明伦堂如今已辟为国学馆，成为研习国学经典、传授国学知识的重要场所。位于宁河区丰台镇的天尊阁是一座道家宫观，历史久远，曾经历过多次重修。相传在这里，薛仁贵巧用“瞒天过海”之计助李世民越海远征，刘伯温镇住黑龙“龙脉”以保燕王朱棣“扫北”成功，请康熙帝为重修天尊阁而御赐两块紫色琉璃瓦，抗日军民借天尊阁与日寇斗智斗勇打击侵略者等，众多传说为这处道教圣地蒙上一层神奇的色彩。

中国第一座室内篮球场的建设，是天津作为中国篮球发源地的重要标志，而中国篮球博物馆也将顺理成章地落户天津。《中国第一个室内篮球场及其他》，研究范围也不局限于建筑本身，而是从篮球传入中国、中国第一座室内篮球场的建设等切入，彰显这座篮球场在中国体育发展史上的重要地位与价值，并借此探讨基督教青年会在天津传播近代文明的领域、途径、模式及其深远的社会影响。《盘山的摩崖石刻》研究对象似乎不属于建筑范畴，但这些山石崖壁经过人工开凿并镌刻上书画文字之后，就被赋予了人文内涵，成为特殊的文化遗存。另一方面，由于这些石刻大都藏之深山，与风景名胜融为一体，从而很容易成为人们争相观赏的景点，具有较大的文物价值和观赏价值。

人称建筑是不动的音乐。是的，优秀建筑不单是物质实体，而是物质文化与精神文化的复合体。随着时间的推移，优秀建筑遗产的实用功能可能会逐步减弱，但附着其身的文化价值必然会日益强化。天津的建筑遗产包括各种乡土建筑，是天津本土文化的重要实物见证。对它的研究，特别是对品牌文化的妥善保护和传播研究，有益于认清天津人爱国爱乡、重信守诺、明礼修身、创新进取的优秀历史传统，增强文化自豪感和自信心，在新的时代条件下自觉继承和弘扬优秀传统文化精神，为实现中华民族伟大复兴的中国梦做出应有贡献。

尤感欣慰的是，近年来随着天津本土文化研究的全面展开、扎实推进，一大批热心本土文化和遗产整理研究、积累丰厚、术有专长的学者队伍活跃并成长起来，即以本集收入的作者看，他们当中有经受过较高文化教育和专业历练的文史专家，也有自学成才乃至身为一介农夫的“草根”型专家；有年过古稀的老专家，也有三十上下的青年学人。他们都有一个共同特点：对天津地方文化研究高度热衷和痴迷，工作上兢兢业业，一丝不苟。有这样一支既有专业特长又求真务实、深接地气的研究队伍，天津的地方文史研究事业一定会繁荣兴旺。

通览全篇，本集文章有一个鲜明特点：研究对象扎根于本土、作者队伍有不少来自基层、文化精神依存于社会历史深处，故以此标题为序。

历史文化研究是一项庞大而复杂的系统工程，任务艰巨，使命光荣。天津的文史研究起步较早，成果丰厚，近年来又由基础研究向应用研究进一步拓展和深化，并已取得一系列较为成熟的成果。截至 2019 年底，“问津讲坛”整整推出 70 期，《三津谭往》系列图书也编到了第七种，加上其他列入《问津文库》的天津历史文化著述出版已近百种，初显彬彬之盛和方兴未艾的发展势头。我们坚信天津文脉传承工程，一定会再接再厉，取得更大成绩。

2020 年 10 月

目 录

问津讲坛第 61 期

（2019 年 2 月 23 日）

工业遗产视角下的“永久黄”

主讲人:岳　宏

岳宏　天津博物馆历史研究部研究馆员，长期从事文物保护和博物馆陈列工作。在文物保护方面，出版了有关工业遗产保护的专著；在博物馆陈列方面，编写了近百个陈列大纲。长期从事地方历史的研究和普及工作，编辑出版了一系列史料集，发表了数十篇论文。

工业遗产视角下的“永久黄”

岳　宏

本文简略介绍工业遗产保护、研究的历史脉络及相关理念，叙述“永久黄”的创办过程，从工业遗产的角度阐释“永久黄”这一范旭东创办的企业集团的价值构成，并对其历史地位进行适当的评价。

一、工业遗产保护浅析

工业遗产保护的出现是“工业革命”研究进一步深化的成果。工业革命使起源国英国成为世界上最先进的工业国，并使其变成了“世界工厂”。有鉴于此，保存“工业革命”时期留下的遗址、遗物便成为英国文化遗产保护的重要内容，保护这些遗存就是留住了英国最重要的文化传统之一，留住了英国改变世界的痕迹，从而弘扬了英国对于人类做出的最伟大的贡献。因此，早在 19 世纪末叶，英国就开始关注工业遗产的保护。1955 年，英国伯明翰大学的里克斯首先提出了“工业考古学”的概念，它标志着专业化的工业遗产保护的诞生。

此外，“后工业社会”的来临、可持续发展理念的产生、后现代思潮的兴起和城市景观设计的需要以及工业旅游的兴旺也极大地促进了工业遗产保护的发展。

工业考古学一经出现很快就引起了西方工业化国家学术界、遗产保护部门的瞩目，除英国外，德国、法国、加拿大、日本(称“产业考古学”)也纷纷开展工业遗产的研究和保护实践。各国开展的保护活动使相关国际会议的举行和国际组织的成立势在必行。1973 年，第一届国际工业纪念物大会在英国铁桥峡谷博物馆举行，来自英国、加拿大、民主德、联邦德、爱尔兰、荷兰、瑞典的 61 位代表参加了会议。1978 年在瑞典召开的第三届国际工业纪念物大会上，国际工业遗产保护委员会(TICCIH)宣告成立。

进入 20 世纪 90 年代，随着后工业化时代的加速来临，工业遗产在世界文化遗产中的位置日益重要。联合国教科文组织(UNESCO)世界遗产委员会委托国际古迹遗址理事会(ICOMOS)先后研究了“国际运河遗产名录”(1996)、“世界遗产桥梁”(1996)、“作为世界遗产地的铁路”(1999)、“国际煤矿研究”(2002)等工业遗产。

自 2001 年开始，国际古迹遗址理事会与联合国教科文组织合作举办了一系列以工业遗产保护为主题的研讨会，促使工业遗产在《世界遗产名录》中占有一席之地。2006 年，《世界遗产名录》增加的 10 个新遗址中就有 6 个属于工业遗产范畴。不仅如此，2006 年 4 月 18 日“国际古迹遗址日”的主题也被定为“保护工业遗产”，这标志着国际工业遗产保护进入了新阶段。

为响应 2006 年“国际古迹遗址日”的主题，当年 4 月 18 日，中国古迹遗址保护协会等在江苏无锡举办了"中国工业遗产保护论坛",并发表了保护中国工业遗产的《无锡建议》。这是工业遗产保护理念正式从国家层面进入中国。

在各项国际活动中，最值得注意的是2003年7月10日至17日在俄罗斯下塔吉尔召开的国际工业遗产保护委员会第12届大会,会上制订了保护工业遗产的《下塔吉尔宪章》。它是迄今为止有关工业遗产保护最权威的文献,也是各国保护活动的指南。其主要内容包括以下几个方面:

一是定义:"工业遗产包括具有历史、技术、社会、建筑或科学价值的工业文化遗存。这些遗存包括建筑物和机械、车间、作坊、工厂、矿场、提炼加工厂、仓库、能源产生转化利用地、运输和所有它的基础设施以及与工业有关的社会活动场所如住房、宗教场所、教育场所等。"

二是时间范畴:"主要集中在18世纪后半期工业革命开始至今的时间范围内,同时也探索其早期前工业及原始工业的根源。"

三是价值特点:①"基于遗产普遍的整体价值,并非各个遗址的独特性",这里的"普遍的整体价值"应该体现在人类主流文化,即代表先进生产力的发展成果、道路和方向中。这一说法似乎有些"西方中心"的色彩,然而工业革命以来的近代历史确是由西方文化主导的。②"工业遗产的社会价值在于它记录了普通人的日常生活",关注普通人的创造。③"具有科学技术价值",主要体现为技术进步。④"也存在于……人们记忆和习俗的无形遗产中",包括"非遗"成分。⑤"早期的或具有开创意义的范例具有特别的价值",强调开创和引领。以上这些特点是我们衡量"永久黄"遗产价值的尺度。

二、"永久黄"的创办

"永久黄"是范旭东创办的一个企业集团,由永利碱厂、久大精盐公司和黄海化学工业研究社组成。"永久黄"形成、发展的时间较长,从 1914 年到 1949 年,时间跨度长达 35 年;空间分布的范围也比较广泛,主要包括天津、江苏、四川、北京等地。本文述及的内容以天津为主。

(一)创办人范旭东

1883 年10 月 24 日, 范旭东出生于湖南省湘阴县一个私塾先生家中,最初取名源让,字明俊,后来改名为范锐,字旭东。1901 年,范旭东随兄长范源廉东渡日本。他先在东京第六高中学习,后考入冈山第六高等学堂学医。在冈山高等学堂读书时,深得校长酒井佐保器重。范旭东打算到帝国大学学习军火制造,并与之相商。校长不以为然:"俟君学成,中国早亡矣!"范旭东深受刺激,决心改学更能强国的学科。1908 年,范旭东考入京都帝国大学理学院应用化学系。1910 年完成学业。因品学兼优,被学校留用。

范旭东

1912 年春,范旭东回国,由梁启超推荐进入财政部, 被分配到铸币厂负责银元化验,月薪 300 大洋。但范旭东仍打算到德国继续深造, 只是一时无法解决学费问题。恰在 1913 年 4 月 26 日,在未经国会同意的情况下,袁世凯擅派赵秉钧、陆徵祥、周学熙等人与英、法、德、俄、日五国银行团代表签订了以盐税担保的《善后借款合同》。为安抚国会情绪,北京政府拟改革盐政,改良盐质。财政部决定派人前往欧洲调查各国盐政、盐业技术和盐的工业应用。在范源濂的帮助下,范旭东成为赴欧四人考察团成员。财政部特别准许:考察结束后,范旭东可暂留国外求学。但是,或许是由于考察中受到的种种冲击,范旭东改变了留学想法。

作为考察的结果,1914 年 7 月,范旭东在天津成立了中国第一家制造精盐的企业——久大精盐股份有限公司。1918 年 11 月,范旭东在天津成立永利碱厂,探索盐的工业化应用。1922 年 8 月,范旭东又在久大精盐厂化验室的基础上创办了黄海化学工业研究社。抗日战争时期,“永久黄”在沦陷区的资产均落入敌手,范旭东曾写信给胡适:“二千万资本,三十年的心血,都完了。但我还是干下去。”1938 年初,范旭东在四川乐山五通桥创立了制碱工厂——永利川厂。同年,9 月 18 日,新的久大盐厂也在四川自贡宣告成立。

范旭东的成功在于他以市场为引导,以科学技术为基础,以研发、管理团队为依托,以广泛人脉为保障,再加上他自小养成的自尊、倔强的性格,由此成就了他“工业先导”的历史地位。范旭东与过去实业家的最大区别在于他意识到了科学技术才是近代工业的本质、基础。1936 年 8 月,范旭东在中国科学社等七团体的第三次联合年会上祝词指出,以张謇、周学熙为代表的旧式实业家,“羡慕近代工业繁荣的情绪有余,这繁荣究竟是建造在甚么基础之上,却无暇计及,毕生事功,无已浮萍,不待人亡,政已垂息”。他将科学研究视为发展工业的根本和“最先之要务”。1945 年,范旭东当选为中国化学学会理事长。同年 10 月 4 日,在重庆南园寓所病逝,享年 62

岁。正在重庆谈判的毛泽东,为他题写了"工业先导,功在中华"的挽联。后来又称赞他是中国人民不可忘记的四大实业家之一。

(二)久大精盐公司

在欧洲考察期间,范旭东发现,在西方国家,氯化钠含量不足85%的盐是不能用来做饲料的,而中国许多地方食盐中氯化钠含量都不足50%。西方有人讥笑中国人是"食土民族"。范旭东深受打击。

1913年秋,范旭东结束考察,回到国内。随后,他在北京兵马司前街黄孟曦宅第亲自用铁锅熬盐,利用再结晶法试制精盐。精盐生产过程并不复杂,人们首先将粗盐溶化成卤水,经沉淀去除部分杂质,接着用钢制平锅煎熬,重新结晶后得到精盐。同年冬,范旭东只身来到塘沽,考察盐业资源,选择厂址。

1914年范旭东开始筹建精盐企业。同年4月,范旭东在组织召开第一届股东大会时已筹资4.11万元,股东中有黎元洪、曹锟、梁启超、冯玉祥等人。同年7月20日,创办久大精盐股份有限公司,盐务署准予立案,并许以百里之内他人不得另设精盐厂。1914年9月,范旭东又在塘沽试验用当地粗盐制造精盐,取得成功。同年12月,范旭东再次来到塘沽,买下通

久大精盐公司总管理处大楼

州盐商 13.5 亩的熬盐作坊。1915 年 6 月,开始兴建久大精盐股份有限公司精盐厂。工厂的设备除锅炉由上海求新工厂制造外,其他主要设备从日本引进。1915 年 10 月 30 日,久大第一座精盐工厂完工;12 月(一说 1916 年)正式投产。产品的氯化钠含量达到 90%以上。范旭东亲自设计了一个五角形的商标,起名“海王星”。最初日产 5 吨,年获利达五六十万元。1919 年(一说 1918 年 12 月)扩建东厂后,年产量达 6.2 万吨。

1916 年 9 月 11 日,久大公司生产的第一批精盐在天津东马路营业处开始销售。此后,以天津为起点,开始进军全国食盐市场。据统计,1923 年精盐销量 4 万多担,1934 年达 28 万余担, 占全国精盐运销总量的 40% 以上。1936 年达到顶峰,约 50 万担。

然而,久大公司在与盐商的斗争中却以失败告终。1929 年南京国民政府再次承认专商的合法地位。为了生存、发展,久大公司不得不参与购买引岸盐票,开始经营粗盐,逐步专商化。1936 年,久大精盐公司改名为久大盐业公司,经营重点被迫转向粗盐。

(三)永利碱厂

1914 年, 第一次世界大战爆发, 长期依赖进口的纯碱来源中断,生产纯碱的英商卜内门公司囤积居奇,碱价尽管高于正常价格的七八倍还是买不到,以纯碱为原料的工厂纷纷停产,严重影响了中国工业发展和民众生活。此外,久大精盐厂建成后,由于受到阻碍,范旭东对久大产品能否打入长江流域没有很大把握。面对不可预知的未来,用盐制碱无疑是最好的出路。在此情况下,范旭东决定创建中国人自己的制碱厂。

为创办碱厂,1916 年 10 月 12 日,范旭东南下南通,与当地的实业家讨论建厂之事。此后，在苏州开办瑞记荷兰水（汽水）厂的吴次伯得知这一消息，于11月27日致信范旭东，邀请他到苏州共商制碱大计。29日，收到信后的范旭东非常激动，在吴次伯信封背面欣然写下“五年十一月二十九，创办永利之起点”几个字。

白灰窑蒸吸厂房远景

经过一番筹备工作，1917年冬，范旭东与上海大效机器厂厂长兼总工程师王小徐、东吴大学毕业的化工硕士陈调甫三人在天津日租界太和里的家中建起一座3米高的石灰窑，由王小徐绘制草图，制作了制碱设备，以长芦盐为原料，用索尔维法进行了3个多月的制碱试验，试制出9公斤纯碱。在此之前，陈调甫已在苏州的实验室中用此法制取了纯碱。陈调甫的试验不仅是国内首次用索尔维法制碱，也确立了中国制碱工业的技术路线。

1918年8月，就在永利碱厂成立前夕，陈调甫赴美国伊利诺大学深造，同时为永利碱厂“接洽工师、购置仪器、参观工厂”。范旭东则包揽了陈调甫在美国的一切费用。经过一番努力，同年11月，陈调甫结识了有制碱经验的法国人窦凡尔（Duval），委托他设计碱厂。陈调甫还利用暑假时间请来侯德榜等五位在美留学生帮忙。侯德榜当时在哥伦比亚大学攻读化工专业。但是，设计方案存在很多问题。后来，陈调甫了解到马叙逊碱业公司厂长兼工程师孟德（W.D. Mount）可以代人设计碱厂，就以2万美元设计费请孟德设计碱厂。在孟德的主持下,碱厂设计方案终于成形。但其中仍有一些缺陷,如容易产生沉淀,造成管道堵塞等。

1918 年 11 月,范旭东在天津成立永利碱厂。1919 年冬,永利碱厂在塘沽破土动工,占地约 300 亩。1920 年 9 月,国民政府农商部批准注册,定名为“永利制碱股份有限公司”。

1920 年秋,陈调甫回国。同年 12 月,陈调甫从苏州家中致信范旭东,推荐侯德榜加盟永利。范旭东接信后,当即给在美国的侯德榜发去了电报,聘请侯德榜为“总技师”,月薪 300 美元。范旭东曾称赞陈调甫:“荐贤有功,应受上赏。”

侯德榜深为范旭东、陈调甫等人实业救国精神所感动,决定接受邀请。获得博士学位后,侯德榜在美国又考察了八个月,于 1921 年 10 月回国,主持永利碱厂建设。1922 年底,永利工厂建筑陆续完成。

1923 年,碱厂的大部分机器设备安装就绪,陆续调试。所用原盐来自长芦盐区,石灰石和煤分别由唐山的卑家店石矿和开滦煤矿提供。1924 年 8 月 13 日生产出第一批纯碱,但产品杂质多,颜色红黑相间,无法销售。此时已先后投入了 200 万元巨款。侯德榜和美国工程师李佐华(G.T.Lee)等技术人员又进行了大规模的改造。1926 年 6 月 29 日,碱厂重新开工,生产出合

永利碱厂幸存的“科学厅”

格的产品，碳酸钠含量高达99%以上，因此取名“纯碱”，以“红三角”为商标。产品与“欧美用矿盐制者,绝无分别”。

1926年8月，在美国费城举办的世界博览会上，永利公司的“红三角”牌纯碱获得金质奖章，被誉为“中国近代工业进步的象征”。1930年，“红三角”牌纯碱在比利时工商国际博览会上再次荣获金奖。此次获奖非同一般，因为比利时是索尔维制碱法的故乡。这枚奖牌表明，当时的世界制碱业对中国的制碱技术和纯碱质量给予了充分肯定。

永利的纯碱,打破了英国卜内门公司在中国的垄断地位。1933年,“进口的洋碱由100万担减至48万担”，国内半数以上的纯碱市场已为永利占有。同年，永利的国内纯碱销量首次超过卜内门。不仅如此，“红三角”牌纯碱还远销日本、印度、东南亚一带。

随着永利公司的生产、销售和科研的不断发展，特别是准备发展化肥工业，1934年4月，永利制碱股份有限公司更名为永利化学工业股份有限公司，它是抗战前中国最大的化工企业。

“卢沟桥事变”前夕，范旭东就已组织人员拆迁设备，将留在厂内的图纸或烧毁或秘密保存。工人们拆除了石灰窑顶部的分石转盘、遥控仪表和代表当时最新技术水平的蒸馏塔温度传感器以及碳化塔的部分管线。拆下来的仪器和图纸分批船载南下，经香港转道武汉、长沙，陆续转移进川，成为大后方重建的重要财富。1937年8月7日，永利碱厂被迫停产；同年12月22日，工厂被日军占领。

1938年初，范旭东在四川乐山五通桥创立了制碱工厂——永利川厂。由于以当地低浓度地下盐卤为原料，用索尔维法制碱存在着成本高、盐的利用率低、废液无处排放的问题，范旭东曾打算购买德国察安法制碱专利，原盐的利用率将由氨碱法的75%提高到

90%~95%,种种原因未能实现。侯德榜决心自己开发制碱新工艺。经过三年的研究,终于制定了新的工艺路线,使盐的利用率达到了98%,超过了察安法。1941 年 3 月 15 日(一说 16 日),经范旭东提议,新工艺被命名为“侯氏碱法”。范旭东说:“这是中国化工走向世界舞台的标志,是中国化工史上最光辉的一页。”

(四)黄海化学工业研究社

在筹办永利碱厂最困难的时期,范旭东深感制碱技术不能只依靠外援,必须自己钻研创造。遂于 1922 年 8 月,在久大精盐厂化验室的基础上创办了黄海化学工业研究社。当时,永利的制碱技术尚未过关,经济上十分困难,但范旭东仍毅然投资十万元兴办这一机构。

研究社能否办好的关键是要选对带头人。范旭东从哥哥范源濂处得知哈佛化工博士孙学悟的情况后,欣喜万分,立即派侯德榜诚邀孙学悟。孙学悟 1915 年获得美国哈佛大学化学博士学位,因成绩优异留校任助教。1919 年回国, 为南开大学筹建理学系。1920—1922 年,任开滦煤矿总化学师。侯德榜半开玩笑地对孙学悟说:“咱们的薪金待遇可比不上开滦啊!”孙学悟郑重回答道:“如果为了高薪和优厚待遇,我何必回国?回国后又和英人共事, 这难道是我回国的初衷? 如果能和几个志同道合的朋友共建咱们国家自己的化工事业 ,就是穷也干。”就这样,孙学悟毅然放弃开滦煤矿的 300 元月薪, 于 1922 年初出任薪水几乎减半的久大精盐厂化验室主任一职。

1922 年 8 月,黄海化学工业研究社成立, 孙学悟出任社长。黄海化学工业研究社成立后, 孙学悟以享有国际声誉的英国皇家学会、法国法兰西科学院为楷模，带领全所人员开启了我国化学工业科学研究的先河。社内设有定性分析室、定量分析室、工业化学试验室和动力室等，并附设图书馆，收藏中西图书达500余种（以化工书籍为主），另订有十多种专门杂志。

黄海社的首要工作是协助永利、久大解决生产中的技术难题。它承担了纯碱生产线各部分的取样、化验和分析等工作，并在制碱工艺的改进和降低纯碱成本等方面发挥了重要作用。

制碱成功后，根据国情，黄海化学工业研究社又将研究方向确定为无机应用化学和有机应用化学，并按轻重缓急，首先选择了肥料、水溶性盐类和轻金属作为主要研究对象，撰写了对我国氮肥工业发展具有深远影响的《创立氮肥工业意见书》。1931年，鉴于发酵菌对民用和军用工业的重要作用，黄海社增设了菌学研究室。同年，黄海社还设立了农业化学室等科室。由于铝在国防和民用上的重要性，加之我国有丰富的铝资源，早在1928年黄海社就开始研究铝，并于1934年试制出我国第一块金属铝样品。

黄海社的成就与人才济济有直接关系。在孙学悟延揽的人才中，有留美的张克忠、张子丰、卞伯年、区嘉炜、卞松年、蒋导江博士，留法的徐应达博士、留德的聂谷汤、肖乃镇博士等。可以说当时黄海社的技术力量绝不亚于国内任何大学的化工系。在抗日战争最艰难的时刻，孙学悟还千方百计筹集资金选派青年骨干出国深造，而这些学子也不负众望地都学成回国。

孙学悟还认为“弄清我国的科技发展史，可树立我们的信心和爱国心”。为此，他曾亲自系统整理过我国古代炼丹资料。为使黄海社同仁能更好地学习哲学，1946年（一说1945年6月），黄海社设立了哲学部，聘请著名哲学家教授熊十力主持研究，试图从哲学和历史的角度探求振兴中国科学技术之路。

1949 年后，黄海化学工业研究社迁址北京，其所属的研究室分别并入重工业部综合工业试验所和中国科学院。

三、“永久黄”的遗产价值

我们以《下塔吉尔宪章》作为标准观照作为天津市最重要的工业遗产之一的“永久黄”，会清晰看到其相互叠加的多重价值，除普遍价值外，还有历史价值、科学技术价值和社会价值等。

（一）普遍价值

1934 年，在多年实践的基础上，范旭东总结、提炼了“永久黄”的团体精神、经营理念和企业文化，提出四大信条，展现了这一组织以相信科学为原则，以发展实业为己任，以顾全集体为前提，以服务社会为光荣的普遍价值观，表现出范旭东、侯德榜、孙学悟等人的自信、自强、自尊的品格和超越民族、国家的格局与胸怀。这一文化养成应该与经营者们受教育的西学背景和国际化的技术协作、学术研究有直接关系。正是在这种价值观的指导下，侯德榜向全世界揭开了索尔维制碱法的神秘面纱，并将其掌握的技术向国外传播。

（二）历史价值

一是久大精盐股份有限公司精盐厂是中国第一家制造精盐的工厂，具有开创意义。它的投产结束了几千年来中国人食用粗盐的历史，标志着中国近代盐业生产的开端。

二是在引岸专商制仍被保留的情况下，久大产品打入了长江流域的湘、鄂、皖、赣等省区，开创了中国盐政史的新格局。

三是永利碱厂不仅是中国第一家近代化制碱工厂，也是亚洲第一家用索尔维法生产纯碱的工厂，具有首创性。它的产品打破了西方国家的技术垄断。

四是永利碱厂注重企业管理制度的创新。首先，它起用专业技术人员担任生产车间的领导职务。其次，从1925年起，永利碱厂开始实行职工三班工作制，成为中国企业界最早实行每日八小时工作制的工厂之一。1927年2月，作为制度正式确定下来。这两项改革在全国都具有开风气之先的意义。

五是抗日战争胜利后，它曾是全国唯一的碱厂，具有稀缺性。

六是黄海化学工业研究社是中国第一家私立化工研究所，具有首创性。它的研究课题引领了当时的研究方向。正因为如此，黄海化学工业研究社图书馆旧址已被公布为全国重点文物保护单位。

(三)科学技术价值

“永久黄”团体的第一信条就是：“我们在原则上绝对的相信科学。”以此为原则，永利碱厂和黄海化工研究社进行了大量实践，取得了丰硕成果。

一是以侯德榜为代表的永利碱厂技术人员解密并公开了索尔维制碱法(也被称为氨碱法)，它是以氯化钠与石灰石为原料制碱的方法。此种碱法是被高度保密和垄断的工业技术之一。

1861年，比利时人索尔维(Ernest Solvay，1838—1922)获得了发明专利。1863年，索尔维决定利用自己的发明建立新式碱厂。

1873年(一说1872年)顺利出产。从建厂到产品生产出来,共花了10年时间。正如索尔维自己所言:“像氨碱法这样经过如此频繁和长期的试验才实现工业应用的工艺方法,是前所未有的。”索尔维兄弟向各国企业提供专利及生产技术诀窍,用有限的资金取得了大量分散的股权,在世界范围内通过技术授权交换股份的方式成功建立了一个松散的垄断性技术联盟——国际索尔维公会,该制碱技术只允许在该公会范围内交流和扩散,对外严格保密。

正因为如此,范旭东在欧洲考察时曾试图进入英国、法国、比利时等国的索尔维法制碱工厂,多次碰壁。在英国卜内门碱厂参观时,英国人认为中国人不懂制碱工艺,建议去看一看锅炉房。侯德榜与美国索尔维厂工程师孟德一起设计碱厂时,要求参观他工作过的碱厂,也遭到拒绝。永利创建时索尔维制碱技术已有50年历史。日本工业较中国先进许多,尚未能建成,要想在落后的中国采用索尔维法制造纯碱,难度可想而知。

由于永利碱厂无法购买技术专利,只能自己摸索,自行设计。从建厂到生产出合格产品用了8年时间。由此可见这一技术的复杂性。

二是在学术层面上,1933年,侯德榜出版了《制碱》一书。国际学术界认为,这表明中国对索尔维制碱技术的掌握已经达到同时代的国际水平。通过美国《科学引文索引》检索,发现《制碱》自出版至2008年已被引用20次。被引时间最早是1934年,最晚是2004年,时间跨度长达70年。引用的论文作者分别来自美国、意大利、波兰、印度、韩国等多个国家。这些足以说明《制碱》一书的经典学术地位。

三是从1938年至1941年,侯德榜先后在香港、上海和纽约进行新制碱法试验。在分析了 1000 多个(一说 2000 多个)样品,做了 500 多次循环试验后,终于制订了新的工艺路线。以此为基础,侯德榜于 1943 年又完成了以合成氨开始的联合制碱流程试验,将“索尔维制碱工业和合成氨工业联合起来”,不仅使盐的利用率达到了 98%,而且使纯碱成本仅为索尔维法的 40%。这种制碱方法把世界制碱技术水平推向了一个新高度,赢得了国际化工界的高度评价。1943 年 10 月,侯德榜在美国接受了英国皇家化工学会名誉会员荣衔(全世界仅 12 名,亚洲仅中、日各 1 名)。他还被授予美国化学工程学会、美国机械学会荣誉会员称号,并成为美国机械工程师协会终身荣誉会员。

四是黄海化学工业研究社成功地提炼出了近代中国第一块轻金属铝。它还是近代中国收集菌种最多的科研机构。1939 年黄海社用中英庚款董事会补助资金创办了《发酵与菌学》双月刊,这是我国创办的第一个发酵微生物学学术期刊, 到 1951 年为止,《发酵与菌学》共出 13 卷72 期,刊登文章 233 篇。

(四)社会价值

一是永久黄集团的“四大信条”的最后一条是:“我们在精神上以能服务社会为最大光荣。”它明确昭示了“永久黄”追求社会价值的显著取向。侯德榜出版《制碱》一书,就是旨在打破化学工业的技术垄断,充分体现了“以能服务社会为最大光荣”的企业信念。

二是黄海化学工业研究社对一些中小企业的项目进行了大力扶持,如迁安纸的改良、朝邑食盐的晒制、河南火硝的精制、茶油漂白、曲阳瓷土长石的开发等,使相关企业以廉价方式获得技术进步的机会。不仅如此,1935 年 10 月 10 日,范旭东还在南京创办了中国工业服务社，希望能够通过提供技术支持和相关服务拯救中小企业。从1935年10月到1937年8月,服务社在战前不足两年的运营时间承接了为数众多的技术改良项目，如河北高阳同和机器染织厂请求改良软水、天津旭升料器厂委托改良灯罩炸裂、甘肃兰州光明火柴公司要求改良火柴质量等。

三是考虑到“工业遗产的社会价值在于它记录了普通人的日常生活”这一理念,“永久黄”不断增加的职工人数应该是其是社会价值的集中体现。它不仅见证了更多普通人的生活轨迹,而且还保留了他们的各种记忆。

以下为久大、永利两厂工人统计：

1926年永利	1937年永利	1949年永利	1955年久大和永利合并
500人	1066人	2492人	3777人

企业办社会更体现了社会价值。据统计,到1935年,仅“永久黄”团体兴办的教育单位就有8个:明星小学校、永利艺徒班、怀瑛幼稚园、工读班、外国文补习班、妇女补习班、联舍儿童补习班、成人义务教育学校。

碱渣山治理后建成的紫云公园

此外,还创建了近代天津滨海地区的第一所“永久医院”、第一座工人俱乐部和第一座图书馆。

四是“永久黄”在社会上留下的良好口碑,更是其社会价值的完美体现,因为它不仅更加客观,而且是受到了大多数与企业没有利害关系的人或集体的认同。社会流行的有关永利碱厂的顺口溜有:“天津卫三宗宝:永利、南开、大公报”“家有十亩地,不如一人在永利”等。这些顺口溜在一定程度上成为企业的社会标识。

四、现存不可移动物质遗产

“永久黄”给天津遗留下来的不可移动物质遗产,主要有如下几处:

一是范旭东太和里旧居。地址在今和平区鞍山道(山东路至新华路段)与四平东道之间。住址社区环境仍然存在,具体建筑尚需进一步辨认。

二是原久大精盐公司办公大楼旧址。1926年,久大精盐公司和永利公司迁入法租界32号路1号(今和平区赤峰道63号)三层西式楼房中。现在已被公布为天津市文物保护单位。

三是永利碱厂驻津办事处旧址。地址在今和平区辽宁路187号。现已被公布为尚未核定公布为文物保护单位的不可移动文物。

四是陈调甫旧居。地址在今和平区大理道贤邻别墅1号。建筑仍然存在,但需要弄清陈调甫在此居住期间与“永久黄”的关系。

五是李烛尘旧居。地址在今和平区马场道安乐邨。1951年,毛泽东主席曾亲临李烛尘旧居。现在已被公布为全国重点文物保护单位。

六是天津和平区四平道原永利碱厂房产。尚需进一步调查。

七是原永利碱厂科学厅旧址。地址在今滨海新区塘沽天津碱厂原址。保存基本完好。

八是原永利碱厂石灰窑。已拆除、位移，但仍保留下来部分，需要恢复原状。

九是原黄海化学工业研究社图书馆旧址。地址在今滨海新区塘沽解放路22号。现在已被公布为全国重点文物保护单位。

除了列举这些，在滨海新区还零星保存有与"永久黄"有关的历史建筑，如永利工人新村的村残存等，需要进行调查。对于化工遗产来说，除了这些建筑类遗产，生产环节遗产的保护与利用，相对来说是一件难度较大的事。首先，由于化工业广泛存在相对较强的腐蚀性和安全风险，其设备、机械的淘汰和更新应该更快更频繁，所以生产环节很难留下最原始的工业遗产，大都是多次更新后的物件。其次，化工厂搬迁后，应对原址进行生态修复，以免有害、有毒、放射性物质、地下水等渗入新建筑物中。一般是等待长出植物并经化验后，再考虑重新利用问题。

此事此生应有分
——问津讲坛第 61 期主讲人岳宏先生侧记

孙爱霞

李鸿章等倡导的洋务运动,开启了天津工业近代化的进程。截至 1900 年,天津共有近代化工矿企业 36 家,是当时中国第二大工业城市。而随着时代变迁和科技发展,天津这样的工业城市必然产生大量工业遗产。20 世纪 80 年代,天津的工业遗产开始进入学人视野, 相关研究也取得不错的成绩。天津博物馆研究馆员岳宏先生,就是一位以工业遗产为主要关照对象的学者,在工业遗产的保护和研究两方面都做出了贡献。

2019 年 2 月 23 日,岳宏先生走进问津书院,走上第 61 期问津讲坛,为读者奉献了一场题为“工业遗产视角下的‘永久黄’”的讲座,向观众传达出有关“工业遗产保护”的相关理论知识以及天津工业遗产保护的相关实践,使听者耳目一新。

保护工业遗产成“分内之事”

工业遗产是指具有历史、技术、社会、建筑或科学价值的工业文化遗存，这些遗存包括建筑物和机械，如车间、作坊、工厂、矿场、仓库及其他基础设施，以及与工业有关的社会活动场所，如住房、宗教场所、教育场所等。如此看来，工业遗产涵盖的内容十分广泛。那么工业遗产是如何进入岳宏先生观照视野的呢？据岳宏说，这是他的工作内容。

20 世纪 80 年代，中国文物保护事业开始走上正轨。1981 年，国务院批转了国家文物局关于加强文物工作的请示报告，要求各地“分别情况进行一次文物普查或文物复查工作，对原公布的各级文物保护单位进行调整和补充，重新加以公布，并切实落实保护、管理、维修的责任”。1982 年 7 月，天津市人民政府为了贯彻国务院的指示精神，重新公布了天津市文物保护单位名单，确定 35 处市级文物保护单位，包括革命类遗产和历史建筑类遗产。1986 年 12 月，《国务院批转建设部、文化部关于请公布第二批国家历史文化名城名单报告的通知》中指出，天津的文化遗产不仅包括古代建筑、革命遗址、传统手工艺，还包括各国租界地的外国建筑。与此同时，作为第二次全国文物普查组成部分的天津市文物普查也如火如荼开展起来。

正是在这样的时代背景下，岳宏进入天津历史博物馆工作，并开始关注工业遗产保护。他一边大量地搜集资料，一边从天津近代工业文明发达的历史特色出发，借鉴英国工业考古学理论，进行小规模的工业考古调查。其间，他还参与了当时天津市工业普查办公室的活动，访问调研过机械设备局、工业局等，获取了第一手实践资料和一批文物线索。他后来还根据此次调查结果，为天津博物馆建馆征集到 20 世纪 20 年代的英国发电机、30 年代的日本织布机、租界码头缆桩等文物。1987 年，岳宏在《天津文博》上发表《工业考古与天津》一文,成为其正式研究天津工业遗产的标志。他参与的这次文物普查,开创了中国近代工业遗产调查的先河,在国内引起不小的反响。

为征集文物“低头走路”

正是时代和工作的契机,使岳宏接触到工业遗产保护问题,并且成为他长期的兴趣与爱好。在采访岳宏的过程中,笔者体会到他对天津工业遗产保护的深厚情感。为了一件相关文物,他可以长期保持关注,绝不轻易放弃。譬如,他发现还在实际应用的隆茂洋行打包机上的电动机后,持续追踪了十数年的时间,总盯着人家什么时候不用,什么时候可以拆。

岳宏对于工业遗产保护的执著,已经沁入其心神。用他自己的话说:整日低头走路,就是为了不错过。比如,他曾经征集到一个英租界的老井盖,上面有英文说明。据当时天津市建委的一位工作人员说,他们天天从那儿经过,从来没注意过还有这样一个英租界的老井盖。

岳宏脑子里整日装着的就是工业遗产保护,无论走到哪里,都会自觉联想到工业遗产上来。2011 年,因为偶然的机缘,岳宏路过天津市某棉纺厂。这家棉纺厂当时拆得只剩下厂房架子了,是一种锯齿状的钢结构架子。出于职业的敏感,他向当时的天津历史博物馆馆长建议,把棉纺厂的这些钢结构架子买回来,因为这种钢架结构在天津出现得非常早,在工业建筑史上很有见证价值。馆长同意后,岳宏开始跟棉纺厂负责拆迁的人接触,但得到的答复是“以料抵工”,已经给了收废旧钢铁的人。岳宏又找到收废旧钢铁的人商量，最终从其手中购得一组钢架，约有50平方米。拆卸的时候，岳宏亲自指挥，指明从哪个地方开始切割，哪个地方需要留痕等。如接口处的大铆钉，是这组钢架的主要特点，必须保存好。经过一系列的努力，切割下来的钢结构架子终于运送到博物馆，成为天津纺织工业的宝贵记忆。

正因为这种工业遗产保护的意识与敏感，岳宏为天津的工业遗产保护事业做出了贡献。天津市历史博物馆与天津市艺术博物馆合并为天津博物馆后，岳宏一直在历史研究部工作，从事天津地方史的陈列展览以及文物征集等工作。迄今为止，岳宏主持或参与的展览项目多达90余个，有的曾获得全国博物馆十大陈列展览精品奖。2007年，岳宏获得“全国文化遗产保护先进个人”荣誉称号。

从世界到天津的工业遗产

在工业遗产保护方面，岳宏先生既有丰富的实践经验，又有严谨的学术成果。《工业遗产保护初探：从世界到天津》（天津人民出版社2010年版）就是岳宏所著，它可谓天津工业遗产研究方面的开山之作。在这部著作中，岳宏并没有局限于天津一地，也没有局限于中国，而是把眼光投向世界，在全球视阈下研究中国工业遗产的保护，进而观照和反思天津工业遗产的保护。

在这部著作中，岳宏梳理了国际上工业遗产保护的脉络与各国的成绩：英国是工业革命的起源国，也是世界上最早最先进的工业国，19世纪末便开始关注工业遗产的保护。保护这些工业遗产，留住了英国最重要的文化传统之一，留住了英国改变世界的痕迹，从而弘扬了英国对于人类做出的伟大贡献。随着英国对工业遗产的保护,催生了"工业考古学"这一概念,标志着专业化的工业遗产保护的出现。工业考古学很快就引起西方工业化国家学术界及遗产保护部门的瞩目,除英国外,德国、法国、加拿大、日本也纷纷开展工业遗产的研究和保护实践。而各国开展的保护活动,又催生了国际工业遗产保护委员会的成立。进入20世纪90年代,随着后工业化时代的加速来临,工业遗产在世界文化遗产中的地位日益重要。2006年4月18日"国际古迹遗址日"的主题就被定为"保护工业遗产",标志着国际工业遗产保护进入了新阶段。

中国工业遗产也有着丰富的资源。岳宏在其著作中详细梳理了近代以来中国的工业遗产分布情况,并对中国工业遗产保护进行了考证,指出取得的成绩。为响应2006年"国际古迹遗址日"主题"保护工业遗产",当年4月18日,中国古迹遗址保护协会等在江苏无锡举办"中国工业遗产保护论坛",发表了旨在保护中国工业遗产的《无锡建议》。这是工业遗产保护理念正式在国家层面进入中国。上海世博会的部分场馆就是利用老工业厂房改建的,而沈阳铸造厂厂房则改建为中国工业博物馆。具体到天津,岳宏用专章的形式,分析了天津"近代工业遗产的形成",考证了天津"现存的主要工业遗产",并详细阐述了当前天津工业遗产的保护实践。

明确工业遗产的四大价值

通过由国际到天津的工业遗产保护的研究,岳宏明确了自己对于工业遗产价值、保护的理念。他认为,工业遗产的核心价值是历史价值与技术价值,历史价值是一切文化遗产的核心价值,技术价值更多的是工业遗产的核心价值。除了这两种价值,工业遗产还具有社会价值与建筑价值。他以工业遗产的四种价值，提出自己的评估标准，诸如“年代早”“重大历史影响”“存世稀少或仅见”“具有一定的历时性”是源于历史价值的评估标准；源于技术价值的评估标准主要表现在生产工具和机器设备环节中，且与工业技术发展的历史节点相关；源于社会价值的评估标准体现在劳动力密集程度及生产规模；源于建筑价值的评估标准则是技术标准与美学标准。对于当前工业遗产的保护，岳宏归纳了两种态度——“功能派”与“本体派”。“功能派”强调工业遗产在当前经济建设中的效益与在城市景观规划、设计中的使用价值；“本体派”主张从本体入手，深入研究工业遗产所携带的信息，认识到工业遗产保护的必要性源于其所拥有的历史、技术、社会价值，以及这些价值的不可再生性。他还指出，“本体派”尚显幼小，意味着工业遗产研究与保护具有巨大潜力。

此事此生应有分，要留记忆满三津。岳宏在天津工业遗产保护方面所做出的成绩，常被其自谦为“工作分内之事”，他努力留住的是工业遗产的历史价值、技术价值、社会价值、建筑价值，也是天津工业历史的记忆，而最终守住的则是天津城市文化。

（《藏书报》2019 年 3 月 25 日第 11 期）

问津讲坛第62期

（2019年3月20日）

天津乡土建筑的文化内涵

主讲人：程绍卿

程绍卿　天津市文化遗产保护中心副研究员。1982年起长期在天津市文物系统工作。1985年6月参加了古文化街建设和文庙维修工程，同年10月参与了黄崖关长城维修工程的测绘、复原设计、现场施工的协调；1995年独立完成天津市文物保护单位福山塔维修工程补充设计和施工指导；2006年组织了第六批全国重点文物保护单位的申报工作。2013年作为主要设计人之一参加了《大运河天津段遗产保护规划》编制工作，获"2013年度优秀规划"三等奖。2018年受聘河北工业大学城乡规划专业硕士研究生导师。

天津乡土建筑的文化内涵

程绍卿

乡土建筑是人类历史的宝贵财富。近年来,随着人们对物质文化遗产重视程度的加深,作为历史文化资源之一的乡土建筑遗产,也逐渐成为当前文化保护领域中研究者们关注的热点问题。

一、乡土建筑保护的历史与现状

从20世纪初开始,历史建筑的保护开始引起人类重视;20世纪中期,这项工作得到以欧洲为首的许多国家的赞同。1964年5月通过的《威尼斯宪章》,将历史建筑的保护扩展到历史街区。1999年10月,墨西哥通过了《关于乡土建筑遗产的宪章》。该宪章是对《威尼斯宪章》的补充,明确地建立了管理和保护乡土建筑遗产的原则。主要包括以下几点:

(一)乡土建筑是"一个群体共享的建筑方式"

这一标准表明,乡土建筑必须为群体共享,无论是家庭、家族、宗族、村落,或者是更大的社区。总之,它应该为一群人所共用。

(二)乡土建筑具有“一种和环境相呼应的可识别的地方或地区特色”

这一条款包括两重含义:其一乡土建筑必须与周围环境相呼应,因此乡土建筑的保护范围应该包括周边环境,而不单指某一建筑或建筑群;其二乡土建筑必须具有“可识别的地方或地域特色”。这一标准在人类走向全球一体化的今天具有十分重要的意义,是文化多样性在遗产保护领域的具体体现。保护乡土建筑意在延续人类文化的多样性,是维护各民族文化安全的一种举措。

(三)乡土建筑必须具有“风格、形式与外观的连贯性,或者对传统建筑类型的使用之间的统一”

作为文化遗产的乡土建筑都具有一定的历时性, 为了维护、延续相关的使用功能,人们在不同历史时期,很有可能对其进行修缮、改建、扩建等,但其结果必须在风格、形式和外观上与原生态保持某种程度上的连贯性。不过,这种连贯性并不排除出现变化。正如《宪章》在“变化与阶段性修复”一节中所指出的:“应当尊重乡土建筑随着时间的推移而出现的变化,这些变化也是其重要组成部分。”但这应该是一种富有连贯性的变化。

(四)乡土建筑需具有“通过非正式途径传承的设计与建造传统工艺”

乡土建筑也被称为“没有设计师的建筑”,其设计思想与建造工艺充分体现了乡村民众的群体智慧和一种文明的普遍风格。这种“草根性”是乡土建筑生命力的基础。该条款提出了乡土建筑所特有的“非正式”的遗产价值,体现出乡土建筑在设计、建造方面的个性。

(五)乡土建筑是“因地制宜,对功能、社会和环境的限制所做出的有效反应”

由于全球资源分布不同,文化生态各具特色,作为植根乡土的建筑只能是因地制宜,并表现出“针对社会与环境限制而进行的不断调整”。也就是说,乡土建筑的历时性具有动态特点,它必须不断适应人类在不同生态环境和不同历史时期对建筑功能所提出的不同要求。环境、历史与人类的要求往往表现为一种客观限制,在此条件下产生的乡土建筑是对这些限制的“有效反应”,也是人类对“社会与环境限制而进行的不断调整”。无论是“有效反应”或“不断调整”,都折射出环境、历史与人类的生存状态,更积累了人与自然和谐相处的智慧,是文化遗产保护的核心要素。

(六)乡土建筑是“对传统建造系统与工艺的有效应用”

该标准强调了传统工艺在乡土建筑建造、维护、修缮等方面的重要意义。同时,也是对乡土建筑提出的工艺要求。

1988 年, 在国务院公布的第三批全国重点文物保护单位名单中,首次出现民居等乡土建筑,如丁村民宅、东阳卢宅。在各级文物保护单位的名录中也相继出现了古村落、传统住宅、宗祠以及民间的牌坊、庙宇、书院等乡土建筑。在第四、五、六批全国重点文物保护单位名单中乡土建筑、古村落亦屡见不鲜了。

纵观近年来乡土建筑的保护，经历了一个由局部到整体，从单纯的建筑形式到功能内涵、聚落形态及其文化蕴涵的重大转变。同时，学者们对乡土建筑的关注、认识及研究，也完成了一个由建筑单体到群体再到古村镇，从注重建筑结构、艺术欣赏到建筑环境、文化内涵的深度发掘这样一个渐进过程。作为文化遗产的重要的组成部分，对乡土建筑在绝美的建筑本体上所附着的文化信息和内涵做一番探究和发掘，实在是一件有益的事情。

二、乡土建筑的文化内涵

《中国大百科全书——社会学》指出：广义的文化是指人类创造的一切物质产品和精神产品的总和。狭义的文化专指语言、文学、艺术及一切意识形态在内的精神产品。在近代，给文化一词下明确定义的，首推英国人类学家 E.B.泰勒。他于 1871 年出版了《原始文化》一书，其中指出："据人种志学的观点来看，文化或文明是一个复杂的整体，它包括知识、信仰、艺术、伦理道德、法律、风俗和作为一个社会成员的人通过学习而获得的任何其他能力和习惯。"

英国人类学家 B.K. 马林诺夫斯基发展了泰勒的文化定义，于 20 世纪 30 年代著《文化论》一书，认为"文化是指那一群传统的器物，货品，技术，思想，习惯及价值而言的，这概念包容着及调节着一切社会科学。我们亦将见到社会组织除非视作文化的一部分，实是无法了解的"。他还进一步把文化分为物质的和精神的，即所谓"已改造的环境和已变更的人类有机体"两种主要成分。

文化学者根据文化的结构和范畴把文化分为广义和狭义两种概念。广义的文化即大写的文化(Culture with a big C)，狭义的文化即小写的文化(culture with a small c)。广义地说,文化指的是人类在社会历史发展过程中所创造的物质和精神财富的总和。它包括物质文化、制度文化和心理文化三个方面。物质文化是指人类创造的种种物质文明,包括交通工具、服饰、日常用品等,是一种可见的显性文化;制度文化和心理文化分别指生活制度、家庭制度、社会制度以及思维方式、宗教信仰、审美情趣,它们属于不可见的隐性文化,包括文学、哲学、政治等方面内容。狭义的文化是指人们普遍的社会习惯,如衣食住行、风俗习惯、生活方式、行为规范等。显而易见,无论遵循上述哪一种理论阐述,乡土建筑都不是孤立和封闭的,而是物质文化、制度文化和心理文化三个层面共同作用的产物。

三、天津的乡土建筑

天津,1404 年的建成区面积仅为 1.64 平方千米,1840 年增长为 9.4 平方千米,1911 年上升为 16.2 平方千米, 至 1949 年达到 50.3 平方千米。城市扩张使得乡村成为市区,乡村建筑成为“都市”建筑,但其属性不应因此改变。此外,从建筑的形制看,天津城内的

建于清光绪初年的杨柳青石家大院

民国时期修建的徐朴庵旧宅

某些传统民居无异于遍布乡村的“传统和自然的居住方式”,因而也从属于“乡土建筑”的范畴。

由此可见,遍布乡村的传统建筑是乡土建筑,城市里符合相关标准的建筑也是乡土建筑。需要指出的是,与祠堂祭祀性质相同的庙宇能否归为乡土建筑,学者们之间尚有分歧。部分学者认为,宗教建筑中的民间庙宇可以归为乡土建筑,因为它们是农民精神生活的重要一环,而且大多是乡土建筑环境的组成部分。

对于乡土建筑概念的界定与具体景观的认定是比较复杂的,然而又是必须的。在充分理解《宪章》的基础上,还必须结合具体国情、乡情,才能使相关的理论成为指导实践的原则。在一定程度上,明、清时期天津历史的发展轨迹决定了天津乡土建筑的分布状况:一是散布市域各处;二沿运河而建(依河而居);三是临海河而立;四是20世纪划归天津的各县也是乡土建筑的聚集地。天津市内的

清代晚期民居建筑形式 宝坻区杨氏民居

现存的乡土建筑基本如此分布:旧城内的建筑多是传统民居,如徐朴庵旧宅、卞家大院等;租界内(及外围边缘)的乡土建筑多为祠堂,如英租界内的蔡氏家祠、比利时租界外的周公祠以及旧城与租界之间的李纯祠堂等。

天津现存乡土建筑的年代较晚。由于天津地区成陆晚,现存最早的乡土建筑大部分为清代至民国年间的建筑。根据 20 世纪 80 年代进行的第二次全国文物普查结果编纂的《中国文物地图集·天津分册》统计,具有一定文物价值的作为民宅、祠堂和商铺的乡土建筑在天津共有 55 处,分布在 13 个区,如果算上民间宗教建筑等,则有 100 处左右。

第三次全国文物普查,这一数字也未发生明显发生变化。相比其他省份,天津的乡土建筑并不算多,因为天津是近代崛起的城市，乡土建筑在整个城市中并非主流，也正因为如此，乡土建筑在天津就显得尤为珍贵，值得倍加珍爱。在天津众多的文化遗产中不乏具有典型意义的乡土建筑，现择其典型做简单分析，为上述观点做一佐证。

（一）泰山行宫

坐落天津市东丽区大毕庄村，始建年代不详，占地面积750平方米，现有山门、前殿、后殿和东西两庑。前后殿面阔五间，进深三间，抬梁式，硬山、人字脊。有道光十九年(1839)所立一通碑。方首，篆额“乐而义捐”四字，碑上有《重修碑记》一文，记载康熙三十七年(1698)、乾隆三十九年(1774)、道光十年(1830)、十七年(1837)四次修葺情况。

碧霞元君信仰是泰山信仰的重要组成部分。尤其是明、清两代，碧霞元君信仰进入了鼎盛时期，“泰山行宫”也随之遍及全国。上自帝王皇室，下到农夫村妇无不崇祀，顶礼膜拜。据史料记载：明弘治十六年(1504)、嘉靖十一年(1532)，皇帝、皇太后分别遣太监、官员“以香帛用伸告祭”祈“永佑康宁，福佑家邦”“俾子孙发育，早锡元良”。皇室尊信元君借此可略见一斑。清代较明代更是有过之无不及。乾隆三十六年(1771)，帝为恭贺皇太后八十寿诞，于春二月奉皇太后至岱，登山祀元君。乾隆五十五年(1790)，帝逢八十大寿，春三月特东巡谒岱庙，登岱祀元君。仅乾隆就曾祭泰山十次，其中六次登岱顶礼元君。

除此之外，碧霞元君庙遍及全国。仅京师娘娘庙就有“五顶”之说，《天府广记》卷三十八载：“碧霞元君庙在城外东南弘仁桥，成化时建。弘仁桥元时呼为马驹桥。都人最重元君祠，其在麦庄桥

天津市现存的唯一一座碧霞元君庙

北者曰西顶,在草桥者曰中顶,在东直门外者曰北顶。又西直门高梁桥北亦有祠,每月朔望,士女云集。”京城既已如此,元君庙兴盛景况亦可想而知了。冯玉祥在《读春秋左传札记》中说:全国2000多个县,几乎每个县都有“泰山行宫”(即元君庙)。碧霞元君上庙、泰山碧霞祠及各地泰山行宫每年元君圣诞前后均有不同规模的庙会活动。

碧霞元君信仰如此兴盛,其实质是明、清时期社会各阶层普遍的求助心理的反映。而天津大毕庄的泰山行宫始建和历次修缮正是在上述政权推行、社会心理强烈需求的前提下,完成了一系列物质层面的实践过程。

(二)文昌阁

坐落于天津市西青区杨柳青镇十六街和平南大街5号。院落

文昌阁

长78米，宽37.3米，占地面积2909.4平方米。始建于明万历四年(1576)，由津门锦衣卫高姓集资兴建，崇祯七年(1634)柳口(杨柳青的早年称谓)士庶梁沛龙等人重建，清咸丰十年、民国三十年重修，后进行多次修缮。文昌阁是一座楼阁式建筑，阁内原奉祀“文昌帝君”偶像。早年的文昌阁为南北长方形院落，均衡对称，东西配房六楹，大门楼一座，坐南朝北，院落砥平，墉垣铜固。阁周围筑墙，深以红土。坡下取土处整理为池，中植莲芡芦荻。大门北向，约30米处池上设板桥一座，绿槛朱栏，以通出入。文昌阁因地势耸峻，早晨眺望，烟云缭绕，尤当细雨霏霏之时，常作画屏想，故而在清代成为杨柳青十景之一“崇阁蒙雨”。

现仅存文昌阁，阁下层为砖石砌筑的六角形基座，前出高大的月台。首层以砖墙封护，成封闭型空间，北面设券门，以作出入口，门上方镶大面石额书“文昌阁”三字，阁内供奉孔子像。二层略小于首层，正面施格扇，其余各面均为砖墙封护，墙上开圆形和八角形透窗，外设回廊，周施木栏，二、三层的转角斗拱出象鼻，阁内供文昌帝君。三层内供奎星，六面均开设隔扇门窗，外檐为木构回廊，可登临远眺运河风光。阁顶为六角攒尖式,顶置宝珠,六条垂脊下端安放垂兽、小兽和仙人,上端与宝珠接合部位均装吞脊兽,结构灵巧,造型别致,飞檐高翘,螭卧架头,檐角各坠铜铃,风吹作响。阁内顶部正中嵌一木板,其上绘有太极图及乾、坎、艮、震、巽、离、坤、兑八卦的爻象。梁架上钉有记载历次修葺的千秋带多条,为研究文昌阁之沿革提供了重要的文献和实物佐证。

文昌神由古代民间信奉的“文昌星宿神”与四川地方“梓潼神”相结合而成。他是中国民间所信仰的一位主持文运及功名利禄的星神,掌管着科举士子的前途命运,故为士子们所虔诚奉祀;同时也是道家所尊奉的一位神灵。宋元以降,文昌信仰受到历代统治阶级和士大夫的推崇,也深受广大下层民众的景仰,传播非常广泛,成为帝君级别的大神。

明清两代是中国科举制度的炙热期，也是文昌帝君崇拜的鼎盛之期。全国各地从京师到各省府州县,普遍建有文昌帝君祀所。正如龚自珍所说:“今法自京师至外州县皆有文昌帝君祠,日是司科名之得失者。”祭祀文昌帝君的祀所名称很多,有文昌祠、文昌庙、文昌阁、文昌殿、文昌宫、梓潼庙等,乃是我国古代宗教建筑中的重要组成部分。

如果说始建于明万历四年(1576)的杨柳青文昌阁,以它特有的造型、精巧的结构反映了建造时物质层面的文化内涵的话,那么在中国科举制度的炙热期、文昌帝君崇拜的鼎盛期应运而生,正是对当时制度文化和心理文化的一种折射。

不仅庙宇建筑如此，在乡土建筑中最为常见的民居建筑受到物质文化、制度文化和心理文化三个层面共同影响，更是显而易见。一座民居的建造,首先是满足功能的需求,也受到了物质条件的限制，在建筑的规制上，受到了社会等级制度的制约，而在建筑方位，布局，位置及细部装饰上则又反映了祈福纳吉、消灾弭祸等风俗禁忌的社会心理。

结 语

乡土建筑是重要的文化载体，外在物质形态呈现在世人面前的同时，其本身附着了丰富的文化信息。通过对我市乡土建筑的典型实例考察后，我们会发现：乡土建筑发生，存在不是孤立和封闭的，而是物质文化、制度文化和心理文化三个层面共同作用的结果。三个层面尽管同时存在，共同影响，但却强弱不一。其强弱程度与建筑本身功能密不可分。

乡土建筑是人类社会发展的见证，保护好这笔财富是千秋功业。保护绝不是目的，其旨在于利用。如果将利用看作是“毛”，那么乡土建筑本身便是“皮”，所谓“皮之不存，毛将焉附”，因此，无论如何利用，如何发挥其效益，其基础仍在于保护好建筑本身，不改变其原状。

为谁辛苦为谁甜

——问津讲坛第 62 期主讲人程绍卿先生侧记

万鲁建

问津讲坛第 62 期主讲人程绍卿先生，系天津市文物管理中心副研究馆员。他 1980 年高中毕业后，进入天津历史博物馆中专班学习，与南开大学历史系博物馆专业的学生一起上课，著名民俗学家顾道馨先生等曾给他们授课。1982 年毕业后，分配到天津市文物管理处考古队工作。初期主要是修复望海楼教堂后面的神父更衣室。1984 年博物馆机构改革，考古队归入天津历史博物馆，程绍卿先生仍留在文物管理处工作。

阴差阳错入门来

1984 年至 1985 年，程绍卿在文物发还处工作了两年，接触到大量珍贵文物。他在这里看到过民国政府委任曹锟为大总统的委任状。他还在天津市史志办亲眼见过袁世凯写的其死后继承人人选字条，他清楚地记得字条上的第一个名字是黎元洪。经手经眼这么多文物珍品,他锻炼了眼力,学习了知识,提升了文物素养,为此后从事文物调查研究工作打下坚实基础。正如程绍卿先生自己所说:“这一工作,奠定了我文物工作的基础和专业素养。”

1987 年,程绍卿先生前往复旦大学进修,学习古建筑等相关知识。1989 年回津后,在蓟州区做了三年修复古长城的工作。之后又参与修复独乐寺,其间主事者因故离开,程绍卿临危受命,负责这一工作直至完成。他还曾和蔡习军一同负责蓟州区福山塔的修复测绘和施工等。这些工作不仅使其积累了文物修复的经验,也奠定了其在业内的地位。如果说文物发还工作使其提高了专业素养,那么福山塔修复项目的完成,则使其具备了文物修复的技能。

天津的古建筑并不算太多, 但天津在近代中国历史上占据重要地位,具有丰富的近代历史遗存,这对文物管理者和保护者既是机遇也是挑战。随着人们对历史文物认识的深化,近代建筑遗存也成为文物保护的重要内容。这就要求文物保护者拓展自己的业务能力,因地制宜地开展近代建筑遗存的保护和修复。程绍卿先生顺势而为,开始将视角转向近代建筑的挖掘与保护方面。1997 年香港回归之际,天津市政府决定修复大沽炮台遗址,程绍卿参与其中,初步掌握了相关知识。2003 年程绍卿前往国家文物局进修,学习相关文物知识,技术能力得到进一步提升。此后,他又参加了天津市文物普查工作,为天津市文物保护事业做出了自己的贡献。

一语定名庆王府

位于天津市和平区重庆道55 号的庆王府, 原为清末大太监小德张亲自设计、督建的私宅,始建于 1922 年。1924 年 10 月,冯玉祥借第二次直奉战争之机发动“北京政变”，囚禁总统曹锟。同年11月，冯玉祥派遣鹿钟麟将末代皇帝溥仪驱逐出紫禁城。此时，住在北京的庆亲王载振害怕祸及自己，遂迁居天津。但他在津尚无固定住所，一番考察后看中小德张的私宅并购买下来。天津解放后，这所宅子被天津市军管会接管，1950年起先后成为中苏友好协会天津分会、天津市人民对外友好协会等政府机构的办公地点。1991年被确定为天津市文物保护单位，2005年又成为天津市特殊保护级别的历史风貌建筑。

当年就该建筑是否应确定为文保单位，专家们曾在南京路的警备区招待所(今上海年代餐厅)开会研究。有北京专家认为该建筑虽然由载振长期居住，但其时他已经不是庆亲王，因此不能称为“庆王府”，应该叫“载振旧居”。天津有关方面一时不知如何作答。此时，蹬着三轮车前来送材料的程绍卿在旁边插话说，载振移居天津时仍旧是庆亲王。1917年其父奕劻病死后，时任大总统黎元洪特准载振袭“庆亲王”衔。当时颁布的诏令为：“清宗室庆亲王奕劻因病出缺，所遗之爵，本大总统依待清皇族条件第一项，以伊长子载振承袭罔替。”所以，载振是名副其实的庆亲王，故该建筑可以称为“庆王府”。最终，专家们听取了他的意见，遂定名为“庆王府”。因此可以说，位于重庆道55号的这座宅院能以“庆王府”命名，程绍卿可谓出力甚大。

程绍卿何以了解这段历史呢？原来，某年天津博物馆的一些文物要赴日本展览，需要到天津市文化局文物处报备，其中就有黎元洪的诏令金册和照片等，当时这些文物送到文物处博物馆科审核。一天中午，程绍卿去博物馆科找同事聊天，看到了这个金册，发现了“庆王府”的来历。后来，同事将这个金册的内容抄下来送给程绍卿,这才使他得以了解事情的来龙去脉。没想到,相关知识竟然会在这样的会议上发挥大作用。由此可见,日常的学习和积累是多么重要。

只为文物倾全力

常年奔波于文物保护的路上,程绍卿所品尝过的酸甜苦辣,或许只有他自己知道。但是作为一个文保工作者,这既是工作,也是责任。在经济发展、社会变革的大潮中,文物保护工作面临着很大压力。某些历史建筑能否保留,有时候并不完全取决于它的历史和文物价值。但是,不管如何,程绍卿总是尽力而为,尽可能多留下一些历史文物。

2007 年天津市的第三次全国文物普查工作启动后, 程绍卿东奔西走,努力使一些具有历史和文物价值的遗存成为普查对象。例如, 他力主将引滦入津工程纪念碑和港五井纳入天津市文物保护单位。他认为引滦入津工程作为一项重大水利工程,结束了天津人民喝咸水和苦水的历史,扭转了天津市工业用水短缺的被动局面,也使天津港获得新生,由此大大改善了天津的投资环境,成为天津经济和社会发展的重要“生命线”。该纪念碑就是为了纪念这一工程而修建的, 它立于海河的起点即北运河与南运河交汇处的三岔河口岸上, 具有重要象征意义。纪念碑正面刻有邓小平同志 1986 年 8 月 20 日亲笔题写的“引滦入津工程纪念碑”九个大字,背面的碑文则记载了引滦入津工程的丰功伟绩, 具有重大的政治意义和社会意义。该纪念碑的碑座为大理石材质,上面耸立的妇女形象则是用汉白玉雕刻而成。因此,无论是历史价值还是文物价值,这座纪念碑都具有成为文物保护单位的资质。港五井是大港油田的发现井，1964 年 11 月 17 日开钻，12 月 20 日喷出油气流，1965 年 1 月 30 日正式投产。由于港五井地处北大港构造带，故命名为大港油田。由此可见，港五井在天津油田历史上具有特殊地位。程绍卿会同其他文保同志，先后多次实地勘察，寻访知情人并查阅历史资料，最终发现港五井的具体位置，并以翔实的文献证明其所具有的文物价值。在第三次全国文物普查中，港五井被认定为天津市唯一的当代工业文物遗产，并被评为天津市"十大不可移动文物"。在南市玉清池的保护工作中，程绍卿也发挥了不小作用。当时，有人认为不就是一个澡堂子嘛，有啥可保护的。他说，玉清池不只是一个澡堂子，它的出现实际上标志着天津市民公共卫生观念的不断增强，城市化观念逐渐深入人心，具有重要的历史价值。该建筑最终得到保护，还成为历史风貌建筑。

乡土建筑知多少

何谓"乡土建筑"，其实之前我知之甚少，通过程绍卿先生的讲座，我才得以了解。所谓乡土建筑，就是"一个群体共享的建筑方式"，具有和环境相呼应的可识别的地方或地区特色，同时风格、形式与外观具有连贯性，是能通过非正式途径传承的设计与建造传统工艺，也能够因地制宜并对功能和社会的限制做出有效反应，还能够对传统建造系统与工艺有效利用。

1988 年国务院公布的第三批全国重点文物保护单位名单中，首次出现民居等乡土建筑，如丁村民宅、东阳卢宅等。天津的众多文化遗产中有不少具有典型意义的乡土建筑。根据第二次全国文物普查结果，天津共有乡土建筑50余处，加上民间宗教建筑，则有百处左右，大多是沿运河或临海河而建。不过，天津的乡土建筑建造年代较晚，大多为清代至民国年间的建筑，如东丽区的泰山行宫，西青区的文昌阁、石家大院，和平区的冰窖赵家旧宅等，都属于此类建筑。通过考察这些乡土建筑，程绍卿认为乡土建筑的出现、存在不是孤立和封闭的，而是物质文化、制度文化和心理文化三个层面共同作用的结果。但是三个层面的影响强弱不一，其强弱程度与建筑本身的功能密不可分。

文物保护是长远而艰辛的工作，多年的实践中，程绍卿先生不只付出了辛劳，更需要具备强大的心理承受能力。程绍卿先生埋头苦干，孜孜以求，为天津的文保事业做出了成绩，此中甘苦或许只能自知，正所谓“为谁辛苦为谁甜”！

（《藏书报》2019年4月22日第15期）

问津讲坛第 63 期

(2019 年 4 月 27 日)

静海的祠堂建筑

主讲人:李寿金

李寿金　字九璇,号沐之,别署随云斋主。1975 年出生,天津静海区王口镇小瓦头村人。2013 年进修于中国书法培训中心,现为天津市书法家协会会员。喜欢文史及乡土文化,热衷家谱学研究。

静海的祠堂建筑

李寿金

祠堂又称宗祠、祠室、家庙,是祭祀祖先或先贤的场所。远在夏、商、周祠堂便开始萌芽,到宋代形成完整体系,明清时发展到了高峰。古往今来,由于水火兵燹等种种原因,祠堂与家谱毁失百不存五,令人扼腕痛惜。20 世纪 80 年代以来,全国城乡民间,掀起了续家谱、修祠堂的热潮,部分祠堂得到恢复。

一、静海祠堂的分布和特点

静海历史悠久,文化绵长,祠堂文化近年来得到了政界学人的重视。静海祠堂规模有大有小,分布在各个村落。静海西部祠堂较多,成规模的十余座,小家氏族祠堂二十余座。子牙河由南至北一些村落,建祠堂的有:小河王氏、郎洼村关氏、滩头刘氏、朱家村王氏、小瓦头村李氏、大瓦头岳氏和王氏、西岳庄李氏和王氏、王口义和村刘氏、王口南头王氏、、王口西头刘氏、王口北头窦氏、南万营村张氏、北万营村刘氏和王氏、迸庄王氏、段堤村张氏和石氏、南茁头张氏和魏氏、北茁头张氏、南坝台张氏、黄岔孙氏、台头郝氏等家族。

(一)祠堂的选址

人们把祠堂风水的好坏看作宗族兴衰的关键,因此,祠堂所在必须是地宽基平、交通方便的风水宝地。一般要注意龙脉和生气来源,其周边环境最好背山依水,明堂宽大,左右互衬,讲究山明水秀,地灵人杰,要求文运亨通,人丁两兴。

例如:

滩头村刘氏宗祠，建于十几亩大的祖茔东北方向。此为人丁山,主坟丁旺,又有稳东固西之意,主出文人。

王口镇南头王氏宗祠,坐落在子牙河西堤,坐北朝南,背依繁华古镇,面朝蜿蜒长堤,可谓骑龙之地,主出将才。

南坝台村张氏支祠，修建在子牙河的茁头村与坝台村转弯处。坐西朝东,河堤环抱,绿树成荫,水源长流,景色优美。佛教文化中认为,族人供奉祠堂西面,有祈愿先祖离苦得乐、早至西方净土之意。

(二)祠堂的规模和款式

祠堂一般为传统院式,中轴对称布局。大体分为大门、围墙、享堂(祭祖举行礼仪场所)、辅助用房等几部分。屋顶款式一般是硬山、悬山砌法。硬山房屋只有前后两面坡,一条大脊和四条垂脊,两端山檐与山墙齐平。悬山屋顶与硬山屋顶较为接近,不同的是屋檐突出墙外,悬空状态故称悬山。脊兽用瓦制成,分为仙人、跑兽、垂兽及鸱吻,主要起装饰作用。古代不同等级建筑所安放的脊兽数量和形式都有规定。

1. 黄岔孙氏祠堂

黄岔孙氏祠堂占地 1.02 亩,始建于 1926 年,现保存完好。墙体挑灰灌浆,正殿高 10 米,五脊六兽,斗拱飞檐,镂雕彩绘做工精巧。正前出一廊,有 4 棵明柱,加上大殿上 18 扇门(以门代窗)中间的 4 棵暗柱,前脸共 8 棵柱子。正殿脊的中间是石雕花瓶,上插三戟,寓意平升三级,祖上在朝有位。殿前有一对石狮子造型别致、神态温和,十分独特。据说本是清末大太监李莲英为宫廷所造,后转卖给大财主二堡郭家,建祠堂时被孙家买来。孙氏祠堂曾被供销社征用,有幸保存下来,是现今最老的祠堂。

1998 年,门楼被进行了维修改建。大门左右置青石狮,门楣上悬一方“孙氏宗祠”金子匾,两旁贴一幅长联:建祠堂历经百年重修缮;继祖业秉承先人铸辉煌。联意贴切,气势磅礴,为族人孙有声所书。

图 1 黄岔孙氏祠堂

图 2 台头郝氏宗祠

2.台头郝氏宗祠

台头郝氏宗祠,2010 年原址复建。它南北长约 41 米,东西长约 22.4 米,占地 900 多平方米。包括大门——中堂——寝堂,三进两院,风格古雅气势宏伟,应该是规模最大的祠堂了。

第一进是大门,门楼高耸,前面一道黑漆铁艺栅栏。门左右各置抱鼓石(门墩),上悬一匾,黑底金子“郝氏宗祠”四字。门楼两侧耳房为倒座,左边是文化室,四壁书画作品琳琅满目;右边是待客室,墙上悬挂族人敬献牌匾、壁镜、贺词。院内左右厢房各一间,双坡硬山顶。

第二进是中堂,又称腰厅,三大间。前面一对石狮,中堂前后各四扇门,每逢重大祭祀节日,前后门全都打开,人站在中堂对着寝堂祭拜。一进大门便能透过中堂一直看到后面的寝堂,空间上的纵深感加强，气氛更加庄严肃穆。中堂两侧是月洞门，左边上方嵌有扇形砖雕“武魁”二字，右边上方嵌有扇形砖雕“解元”二字。月洞门与整体建筑相得益彰。中堂后门上悬“孝思维则”匾额，为族人敬献。

第三进是寝堂，是供奉祖先神主的场所。地坪高出大门与中堂，是一座高大宫殿式建筑。屋顶为歇山顶，一条正脊两端是鸱吻，中间是宝顶，四条垂脊和四条戗脊组成，故称“九脊殿”，其特征是屋顶两侧上半部突然直起来。院落左右厢房各一间。寝堂前廊下四棵粗犷朱漆明柱，屋檐被斗拱高高挑起来，显得气宇轩昂。门正上方高悬“本支百世”老匾，东边高悬“气壮山河”匾，西边高悬“状元及第”匾。台阶两侧和月台皆有汉白玉石栏，其柱头、栏板均有各种精致浮雕，为建筑增添色彩。寝堂内宽敞明亮，香烛辉煌，锦幛秀幕。正中设供案，供奉始祖及八位支派祖之神主。最上方供奉始祖全身巨幅画像，身躯魁梧，着黄金甲，乃一位威武雄健的武将。东侧置黄色丝织品，中间书一个圆润苍劲的大福字，乃当年乾隆帝驾临台头时御笔亲书，恩赐郝氏家族的。东门在寝堂前不远，门楼高耸，檐下悬挂“慎终追远”匾额。

台头郝氏始祖郝宗密，以武功起家，元末曾任洪粮河总兵。元朝覆灭后，郝宗密弃官返山西故里。行至紫荆关，明将张机守关甚严，不能逾越。便寻慕水乡风景、富饶之地安居，命名台头村。生齿繁盛，代有闻人，成为一煊赫巨族。

3.王口南头王氏宗祠

王口南头王氏宗祠，1992年原址复建。两进一院，正殿三间，两侧耳房各两间，青灰墙体，硬山顶盖灰瓦，屋脊走兽，前廊两棵明柱。祠内供奉巨幅宗谱(亦称神轴)，东侧供奉坤谱(王氏先祖母之神主)，西侧陈列探花老祖墓志铭。墙上悬挂探花、翰林等匾七块。东耳房用于守祠待客，西耳房为储藏室。院中平旷，槐树松树繁茂成荫。东北角修一碑库，内置武探花，十四世、世平公墓碑。大门向东，于2017年改建，门楼高耸，飞檐翘角，左右高大石狮一对，门楣上悬黑底金字“王氏宗祠”匾。王氏历世以忠厚为本，子孙崇礼义敦诗书，游庠明经，乃当地大户。

图3 王氏宗祠

4.大瓦头岳氏宗祠

大瓦头岳氏宗祠1994年原址重建，正殿四间，西单间为守祠室。屋顶为硬山顶，盖黄琉璃瓦，正脊上二龙戏珠，两端吻兽。檐下“岳氏宗祠”四字匾，门两边祠联：瀛海家声远；汤阴世泽长。祠内正中供奉先祖岳飞巨幅画像，隆长面白，三绺微须，身穿莽

图4 岳飞宗祠

袍，腰横玉带，威风凛凛，令人望而生敬意。最上方悬光绪年间“精忠报国”金字老匾。东侧供奉南门宗谱，西侧供奉北门宗谱。家族中出了众多官宦名流，其中岳飞第二十八世孙：武榜眼岳汝忠，曾受乾隆太上皇御赐黄马褂、龙头拐的岳全美是岳氏家族的杰出人物。

王口岳飞后人，为更好弘扬传承先祖“精忠报国”精神，在2016年建立一座岳飞思想文化纪念馆，馆内一楼供奉飞祖画像，龙头拐、黄马褂（复制）。珍藏有《岳氏宗谱》，以及各类介绍岳飞及当地岳氏文化书籍。二楼厅内待客、会议室，四壁挂满各地岳氏宗亲联谊合影及族史文化介绍。尤其一方复制“中流砥柱”匾额字体厚重，气象正大，引人瞩目。纪念馆每年春节时期，岳氏宗亲会进行祭祖，弘扬文化。

5. 当滩头刘氏祠堂

当滩头刘氏祠堂，2018年在原址重建。祠基宏阔平旷，大殿楼阁式仿古建筑，上层歇山顶，二层悬山檐，皆盖黄色琉璃瓦，朱漆明柱，红灯高挂，越发巍峨壮观。大殿里宽敞明亮，中间红木雕刻神

图5 当滩头刘氏祠堂

龛，龛内供奉先世祖、始祖、门派祖之神主。两侧祔祀各支派宗谱。目前配殿和门楼正在准备建设。滩头刘氏人才辈出，清代先后出过四位进士，刘贡、刘仲篪（字西楼）、刘荫椿（字子年）、刘汝骥。在京南有“西楼文章，子年诗”的赞语，享誉盛名。

小河村王氏宗祠，2012 年族人乐捐，原址重建。坐北朝南，两进一院，建筑为砖木结构，红墙灰瓦，硬山顶，匠人运用“堆灰”“瓦花”工艺在脊上制成二龙戏珠，两端吻兽，垂脊上排列走兽，简洁朴实，显得古韵盎然。大殿五间，有东便门。大门楼为凹肚式，檐下悬“王氏宗祠”匾额。月台上两棵明柱，台阶左右置高大石狮。门楼两侧耳房（又称东塾西塾），昔为族中子弟读书之所。小河王氏贵耕力读闻于乡里，出了不少举人贡生，教出的学生多为官宦名士。

西岳庄李氏宗祠，坐落在中心街南，2004 年原址重建，坐北朝南，大门朝北，正殿三间，青灰墙体硬山顶，堆灰二龙戏珠，脊两端吻兽，四条垂脊分布走兽。进门影壁高大，院东边一棵古槐，已有五百多年，为天津市古树名木一级保护。它见证了众多历史，充满了许多神奇的故事。据传如果有人砍伐，树的破口处会流血。这棵参天古槐，枝繁叶茂，庇荫着一代一代乡亲们过着幸福安康的生活。李氏族众繁多，散居亦广。清末太医院左院判李崇光为其杰出人物。

（三）祠堂的装饰和配置

为了显示门第高贵、家势壮大，祠堂的装饰丰富多彩，一般会综合运用木雕、砖雕、石雕、彩绘等工艺。正殿内配置有神龛、谱匣、条案、八仙桌、香炉、烛台等及各式宫灯。祠院内外，植松柏得永垂不朽之荫。植槐，有怀乡怀祖之念。植杏植桂，寓意兴旺富贵。

二、静海祠堂的文化内涵

(一)祭祀礼仪

每逢春节、清明节,合族祭祖最为隆重。祠堂中,供奉家谱、牌位及祖先画像,通过设供品、焚香、读祭文等仪式,族人衣冠整肃,态度虔诚,依辈分排列出班次,进行叩拜。

有家谱没有祠堂的氏族,逢年过节一般在家中悬谱祭祀。悬谱多选择在族中长辈或居住环境宽敞的人家。门楼上挂宫灯,大门贴族联。这种形式相传久远。

乡村又有拜邻谱之习俗。逢年过节每到一家祠堂或见到有家谱的人家,首先诚敬祭拜,然后再参观或叙谈。虽非同族不免姻亲世交,表尊老敬贤、和睦乡里之意,故有此礼。守祠人要在侧相陪同拜。

(二)堂号

堂号是某一姓氏某一派群体的代称,一般悬挂于正厅上首,多以简洁的词语表达出本族崇尚的价值理念或祖先曾经的荣耀。

静海边氏“清白堂”的由来与五世祖边维新有关。明朝天启年间,边维新任河南巩县(今巩义市)知县时,公正廉洁,深受百姓爱戴。多年的仕宦生涯中,他看够了官场黑暗,决定隐退归里。魏忠贤为了网罗人才,遣他的同年写信游说,以高官厚禄相许。边维新一口谢绝,并回信斥责魏忠贤擅权误国的恶行。崇祯帝继位后,魏忠贤遭到罢黜。其家中搜出大量信函,尽是献媚之言,唯有边维新的信函是个例外。崇祯皇帝读罢道:“想不到一个七品县官,竟有如此忠心和胆量!”感慨之余为其题写了“清白之家”的条幅。后世边氏族人遂立堂号为“清白堂”

王口南头王“永思堂”,堂号由来与南头王八世祖慎德公有关。慎德公天资纯朴,乐善好施。双亲俱殁,悲痛欲绝,将双亲葬于村南后,在墓旁设草堂丁忧。堂曰永思,后定为南头王堂号。

王口西头刘“世德堂”,世有美德之意。明朝山西迁民时,故土难离,兄弟五人相约,无论散居何地皆以“世德”二字为堂号,待后世子孙相见提起便知是同族。

王口天官王“三槐堂”。北宋兵部侍郎王祜手植三槐于庭,曰:“吾子孙必有为三公者。”后次子王旦位居宰相。后人遂以“三槐”为堂号。

小瓦头李氏“报本堂”,报本思源之意。祖先是后人的根本,根本固而枝叶荣。祖有远近之分,近代先祖,近代人敬之,远代则不知敬,岂知无远代之祖,近代祖从何而出!因近代为我祖先,远代更为近代祖先的祖先,我不敬远祖而近代祖先的心不安,因此,必报本中之本。

(三)家训

家训为伦理规范,对于今天形成“爱国守法、明礼试信、团结友善、勤俭自强、敬业奉献”的基本道德有积极的推动作用。

1.大瓦头边氏

大瓦头边氏以“书礼继世,清白传家”为本,明清两代曾有多人中科举。静海(今静海区)县志载:“边长庆及弟重庆,白手起家,疏财好义，尤急公务，子孙盛显，乡里称羡。”族谱有专门记载：十三世边重庆，字申之。太学生、守御所千总、候选都司、游击衔加二级，诰授武义都尉、晋封武功将军。生于道光七年，享年五十七寿。公为人孝悌，品性慷爽明快、刚正不阿，白手成家备尝艰苦，而轻财好义无难色。修庙宇以崇祀典：静海城隍庙、节孝祠、龙王庙、大城县城隍庙皆公重修，各有丰碑以记其实。造义渡以济行人：静海运河南北两义渡皆公重修。凡恤老济贫：同治十年，岁大饥，乡闾之日不举火者十八九。公尽力周之全活甚众，至除夕公又施舍钱、面以巨万计；有献县王姓，兄弟三人扶老母流落无所。公予以住所食物，居年余旋里；又有流民窘极鬻妇者，行将别矣，夫妇相向哭甚哀。公悯之，诫勿鬻，厚其资斧，遣归；又有因贫将鬻幼子者。公助以资，并晓以天性之恩不可轻绝，父子遂得完聚。此类甚多不及备载。解纷排难：乡邻或有争讼，公力为排解，不避嫌怨必使和好如初，而后止。捍患御灾：光绪八年，河水陡涨，岳庄堤漫溢几决。公自出椿料，急为抢护，一村庐舍幸保无虞。诸善举不胜细数，故静大两县邑侯，绅耆各送匾牌，以彰其德，并勒石以垂久远。公没后两乡间父老辄歌功颂德，称道弗衰，呜呼！可谓不朽矣。

2.大黄庄田氏

大黄庄田氏富甲一方，田世法公一支以不娶小妾、好义喜施为训。十一世田世法字君重(恩赐七品职)。勤耕爱读，家道殷富。有一事不尽人意，与妻田陈氏都已到中年，膝下无一男半女。田陈氏劝他买小妾生子，传承家业。于是他披上钱褡子，骑着毛驴来到山东地界，找家客店住下。给伙计赏钱，委托帮着买小妾。店伙计花五十两银子买来一少妇。世法公问她身世，少妇不禁落泪言道，我是自卖身，养活两个孩子与公婆。世法公见少妇不幸有难，心中怜悯，自思不能因已而拆散她们一家人。遂吩咐伙计将少妇送回家,并赠银安家度日。世法公无心买妾,回家途经泰山,遇道士为他看相,言他命中无子,因做善事,将来子孙发旺。几日后到家与田陈氏讲述事情经过,从此断了买小妾的念头。不到一年田陈氏怀孕,之后生一子名延年。 十二世田延年字介眉,育有六子:毓丰、毓瑛、毓灵、毓谨、毓振、毓升,分为“新六门”,各门皆耕种为业。唯十三世田毓升(太学生,字级三),善于经商,子牙街开粮栈。十四世田绳武(字绍斋,太学生)继承祖业,好义喜施,是远近闻名的大财主,拥有子牙附近土地一千六百多顷,号称“双千顷”。

又据静海县志载:田王氏、大黄钦庄田绍斋之妻,省议员子鹏之母也。现年八十五岁,慈淑性成,惠及乡里,一门德厚,施舍不倦。民初,内务部颁发“鸿畴燕嘉”匾额一方,并大总统匾额两方,褒词一幅。

十五世田子桂(字秋圃,武庠生)随父学习中医,十八岁娶大城县二堡郭秀峰之长女郭氏为妻。一生勤俭,行医乡里。十五世田子鹏(字展程),众议院议员。民国八年,瓦头、王口两镇绅商募捐修建瓦子头崇善桥(今名王口桥),立会首推他任建桥正会长。其母田王氏省下过寿的钱捐助, 其妹婿省议长边守靖亦捐资并鼎力维持。1924 年直奉战争时,桥面被奉军炸坏。1932 年田家捐助重修瓦子头崇善桥。子鹏公曾自捐房舍,创办大黄钦庄“育仁学校”(韩兆琦先生著校史序)。

十六世田凤纪(字书元),子桂公次子,河北省立法商学院商科。十六世田凤藻(字秀波,子桂公之三子)河北省立法商学院商科。十七世田树培(凤藻公长子)1929 年生于大黄庄,1964 年赴国外留学,博士学位,现任大学校长。他身在异国他乡,对家乡教育事业倍加关注,2004 年捐巨资建立田树培学校。2005 年又捐巨资为家乡修建一所目前全县最好的幼儿园，如此善举造福乡里，功德无量。

3.王口东头张氏

王口东头举人张家以“求人难”自力更生为训。八世祖张毓椿中举，可到外县当教谕，但要交200两银子打点才能上任。他向亲友们借贷，说了不少求人的好话也没借到那么多银子。有功名不能做官，因而终日郁郁寡欢，不得志而逝，终年三十八岁。临终前留下“求人难”三字遗言，告诫后人务必勤劳致富，奋发自力。后为本地殷富之最。其子孙接连四位中举人，家族中有：中医、土木专家，工程师等。作家关永吉，本名张守谦，为其杰出人物。

(四)家谱

中国家谱源远流长，与正史、方志构成了中华民族史学大厦的三大支柱。家谱所记内容范围非常宽泛，有谱名、序跋、凡例、先世考、祖先画像、恩荣录、世系、传记、族规家训、祠堂、坟茔、仕宦录、名绩录、吉凶礼、五服图、年谱、艺文、族产、契据文约、排辈字式、领谱字号、余庆录等。既反映当地民俗风情，又有地域性的宗族文化。其中，传记、艺文等资料可补正史、方志之缺。

家谱中对祠堂记载图文并茂，分注详细，目的是让后世子孙知悉祠堂来历，感念先辈创造之劳，从而对祠堂时加修葺。例如：王口东头张，张守誉先生家谱记载：家祠建于1920年，坐落于官道大街，东西约28米，南北约40米。正门朝东，深门洞，门上悬挂“张氏家祠”匾额，黑底金字，为清代举人、锦州知府朱佩兰所题。正门北面不远处有一便门，朝向与正门相同，门上有砖雕“迎旭门”三字。一进庭院，迎面为六角圆石柱亭，亭前石柱刻有对联：序齿辩贤分座次，表功述德列芳名。亭中有木板，上刻捐资人名。六角亭北边为正殿三间，前有回廊，中间悬挂张氏祠堂竖匾；东面悬挂家训“求人难”；西面悬挂清代进士、大主考李家驹所题“祖孙、父子、兄弟、叔侄、孝廉”匾额，是指八世祖毓椿公，九世祖敬铭公、敬熙公，十世祖务本公。正殿中间放置黑漆神龛，东侧摆放为“始祖聿有氏之神位”，西侧摆放为“始祖嵩龄公之神位”。神龛中悬挂有“报本追源”匾额。神龛前放置供案，上有白铜香炉、烛台、香筒等供具。神龛东西两侧分别供奉聿有公后人及嵩龄公后人家谱。大殿两旁各有东西配殿。配殿南面为东西厢房各三间，门前有走廊。走廊前有竹篱，高约 3.5 米左右，院内植柏 2 株，中间桃 2 株，南面丁香 2 株，竹篱南植蔷薇。石柱亭的西边有三间储藏间。家祠 1937 年被日军轰炸，现已毁失。

静海《于氏家谱》创修于明朝嘉靖年间，基本具备家谱体例。今存 1918 年抄本四册，现藏于天津南开大学图书馆。

大瓦头岳氏祠堂，供奉宝塔式垂丝走线素谱，由刘维钰先生书写，设计与书写水平极高。自岳飞祖下传三十余世，朱笔附注科举功名，谱述详确，使观者一目了然。

大瓦头边氏家谱，由直隶省议长边守靖倡修，谱载名讳、字号、生卒、葬地、嫁娶、传记、仕宦录等，修撰得极有品位。

近年来满门朱紫、累世簪缨、位列静海八大家的大邀铺元氏，衙门前李氏，静海边氏都续修谱书，体例完备，与时俱进，反映出家族风貌和修谱人的水准。

（五）匾额及祠联

匾额和祠联是祠堂建筑点睛之处。通过对联形式将姓氏的来源、祖先居住地、名讳字号、官位以及祖先做何嘉行懿事等内容用言简意赅的语言进行艺术再现，寓意深长。一般由历代书法家书写，也有部分出自社会名流的手笔，有很高的艺术性和文学欣赏价值。例如：

郝氏宗祠复制匾额，大部分由族人书法家郝金宝书写。“气壮山河”，由李鸿章（中堂）题；“状元及第”，由王寿彭（清末状元）为道光十八年武状元郝光甲所题；“慎终追远”，由谭延闿（政治家、书法家）题；“郝氏宗祠”，由王垿（光绪进士，任法部右侍郎，书法家）题；老匾“本支百世”，由冯孝光（霸州人，清末举人，省议员）题。

南万营张氏祠堂1930年修建，青砖青瓦，近百年历史，门楼保存完好。“张氏宗祠”匾额，由东头张“万胜永”的张敬廉（擅颜体榜书）所书，字体浑厚雄强，气势伟岸。该祠堂历史上曾被征用为广播室、卫生所、村委等，得以保全。祠堂中还有文革气息浓郁的标语和牌匾，保存着那个年代特殊的历史记忆。

王口南头王氏门楼“王氏宗祠”匾额，由族人书法家王幼军墨迹放大，静海工匠非遗传承人张景岩制作。正殿内复制的探花及第、文元、翰林、进士、孝行不凡牌匾，由书法家刘冠锋书写。“孝行不凡”匾：八世祖慎德公，字悭枢，天姿纯朴，至性过人，善文艺工书画，孝侍双亲，名穷桑梓。乐善好施，服务乡族。文昌阁、普济桥、关帝庙，皆公倡导修造。著族谱以明血系，编碑训而正族众。明朝末年，盗贼群峰而起，所到之处生灵涂炭。可贼人到文定乡听闻这是慎德公之家，相互告诫说：“这是王孝子的家，不要冒犯。”贼人相继离去，百姓安然无恙，此多亏慎德公的孝行。后清代顺治年间，大城县令吴洽汇为表扬慎德公孝德，旌门题额曰“孝行不凡”。

大瓦头岳氏“岳氏宗祠”匾，族人岳树志书。“精忠报国”乃光绪年间老匾，笔力遒劲，风流潇洒，能保存下来真是弥足珍贵。岳飞文化纪念馆“中流砥柱”匾（复制），乃清嘉庆八年静海知事陈世骧亲笔题赠岳廷理。廷理字玉亭，富而好礼，喜施舍，多阴骘，子孙显贵。

王口西头，刘氏宗祠1993年在原址重建，坐落在和平村南，有正堂五间，硬山顶，龙船脊（脊两端高翘，形似龙船），院墙相围。高大门楼，其门框上悬挂一副对联：世笃忠贞缵戎祖考，德垂后裔宜尔子孙。门心一副龙门对：世族继簪缨秋解春元累代诰封隆孝享，德门崇礼乐左昭右穆一堂钟鼎答神庥。对联与龙门对共用一副横批：世有令德。对联与龙门对皆是藏头联，上下联首字连在一起皆有世德二字，以对应堂号世德堂，由此可见西头刘氏文化底蕴之深厚。这套祖传木刻对联，文采激昂，书法遒劲，苏体风格，镌刻水平极高。另有老匾“松筠节操”是旌表刘氏高安人的。

滩头刘氏宗祠有旧联：举人进士拔贡，派头地练官中。这副对联是清代进士刘荫椿（字子年）在一次修宗祠时所写，寥寥十二个字，便把全族大小头面人物尽皆囊括，足见其才思敏捷。

（六）碑刻

台头郝氏宗祠里保存两块老碑。其中郝宗密庙堂碑是清授中宪大夫，前工部、法部候补主事刘林藻书。

王口镇南头王氏宗祠保存有清朝武探花王世平的墓志铭和墓碑，均完整无损，十分难得。王世平（1784—1848），字赓泰，静海王口镇民主村人（原属大城县），清嘉庆十二年中举人，十三年中探花，一甲第三名，授二等侍卫。

北进庄保存原祠堂石碑《王公忠义传》《王公孝友传》，书法文辞俱佳。传文的主人分别是王荣照和王玉骥，二人为祖孙关系，均为王氏家族代表人物。王荣照为一普通商人,平生并无显赫事迹,但其性行纯孝,不仅能致孝双亲于生前,而且能克承先志于死后;王玉骥则为一传奇人物,平生行侠仗义,济困扶危,其最大功绩为于甲午抗倭之役中参赞军务,并最终忧国而死。祖父经商,孙儿从军,但均能以身践行传统伦理,推己及人,由乡及国,堪称儒商、儒将。尤其王玉骥,文武双全,博览群书,著有《退一步草堂诗钞》。

大黄庄田氏《始建宗祠记》,光绪三十三年老碑,详述捐义田用于建祠堂、祭祖、助学等事项。全文如下:

盖闻以父母之心为心,天下无不友之兄弟。以祖宗之心为心,无不睦之族人,一本故也。为人子孙将欲尊祖敬宗,春秋致奠而常,目在之为睦族,劝则莫若立庙以存主。我始祖自有明永乐中由山东迁居直隶,嗣后子孙蕃衍,世业士农而家声以振,至今十七世矣。臣武兄弟二人仰承亲训惟冀发名成业,以为前人光。会有天幸,功名稍有成就,财用丰足较胜于前,皆蒙先人之福荫,以至于斯也。爰议创建家祠以隆孝享。事未及成,二弟病故。兹与三弟会集族人议成此举。祠堂基址,一切木石费,独力成之。凡此者犹是二弟遗意也。臣武又愿出地三顷二十二亩半,敬谨入庙以为永久之业,每岁庙中之供奉用者,取地七亩半。其余地亩所出,届时岁修取给于此项。子弟读书取给于此项。族党中有儁秀之子弟,欲读书而有不能者,亦以此项供给之。以外赢余择子弟之纯谨者二人管理经营,及时生息储积,务须详审,出入总要分明。甚不可含忽其事。生息积多三家不妨分用其半,仍留半以为将来不拔之基。且分用之者惟我三院则然,而别院不与焉。我后世子孙切勿任意徇私从中梗办,废施其业者,咎在不孝。有独专其利者,咎在不友为人。后者而顾犯不孝不友,其咎孰无天性,忍而为此也。耶且违此戒者,合族皆得以其义阻之,甚至送官问罪,亦不为过。则庶乎绵延勿替,传流及于无穷矣。碑铭具在懔之遵之。

戊子举人、拣选知县、大城刘庆鸿拜撰

民国《静海县志》收录一篇滩头刘氏祠堂重修记《刘氏家祠记》,翰林院编修、族人刘汝骥撰。全文如下:

吾族之有祠也,自同治甲子始也。建祠费若干缗,出自公田之羡余也。祠基若干步,出自缄三公、兰台公之输助也,族人耳熟能详矣。岁己未距甲子未六十年也,祠毁于风雨,将倾圮,族人谋重修,逾月费省而事集,飨堂、门垣,巍焕一新,事竣。属汝骥记其事,汝骥作而言曰:有是哉。孝子仁人之用心,固若是哉。祠飨堂设三龛:中龛祀清水府君;左龛祀惠民府君,老长房支祔之;右龛祀泽民府君,老二房支祔之。两房子孙遇亲尽当祧者,各奉其主祔祀,本房下无嗣者,得祔祀老三房,得祧祀旧制也。为问移主之时,次序有无紊乱乎?族人曰:据谱牒考,世次无紊乱矣。元旦、春秋俗节,必设祭。祭三筵,犹有同堂合食之义,旧制也。为问尊罍笾豆之属,皆修洁无损缺乎?族人曰:祭器皆修洁矣。祖若宗遗训、遗书及几、杖、盘、盂之属,岁时陈设之旧制也。为问先人手泽所存,未为鼠蠹所残蚀乎?族人曰:敬谨收藏矣。祭田公田,尝所自出两房子孙,食其余,旧制也。为问岁修之费有储蓄无竭蹶乎?族人曰:岁修不竭蹶矣。汝骥曰:噫嘻!美矣。善矣。虽然,犹有说大雅之诗曰:“无念尔祖,聿修厥德。无念云者。”谓念慈在慈,无时无事而或忘也。汝骥于是盥手执爵,复进而与族人言曰:我邑右族若励氏、宫氏,康熙、乾隆朝,贵盛炫赫极矣。今其子孙当有存焉者乎?我清水府君,清慎传家,自有明永乐至今,垂五百年,宗枝日蕃,衍掇甲乙,科者相望,食胶庠者至百三十余人之多,可谓盛已。吾侪徼祖宗泽,食德食畴,得与士大夫家之列,有敢惰农自安者乎?有敢黩于货、荒于淫乐、出入闾巷为不法者乎?有敢放言高论、废而经学者乎?幸而出仕,有敢以麒麟之楦而狠如羊、贪如狼、背而君、辜而祖父者乎?则皆曰:不敢审,不敢则尽,吾孍,是则清水,府君之贤子孙也。否者,鸣于祠,与众共弃之,族人念之哉,念之哉! 祠南乡地爽垲,正门一,左右门二,飨堂三,楹复檐朴素无雕饰。后堂三,楹燕长老墙垣,地址若干步,皆如旧制。

清辛酉二月十三世孙汝骥谨记

三、祠堂的功能和价值

祠堂是中国宗法文化的载体之一,在中国社会的发展历程中,发挥了不可估量的积极作用。几千年的封建社会里,作为宗法精神的物化产物,祠堂与封建社会的皇权和族权相辅相成,维持着社会稳定和持续发展;进入新时期以来,祠堂也与时俱进,被赋予了新的历史使命,致力于构建和谐社会。其主要功能如下:

一是敬宗收族。祠堂是修谱和纪念祖先的场所,有利于后来者发扬祖先的爱国主义、艰苦创业等优秀的中国文化传统。

二是寻根问祖。祠堂是接待来访续谱联谊的场所,有利于加强民族团结。

三是进行中国传统道德教育。通过祠堂、匾额对联、碑记以及家训,弘扬爱国、孝悌、敬业、诚信、友善、勤劳、俭朴等中国传统美德。

四是陈列书画,增长知识。同时,有利于增进宗亲邻里情谊,丰富农村文化活动。

五是展示民俗文化。祠堂是民间收藏的陈列馆,旧宗谱、旧碑记、旧家具、旧农具等,是新旧历史教育的重要场所。

现代社会,很多人忙于生活,更多年轻人外出求学工作,忽视了祠堂文化。许多氏族中,祠堂管理面临断代问题。热衷家族事业者,应能者出力、富者集资修建祠堂。由族长或宗子或德才兼备的人员管理族产,维修护理祠堂内设施及有关公共物品的保管,负责祭祀及组织族中公共活动。祠堂经费管理,账目收支要有一系列措施。家族理事会人员勿谋私利而浪费钱财。祠堂系先灵凭依之地,以静为主,守祠人当不时整饬,保持内外整洁。祠堂是神圣净地,不许在祠堂内赌博游戏!

祠堂是地方上的人文景观,每逢春节或祭祀日子,家长们带领上学的孩子,阅读家谱以了解家族历史,有助于唤起家国情怀,增强民族自豪感。祠堂传承经典家训,展示民俗文化,承载着中国传统的建筑及文化遗产,具有重要的历史价值。那些经过多代人的心血保留下来的老谱、碑刻、匾额,似乎静静地在那里诉说着什么,只等待有心人去发现。希望有更多人士来挖掘、保护、传承祠堂文化!

“三家”农民的文史生活
——问津讲坛第 63 期主讲人李寿金先生侧记

李佳阳

问津讲坛第 63 期主讲人李寿金先生,是天津市静海区的普通农民。他学历并不高,凭借老辈儿传下来的手艺,以加工和售卖香油为生,走街串村赚些辛苦钱。但这不是他生活的全部,其主业之余要精彩得多。从我个人视角出发,送给寿金兄三顶“帽子”——书法家、谱牒学家、静海地方史专家。这“三家”,都是他通过不懈坚持和辛苦付出换来的,可谓名副其实。我与寿金兄结识,源自有着共同爱好,就是对家乡静海的热爱。两年前,我在微信上建立了“静海记忆文化畅聊群”,寿金兄是最早的群友之一。这个平台团结了大批尊重静海文化、热爱家乡历史的朋友,很快就产生了蝴蝶效应,催生了一批研究成果。本期问津讲坛主题“静海的祠堂建筑”便是其中之一。

2019 年春节长假中的正月初四,“静海记忆文化畅聊群” 组织了静海祠堂巡礼采风活动,考察王口镇和台头镇的特色祠堂。寿金兄是这次活动的导游, 他对每座祠堂的特点及家族历史都如数家珍，这也是他多年不分寒暑，或步行或骑行勤劬探访的成果。为此寿金兄碰过很多“钉子”，采访也并不总是顺利，甚至还有人冷嘲热讽，不理解更不配合。但每回有了些微收获，寿金兄都会欣喜一阵子。

苦练书法　传承文化

寿金兄字九璇，号沐之，意为“水木之思，不忘本也”。他 1975 年出生，天津市静海区王口镇小瓦头村人。寿金兄服膺中华传统文化，而且深入其中躬亲实践。他谦逊严谨，心胸阔达，绝不屑于些须俗事。我们多在网上交流，相见不过两三次，但却如老友一般，每次都有聊不完的话题。

寿金兄自幼喜爱书法，临池不辍，摹帖写碑，多方求教，尤其是楷书和隶书，已形成个人特色。天津书法家刘冠峰先生，对他的书法艺术造诣评价极高，称其隶书风格在天津凤毛麟角，可以自成一家。一个农民，全凭自己解决全家温饱，利用劳作间隙苦练书法，能收获这样的评价真的不易。

寿金兄现为天津市书法家协会会员、静海区书法家协会理事。2013 年在中国书协书法培训中心进修。其作品曾入选天津第二、三届书坛新人作品展，天津第五、六届书法篆刻作品展，天津首届青年书法篆刻展，天津纪念建党 90 周年美术、书法、摄影作品展，第十五届全国“群星奖”天津美术书法摄影作品展，天津市第二届临帖展，首届京津冀书法展等。

寿金兄不仅自己苦练书法，他还不计名利报酬，每周到当地小学教授孩子，将传统文化播撒进幼小的心灵，鼓励培养孩子热爱家乡乃至中华民族的文化。每逢周末，四邻八家的孩子还会到他家去学习。寿金兄对学生总是倾其所学，耐心辅导。他对自己的恩师，践行着一日为师终身为父的思想。书友蔡连起病重时，他也经常伴于病榻，在其故去后三天没回家，帮忙料理后事。

一枝独秀不是春。寿金兄还为家乡王口镇的书法事业发展献计出力，目前正与书友操办王口镇书法展，拟将100多年来王口书法家作品系统地展现出来，激励当代书法爱好者奋发努力，为繁荣地方文化尽责。

精研谱牒　和亲睦宗

王口镇毗邻静海区子牙镇、台头镇及河北省文安县、大城县。王口镇及其周边地区大小家族的历史，基本都在寿金兄的肚子里装着。要了解这么多的人这么多的事，显然是一项非常浩大的工程，但在寿金兄的坚持执着下都不是问题。他多年来热心桑梓的文化传承，先后帮助村民修纂或撰写谱牒类文献近百部，为各个家族修建祠堂，整修祖茔，和亲睦宗，甘于奉献，有利于地方文化的发展和社会的和谐。

寿金兄对谱牒之学有着深刻认识和深入研究。他说，中国的家谱源远流长，与正史和方志一起，成为支撑中华民族史学大厦的三大支柱。家族谱牒所记范围非常宽广，包括谱名、序跋、凡例、先世考、祖先画像、恩荣录、世系、传记、族规家训、祠堂、坟茔、仕宦录、名绩录、吉凶礼、五服图、年谱、艺文、族产、契据文约、排辈字式、领谱字号、余庆录等内容。家族谱牒不但能反映家族的历史文化，也可以观照当地的风俗民情，有关传记、艺文等资料，还可补正史或方志之缺。

寿金兄认为,中国古代讲究“尊谱施教”,一部家谱就是一本教科书。有德行可尊,官爵可贵,文学可嘉,皆是以表世范而光耀祖宗者,因此谱牒特详其行实,累书不厌。或能撑持门户,起家立业;或可光前烈后,恪守先德;或有商农经营自赡,则随所事而书。这些都足以激励后来者端正家风,奋发有为,兴家爱国。

因生在农村,聚族而居,家睦邻和,民风淳朴,寿金兄在耳濡目染之下,便有了一种家族责任感。他 14 岁就立下宏志,要把祖辈治家创业的优良传统记录下来,开始了其谱牒研究的生涯。寿金兄走访当地乡贤耆老,广搜博采,分析考证,得到了不少难以再生的历史资料。他进而又借鉴名门望族谱牒的优秀体例及纂修技巧,学习行文规范与书写形式。为此,寿金兄的很多夜晚都是在伏案翻检、挑灯摘抄中度过的。他说,不一样的家族故事让他沉浸其中。

旧式谱牒大多是文言文,而且没有标点符号,在修撰新谱过程中要逐字逐句品读斟酌,补上标点符号,方便今人阅读。有的家族人数众多,谱牒内容盘根错节,要耐心梳理,反复核对,才能避免出疏漏。一套家谱的问世,有的需要耗时两三年。整个编纂过程包括确定凡例、编辑谱稿、作序、排字起名、小楷誊写、装订等环节。最难的则是上墙裱糊巨幅谱轴,垂丝走线要按每世族人多少,精心计算设计,使观者一目了然。将近 30 年时间,寿金兄为了研究谱牒学,不畏众议,不计报酬,不厌其烦,蒙亲朋故友之托,修撰家谱、支谱、坟谱、世系图、家谱轴、碑文等数以百计。

家谱是个文化宝库, 长期以来其整理研究落后于很多传统学科。寿金兄对此感慨道:有的家谱散藏民间,虽为孤本珍本,但尘封日久少人重视;有的家谱秘不示人,禁止外借或传抄,谨防冒认乱宗,外人难得一见;随着乡村城市化的推进,家族聚居的自然村落消失，族群分散，家谱常常不知所踪。因此，挖掘、保护、抢修家谱的工作更加迫切。

挖掘历史　家喻户晓

寿金兄对家乡静海尤其是王口镇的历史，热爱得更是痴迷。他售卖香油虽然辛苦，但这也成了他的优势——东游西走之际，可以方便地向老乡打听附近村落的历史。有时为了求证某事，他甚至会将买卖忘在一边，深入农户家采访问询。有次老乡不配合，不愿意告诉他底细，他竟白送给人家一瓶香油，这才把心中的疑团解开。

如今在王口镇，提起“李寿金”三字可谓家喻户晓。王口镇文史专家梁文田先生，对寿金兄有着颇高的评价：“李寿金和我是忘年交。别看他年轻，可心存高远，今天所取得的成绩，和他的勤奋是分不开的。他对于文史研究，已到了如醉如痴的地步。他无论在做什么，只要一听到文史的事，不用别人特意通知，马上就会放下手中活计，赶来听取高人见解，从中获得知识。”

王口镇团结村有位王九如先生，博学多闻而性格倔强，与梁文田有着多年交往，情投意合，亦师亦友。王老先生家虽然蓬门荜户，但真是“往来无白丁”，很少有闲人光顾。而寿金兄却是常客，允为王老先生座上宾。老先生诲人不倦，寿金兄学而不厌，以致废寝忘食，堪称忘年之交。王九如先生仙逝后，寿金兄伤心不已，含悲参与操持了先生后事，每个环节都很尽心。

寿金兄还保护了众多历史文物。一日他锄地之后回家，在路旁小沟边发现一通石碑，经过仔细辨认解读，确认是王口籍武探花王世平的墓碑。他认为这是应该保护的民间文物，赶紧通知了王氏族人。王家的人非常感激寿金兄,立即把该碑移到王氏宗祠精心保护起来。王氏宗祠自此又有了新的特色,就是武探花王世平的墓志铭和墓碑实现“合璧”,以前同在坟地,现在同处祠堂。据笔者所知,静海区被破坏过的古墓,墓志铭和墓碑同时保留下来的,目前仅此一例。

行文至此,我想大家应该能够同意我的观点——寿金兄是一位有仁有义、情寄桑梓的书法家、谱牒学家、静海地方史专家。虽然与真正的大家没法相比,但他以一介农民的身份,在繁重的家庭生活压力下,能取得诸多成绩并赢得村民尊重,这是非常难能可贵的。

(《藏书报》2019 年 5 月 27 日第 20 期)

问津讲坛第 64 期

(2019 年 5 月 25 日)

盘山的摩崖石刻

主讲人:杨　新

杨新　汉族,53 岁,民主建国会会员。2004 年起从事文博行业工作,历任元明清天妃宫遗址博物馆办公室主任,天津市文物管理中心信息资料部主任。主要侧重天津地方史、碑刻及古籍文献和档案整理与研究。参与编著《新中国出土墓志》(天津卷);发表有《京杭大运河的碑刻遗存》等 10 余篇论文。

盘山的摩崖石刻

杨　新

盘山，又名四正山、盘龙山、无终山、东五台山、田盘山，是中国国家级风景名胜区之一。位于天津市蓟州城区西北12公里，地处京津唐三市之腹地，总面积约106平方公里，属暖温带半湿润大陆性季风型气候，四季分明。盘山最高海拔864.5米，一般高程400至600米。

盘山虽不险峻，但以山深谷邃、怪石奇松、清泉秀木而著称，素有“下盘水胜、中盘石胜、上盘松胜”之说。同时，盘山又是宗教圣地，寺庙古塔等遗存众多，自东汉时期(25—220)盘山东建起第一座寺庙——香林寺起，历经唐、辽、金、元、明、清等朝代的不断增修，达到号称七十二座之多，可谓“实仙佛之胜区，乃天壤之大观也”。

一、盘山摩崖石刻概述

盘山存有众多摩崖石刻、碑刻、经幢、画像和造像等文化遗迹，且尤以摩崖为最众。年代历唐、辽、金、明、清、民国时期，石刻的类别可分为碑刻、塔铭、经幢、造像、摩崖、题咏、制坊、题名以及诗文杂著等，内容上可分即景、名物、记事三大类，形式上可分题字、诗文、标语等。

盘山摩崖石刻的著录，最早见于清康熙年间智朴的《盘山志》，在志书各卷文字中夹带介绍和说明；清乾隆十九年(1754)蒋溥《钦定盘山志》记载的摩崖石刻，也是在智朴《盘山志》的基础进行记录；民国四年(1915)周崧年的《说盘》，几乎就是上述志书的翻版，亦没有关于摩崖石刻的单独记载和新增摩崖石刻的记录。天津地方志编委会编纂的《蓟县志》在文物名胜编中，在“书法石刻”条介绍摩崖石刻，未详细著录；蓟县志编修委员会编纂的《盘山志》，设“石刻碑刻”章节，对摩崖石刻、造像画像和碑刻进行统一著录，其中，包括现代摩崖石刻在内，共收录摩崖石刻259处；天津盘山风景名胜区管理局编纂的《盘山金石志》，以志书体例收录2012年以前，包括碑幢、摩崖石刻、雕像、匾额楹联和金属铭文的所有文字和画像，共656条，其中，“摩崖石刻”章节收录包括新刻、塔铭和制坊，以及已经消失的摩崖石刻共360条，而摩崖造像画像收录在“雕像”章节；赵海军主编的《蓟县文物志》，在“摩崖石刻和石刻造像”与“近现代遗迹·盘山抗日根据地遗址”二个章节进行著录，共收录摩崖石刻209条。

2017年春，对盘山摩崖石刻开展全方位调查工作。对摩崖石刻进行拍照、测量、定位，同时对石刻方位、保存现状作了如实记录，填写调查日志和调查表300余份，拍摄照片2000余张，采集GPS点260余个。摩崖数量的统计以1949年为限。年代认定上采用四个标准，一是有明确纪年的；二是根据人物或文献推定大致年代的；三是根据石刻自身推定年代；四是无法确定年代的。截至2019

年底，经过田野调查统计，盘山广义的摩崖共247处(组)，年代最早的摩崖石刻是唐代开成五年(840)前的《李从简题舞剑台》，后经辽金明清民国，历代延绵，其中辽代造像群1组；金代摩崖石刻2处，龙纹造像1幅；明代摩崖石刻21处，佛造像1尊；清代摩崖石刻165处，造像4幅；民国摩崖石刻30处，标语10幅；年代不详摩崖石刻10处，造像2幅，见表1。

表1 盘山摩崖石刻年代数量表

朝代	数量
唐代	1
辽代	1
金代	2
明代	22
清代	169
民国	40
不详	12
合计	247

盘山摩崖石刻大致包含几种形式；①完全利用自然的崖壁凿刻，不做任何平整等加工；②凿刻成规则平面；③刻成碑刻形制，即碑形崖壁；④摩崖造像，见表2。

表2 盘山摩崖石刻形式表

形式	数量
完全利用自然的崖壁凿刻	122
凿刻成规则平面	113
刻成碑刻形制	3
摩崖造像	9
合计	247

盘山摩崖石刻的文体表现形式亦是多种多样，有散文、题记，诗词，也有为数不少的题榜，以及宗教用语、佛造像和画像。

盘山石刻书体主要为正书、行书、草书、隶书和篆书，雕刻技法主要有线刻和浮雕。大多数石刻的题写出自政治、文化名人之手，书法精美,艺术水准高。石刻文字主要为汉字书写,少量用梵文书写。石刻书写列名者,上至皇帝、皇族贵戚、文臣武将、地方官吏、文人墨客和大德高僧,下到寻常百姓,即石工、僧尼等等,涵盖社会的各个不同阶层。

在田野调查过程中,根据每处石刻的保存现状,自定四个等级标准,进行划分保存状态分类;①保存完好:石质风化轻微,石刻完整,字迹清晰,保存环境良好;②保存较好:石质风化轻微,石刻局部轻微残缺,字迹可辨识,保存环境较好;③保存一般:或石质风化较重,或石刻残损较重,或字迹模糊但可辨识,保存环境一般;④保存较差,或石质风化严重,或石刻残缺严重,或字迹漫漶不清,保存环境较差,见表 3。

表 3 盘山摩崖石刻保存状态表

现状	数量
保存完好	38
保存较好	83
保存一般	79
保存较差	47
合计	247

二、影响盘山石刻的因素

(一)影响盘山各类石刻保存的因素很多,主要集中在四个方面:

1.自然侵蚀

盘山地区的岩石大多易风化。①花岗岩,分布在盘山花岗岩山地,为不均质岩石砂物所组成,较易风化。②石英砂岩,分布在官(庄)——许(家台)公路以南,中、上元古界长城系常州沟组石英砂岩地区。以钙质或泥质结构为主,风化较快。③页岩,分布在盘山东西两侧中上元古界长城系串岭沟组页岩和蓟县系洪水庄组页岩地区，易风化。④白云岩、石灰岩，分布在盘山东西两侧中、上元古界长城系高于庄组白云岩、蓟县系杨庄组白云岩、雾迷山组白云岩和灰岩及铁岭组灰岩、白云岩地区。岩石坚硬，风化较难。四种岩石有三种容易风化，再加上空气潮湿，山泉雨水冲刷，以及各类苔藓等生物侵蚀，风化严重。摩崖石刻皆是就地取材镌刻，随着时间推移，字迹日趋模糊。

2. 气候灾害

盘山地区的降雨受夏季风的影响显著，雨量集中，泥石流灾害时有发生。如 1957 年至 1958 年，盘山地区连续两年出现大暴雨，在大暴雨和地势高差的作用下，发生了强泥石流。实地调查中，发现几例摩崖石刻文字面有或倾斜、或面朝天、或文字颠倒的情况。如水月庵附近的“佛”字石，文字是颠倒的，西甘涧乾隆诗，文字朝上等。上述现象极有可能是强降水形成泥石流，造成山体滑坡而形成。不排除石头滚落后，文字面朝下而消失的可能。

3. 战争损毁

抗日战争时期，冀东地区开辟了盘山抗日根据地，盘山成为冀东西部军民抗日斗争的依托和敌后斗争的中心，同时，残酷的抗日斗争也使盘山的寺庙、皇家园林等宗教文化建筑及附属受到严重地损毁，千像寺、云境寺、报国寺、盘谷寺、静寄山庄等，皆毁于战火。至今，盘山现存千像寺会议遗址、救国报滦西分社遗址、石海战斗遗址、包森洞、八路军十三团成立大会遗址等多处抗日遗址。

4.人为损毁

清朝晚期，国力衰败，道光十一年(1831)裁撤盘山行宫后，盘山日趋衰落。《游山专号·盘山》载：“闻五年前，戎守之官以斥卖官产为名，先伐松，次拆屋，终以计亩卖地。官吏受成于上，人民争攘于下，所得劣及万金，而二百年之名区胜概乃扫地无余。”“五年前，某军筹饷，竞售官产，盘山行宫全部遂以数千金卖却。于是拆砖撤木，啸聚千人，声振岩谷；利欲之争，伤害二命，而昔日糜无数金钱成此杰构，为历史上、美术上占重大价值者，遂沦坏劫而不可复。地亦卖尽。”由此可见人为带来的损害。20世纪60年代的“破四旧”运动，盘山石刻同样未能幸免。如盘山西路青峰寺遗址上，散落石碑残块，大小不一，共八块，残块上人为錾痕清晰可见。地方上兴修水库等基础设施，寺庙的兴修，以及近年农家院的大量兴建，也给盘山的摩崖石刻带来一定程度的损毁，如少林寺遗址前巨石，原存乾隆诗文10首，此次调查时，巨石被围成羊圈，部分诗文掩埋在新垫的路基下；新建少林寺大殿前，陈兴亚题字已不存；静寄山庄的《丹梯胜处》《云林石室》《仙掌》《籍琴》《翠腴》《翥凤》《濯烟霏》等乾隆御笔题字，也均损毁无存。天津盘山风景名胜区管理局编辑出版的《盘山金石志》一书，对盘山石刻做了比较详细的调查统计，摩崖石刻(不含新刻)约284处，此次调查统计数为247处(包括新发现21处)，如果不包含新发现数量，比盘山景区统计数净减少58处，约占总数的20%。

(二)盘山摩崖石刻有其自身的分布特点和规律

1.点状分布

具体表现为围绕大小寺庙周边分布，如分布较多10处以上的有天成寺、万松寺、云罩寺、上方寺、少林寺、古中盘、东甘涧、西甘涧。分布较少10处以下的有报国寺、东竺庵、法藏寺、瑞云庵、双峰寺、水月庵、招提寺、云净寺、千像寺、盘谷寺。

2.线状串联

西路双峰寺、法藏寺为一线。中路盘山山门至天成寺、万松寺、云罩寺、上方寺、盘谷寺、东甘涧、西甘涧为一线。东路云净寺、东竺庵、报国寺、少林寺、古中盘为一线。这三条进山线路贯穿主要寺庙和风景点，构成摩崖石刻的整体分布。

3.独立成章

静寄山庄，又名盘山行宫，位于盘山南麓玉石庄东、千像寺西，占地约400公顷，总建筑面积达1.1万平方米，是仅次于承德避暑山庄的第二大皇家行宫园林。清乾隆九年(1744)开始兴建，乾隆十九年(1754)竣工。静寄山庄由外八景、内八景、新六景组成。外八景有天成寺、万松寺、云罩寺、千相寺、盘谷寺、舞剑台、紫盖峰、浮石舫。内八景有静寄山庄、太古云岚、层岩飞翠、清虚玉宇、镜圆常照、众音松吹、四面芙蓉、贞观遗踪。新六景有半天楼、池上居、农乐轩、雨花室、冷然阁、小普陀。乾隆皇帝钟情盘山，共留下1702首诗作，题咏盘山行宫诸胜的诗作合计898首。其中：以盘山为题直咏者28首；以行宫(静寄山庄)为题吟咏者62首；游览诸胜(不包括寺院)之诗作808首。乾隆题诗，再加上乾隆题字的摩崖石刻，自成体系，构成山庄胜景。目前仅存乾隆题字、题诗21处，见表5。

表5　乾隆盘山题字题诗分布表

地点	数量	地点	数量
报国寺	3	少林寺	15
东甘涧	13	双峰寺	4
东竺庵	3	水月庵	3
法藏寺	4	天成寺	38
古中盘	21	万松寺	25
静寄山庄	31	西甘涧	19
盘谷寺	9	招提寺	5
千像寺	9	云净寺	6
瑞云庵	3	云罩寺	15
上方寺	21	合计	247

三、各代摩崖石刻述要

(一)唐代摩崖石刻

据智朴《盘山志》记载,随着唐代佛教的繁荣与发展,感化寺、双峰寺、千像寺、上方寺、云罩寺、普济寺、香水寺、天成寺、灵岩寺、天香妙祥禅寺、香林寺、白岩寺、金山寺等众多寺庙相继兴建,佛教盛兴一时,盘山在当时已成为大德高僧,名人雅士的向往之地。同时,唐太宗征辽途经盘山,留下了许多传说,如晾甲石为三军晾甲处;账房石为唐太宗驻跸处;饮马潭为饮马处等。只可惜石在,史迹无处可寻。

图 1 万松寺舞剑峰,刻有“唐李从简曾游舞剑台”

盘山现存最早的摩崖石刻是唐开成五年(840)前刻于万松寺西侧舞剑台台顶的《唐李从简题舞剑台》,此处唐代摩崖石刻就成为盘山保留唐代原物的重要遗存。舞剑台相传为李靖舞剑处,万松寺,原名李靖庵,又名卫公庵,亦是为纪念李靖所建。李靖因破突厥而威震北国,至于李靖是否到过盘山,傅增湘在《游山专号第二卷》载:“舞剑台在西峰上,相传为李药师学剑处。峰头有大盘石,刻李从简来游数字，盖唐人也。卫公事迹，殆不可考，或谓文皇东征时，道经此。然考史传，兹役公固未兴也。余辛亥诗曾辩及之。”韩嘉谷在《天津古史寻绎》有所考述和论证。但舞剑台及李从简题字，确被历代文人凭吊。明代李元阳《游盘山舞剑台记》和刘侗《盘山记》，都详细描述了舞剑台题字的情况，明清两代，也留下了大量咏舞剑台的诗句，目前与李靖舞剑台相关的摩崖题诗仅存乾隆《题李靖舞剑台》和嘉庆《越李靖舞剑台》二首。

（二）辽代摩崖石刻

辽代崇佛始于阿保机，朝廷上下佞佛成风，常对寺院大量施舍，使寺院占有大量土地和钱物。为推崇佛教，朝廷给予僧人高位和赐予封号。崇佛风气引来大批户民剃度出家遁入佛门，直接影响农业生产和赋税收入，后朝廷不得不颁布“禁度僧尼”的法令。

盘山寺庙中，在辽代兴建、重修和易名的有感化寺、天成寺、千像寺、甘泉寺、上方寺、云净寺、报国寺、天香妙祥寺、法兴寺和白岩寺等，天成寺舍利塔和定光佛舍利塔，以及经幢等辽代遗存，也都

图 2 千像寺石刻造像群

与佛教相关。现存辽统和五年(987)《盘山祐唐寺创建讲堂碑铭并序》碑,碑文描述了盘山的形胜,祐唐寺的兴衰,石刻造像的由来,以及应历十二年至统和五年间寺庙修建经过。碑侧续刻妙化寺和千像寺解决土地纠纷的协议与千像寺四至,可见辽代盘山佛寺的兴盛。

盘山现存辽代摩崖石刻一处,即千像寺石刻造像群。造像群位于千像寺遗址周围岩石或崖壁上,共124处,有辽代线刻佛像535尊,保存较好。佛像或立姿,或坐姿;或一石单尊,或一石多尊。佛像高1.5~2米不等,有释迦牟尼佛、大日如来佛、药师佛、弥勒佛,观音菩萨、地藏菩萨及其弟子等菩萨像。面部朝向千像寺,体态挺拔,衣纹疏朗。佛像额前肉髻与发髻之间的髻珠为椭圆形,菩萨多戴宝冠,佛座多为仰莲座和须弥座,或结印、或手持法器。1976年,天津市文物管理处考古队就对遗址进行过调查,经历1982年、1991年的数次调查,最终在2003年至2004年,天津市文化遗产保护中心对千像寺遗址佛造像群进行全面“拉网式”田野调查。2006年,千像寺石刻造像群被国务院公布为第六批“全国重点文物保护单位”。

图3 少林寺多宝佛塔。金带川题“红龙池”

(三)金代摩崖石刻

盘山存金代石刻2处,均在少林寺附近,一处在少林寺舍利塔塔基下《红龙池》北巨石石壁上,线刻一龙腾跃水面,气势磅礴,填朱,旁有隶书

“红龙池”三字，落款“带川隶，大定七年”，另一处为《盘山古迹》，在少林寺遗址东南前方约 200 米，蓟砖路东侧距路面约 20 米崖壁，亦为带川题。这二处 3 则摩崖石刻也是盘山金代原物仅存的遗迹。带川，无考。韩嘉谷《天津古史寻绎》写作“带隶川，南宋文人”，或为误。书中“落款处有被磨去的楷书文字痕迹”，现已辨识困难。

（四）明代摩崖石刻

自辽代始，特别是元明清三代，燕京地区（今北京地区）逐渐成为政治、经济和文化中心。盘山位临京师，灵秀奇峻，景色迤逦，渐渐成为达官贵人、文人墨客游历所在。如明永乐年间，礼部侍郎薛瑄游盘山并赋诗；成化年间，户部左侍郎储瓘游山并赋诗；弘治年间，礼部侍郎何梦春游山并赋诗；嘉靖年间李攀龙；隆庆年间戚继光、刘应节；万历年间傅光宅、袁宏道、朱之番、黄汝亨、王嘉谟、王衡、袁中道、彭泽等文官武将，都曾游历盘山并赋诗或游记，为盘山留下丰富的人文资料。盘山摩崖题刻也是在明代渐渐多了起来，盘山存明代摩崖石刻 22 处，其中佛造像 1 尊。

1.边防边备官员题刻

蓟州是北方战略要地的重中之重，早在明洪武四年（1371）置蓟州卫，到了洪武十年（1377），位于天津蓟州区境内的关寨就有古强峪、赤霞峪等 6 处，并在黄崖口设置营寨，驻兵戍守。永乐二年（1404），于内边设置蓟州镇，设镇守总兵官，统领东起山海关，西至昌平县（今昌平区）镇边城的防务。可见蓟州防务的重要性。

盘山现存明代官员摩崖题刻均为边防边备官员所题，共 6 处：正德十年（1515），曾管理过蓟州边储的于觉甫和监察御史卢雍在上方寺和少林寺留下 2 处题记；嘉靖十年（1531），著名哲学家王阳

图 4 上方寺嶕峣峰悬空石，明闻人诠题“盘山”

明的学生、御史官巡视边疆，在山海关一带修了近千里长城的闻人诠题字 1 处；嘉靖二十八年(1549)，兵部尚书、太子太保彭泽在上方寺留下 2 处题记；隆庆至万历间，总督蓟、辽、保定军务刘应节在上方寺题字 1 处。

上述摩崖题刻所在位置均在盘山东路，海拔高度沿现有山路依次由下而上，在时间上，与边防压力和紧张程度相对应，也是十分有趣的现象。

2.与宗教有关的题刻

上方寺新发现的成化四年(1468)《纪事碑形摩崖》，记述大善人宋庆等人，为兴修庙宇，募化捐资情况，以及众善人名录和捐资数额。摩崖虽风化严重，漫漶不清，但也是盘山有明确纪年最早的碑形摩崖。

另外，在龙凤庵、千像寺、法藏寺、先师台等处，存《大方广》《千圣洗钵池记》《楞严台》《法船石》《长春洞》《先师台》《瀑泉》《奇观》

等摩崖石刻。

3. 太监题刻

题刻位于盘山东路,报国寺遗址北侧崖壁,题刻内容为“署针工局事内官监太监调御马监太监扬成四月初十到”。太监扬成由掌管宫中衣服的针工局内官监调到御马监后到盘山游历的题记。太监留题在北京摩崖石刻中多见,天津仅见一例。

4. 题诗摩崖

题诗摩崖均位于上方寺,一处在上方寺钟楼东北,智朴《盘山志》与《钦定盘山志》都有诗文载录。另一处在上方寺东南约 100 米山路北崖壁,未曾著录。二处佚名题诗均为草书,字体大小、书写风格一致,应出自同一人之手。这二处摩崖是盘山现存最早的题诗摩崖,也是仅有的二处草书题诗摩崖石刻。

5. 工匠题刻

在位于瑞云庵遗址下院的山路旁,存嘉靖四十二年(1563)工匠题刻一处,题刻“嘉靖四十二年正月二十五日开拓此道”,调查时未见“开拓此道”四字,依《盘山金石志》补。瑞云庵,又名老爷庵,智朴《盘山志》载:瑞云庵,感化寺东北三里,始建岁月无考。金大安中重修。道光《蓟州志》载:瑞云庵在行宫东南一里,乾隆十年重修。志书未见明代修缮的记录,此处题刻为明嘉靖年间,也许在当时为庙宇的修缮施工,或是为方便香客入庙进香提供便利而开拓的山路。此处题刻,也是盘山唯一的工匠题刻。

6. 佛造像

佛造像位于千像寺遗址北侧契真洞内,是天津唯一的佛窟。契真洞佛造像作为千像寺遗址的组成部分,被列为全国重点文物保护单位。

(五)清代摩崖石刻

有清一代,盘山得到重要发展期。清代盘山寺庙的修葺或兴建主要集中在康熙和乾隆两朝。康熙年间僧众自持修建寺院达到鼎盛,仅史志所见就有“僧通绪重修云罩寺”“僧明德住普济寺,次第营葺”“僧云联重修天成寺”“僧本住再葺少林寺”“僧心安再新香林寺”“大博禅师重新开拓正法禅院”“无暗律师徒扩其基而新之”“养心尊宿又修茶子庵”“重修西甘涧净土庵”“姜和尚重修东甘涧观音庵”“僧玄朗重修弥勒庵”“僧通道建朝阳庵”“僧通道结茅居大悲庵”“通起重修西架静室”“僧百忍建茶子庵东静室”“智朴开建青沟禅院”“僧隆宝再葺青峰庵”“僧惠明等再葺香水庵”“雨石和尚募修普济寺”等20余次。除僧众外,康乾二帝多次巡幸盘山并赐帑。如康熙十四年(1675)十月,“驻跸访盘山之胜,住僧祥庆嗣孙来平随驾登山。蒙上顾问,赐金”。康熙十七年(1678),“御书‘盘山秀峰’于云罩寺”“圣祖临幸,敕赐盘谷寺额,因其地名盘谷”“秋驾幸此庵(卫公庵),御书‘乐天真’三字悬殿中央”“敕改为万松寺”。十八年(1679),“赐金卫公庵”。二十五年(1686),“圣驾再临卫公庵”“命僧智朴赋诗”。四十三年(1704)“御笔改题云净寺”“恩赐敕改卫公庵为万松寺及御书金经等”。康熙帝巡幸,带动了盘山的发展。同时,州府禁令也保障了盘山僧众利益。康熙二十五年(1686)的《蠲免盘山柴需碑记》载:“照得本州伺候皇上行幸,需用柴炭,俱系照依时价,内部发帑采买预备,并未勒令该山诸僧谕,为此示。仰盘山诸僧知悉,嗣后如有玩法之徒,仍令备柴,许该寺各住持立扭禀本州,以凭锁拿,解道尽法究处,决不姑息,毋得瞻狗隐匿。”

乾隆帝对盘山更是钟爱有加。乾隆八年 (1743),“敕修云罩寺”。九年（1744），“重建天香妙祥寺，御题敕建天香寺”。十年（1745），“重建感化寺，赐敕建感化寺额”“赐敕建天成寺额”“敕修祐唐寺”“敕修少林寺”“赐金缮修卫公庵”“敕修弥勒庵”。十四年（1749），“饬有司缮修正法禅院，敕修观音庵”。十五年（1750）“奉命重修云净寺”。十七年（1762）“赐帑修建上方寺”。十九年（1764）“巡幸过此双峰寺，命有司修治，以还旧观”“敕有司相度营缮青峰庵”“奉敕修茶子庵”等。直到静寄山庄的完工，构成盘山集峻岭山水、宗教文化和园林艺术整体的人文与自然景观。因此，清代盘山摩崖石刻达到了最高峰，现存摩崖石刻 165 处，造像 4 处。

1. 与宗教有关的摩崖

与明代相比，清代盘山与宗教有关的摩崖较少，主要有盘山东路的古中盘正法禅院遗址存碑形摩崖一处，圭首，文字漫漶。盘古寺下文殊洞智朴题、虞世璎书《文殊智地》。天成寺大殿西侧飞帛涧西北上方约 60 米崖壁上，此次新发现的慎郡王题《龙象》，也是盘山唯一的郡王题刻。

2. 题景题记摩崖

清代题景题记摩崖较多，如西甘涧的《永宁题记》，天成寺大殿后汪仁溥题《涓涓泉》，万松寺塔林旁王锺霖题《逍遥游》，天成寺下方宁瑃题《此地有崇山峻岭，怪石奇松》，王忠荫题《鸣驺入谷》等等。另有长白思通、甫芗、孙庆颐、甫石臣；粤东香山唐廷枢、徐润、李植昭、刘光廉；古吴陆兆焘、刘仁蔚，润州史廷华、赵鸿仪，锡山蒋士棋，白下任葆森；寿子年、薄筱峰偕弟玉岑；长白景佩珂、清阶平、奎绍襄，渔阳许子谦、陈国瑞、荣禄等多处同游题记。

3. 修桥补路摩崖

此摩崖 1 处，位于山门至天成寺的御道旁，题刻“大清光绪己卯年菊月谷旦重修石门桥道，经理人：广泰德，广益长，万发春，李万昌，张午堂，郑心斋书。”

4. 清代皇帝御笔题诗和题字

乾隆帝 32 次驻跸盘山，盘山乾隆题诗存 118 首。题诗多刻于巨石、崖壁或山庄间景观石上。其中悬刻于天成寺后翠屏峰的《题天成寺江山一览阁》、上方寺西的嶕峣峰的《上方寺》题诗，悬于峰壁，气势恢宏，蔚为壮观。万松寺前骆驼石和少林寺前巨石上，刻有题诗十数首，布局紧密，自成一章。西甘涧、东甘涧题存诗数十首，堪称“诗海”。古中盘、少林寺留诗最多。静寄山庄多咏物、咏景，题刻与园林相得益彰。题诗或放歌抒怀，或参禅悟道，或即景生情。乾隆五十六年(1791)，题诗《寄题云罩寺》写道：“于游辞老或犹当，敕政依然励自强。迟待五年倦勤后，罢一切可独相养。”表达了乾隆帝进退自如，操控从容的帝王心态。

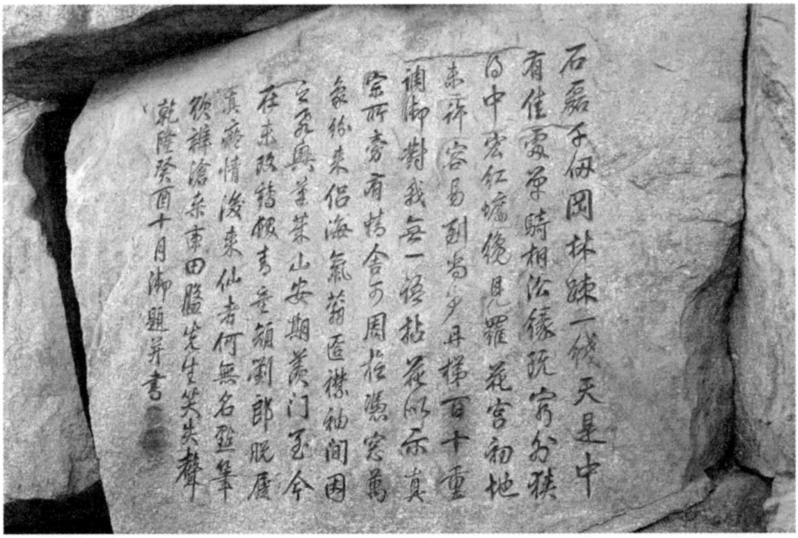

图 5 古中盘遗址，上有乾隆《古中盘》诗

除乾隆题诗外，在盘古寺有乾隆三十四年(1769)的《济源盘谷考证》题刻，文章讲述乾隆承认自己误将济源的盘古，认作在田盘，又对蒋溥等人在编辑《钦定盘山志》时，没有纠正勘误，评价“非不明于学，则有所面从”，同时自省道：“夫古人事迹，亦何系于今时？而有如适所云者，则予不惟憬然悟，而且惕然惧矣。”又云：“陶渊明之不求甚解，在彼则可，在他人则不可，而在为人君者益不可。”现存乾隆摩崖题字共10处，均集中在静寄山庄。其中位于少林寺东南岭巨大石壁上，刻有乾隆帝题“萝屏”两个大字，字径达4.5米，是盘山最大题字，在全国亦属罕见。北京摩崖也有乾隆帝题刻的“萝屏”二字，字径仅约一尺。盘山总计遗存乾隆摩崖题刻128处，相当于北京全境乾隆帝题刻的总和，堪称宏大。亦可见乾隆对盘山独有的热爱。

盘山还存有嘉庆帝题诗5处，其中万松寺2处，天成寺、东甘涧观音庵、古中盘遗址各1处。

5. 晚清重臣题字

一位是晚清军事家、政治家荣禄题字。光绪二十九年(1903)卒，赠太傅，谥文忠，晋一等男爵。《清史稿》有传。荣禄在盘山下盘、中盘和上盘有三处题刻，分别是《入胜》《捧日》和《摩天》。三处六个大字，字径五尺。特别是位于盘山景区入口的“入胜”题字，成为盘山景区宣传的标志。傅增湘在《三游盘山记》中，把荣禄题字看作“其隐然寓旋乾转坤之意乎”，而周学渊在《万松东岭石上镌荣禄相公捧日二大字》诗写道“但有权谋安女主，却无德业媲梁公。盘山石上镌题遍，捧日空见二字雄。”似乎描述得更为准确。

另一位是陈国瑞题字。盘山存《一览众山小》《近日》《卿云拜佛石》《攒云》四处摩崖题刻，均位于盘山峰顶的云罩寺附近。

6. 地方文人题字

李江(1833—1883),字观澜,别号龙泉山人,蓟县北赵各庄人。咸丰五年(1855),考中举人。同治元年(1862)进士,官礼部员外郎。五年(1866),因病乞归故里,兴义塾。李江著作颇丰,主要有《龙泉园集》12 卷。《蓟州人物》有传。盘山留有多处李江题字题记,如云罩寺西的《将军石》、静寄山庄的《响涧》、上方寺的《方开悟界》。另外,李江在同治十一年(1872)与短暂时任蓟州知州的寻銮晋和同为同治年间进士的钱塘濮庆孙游山题记 5 处。

7. 智朴题字

《钦定盘山志》载:智朴,字拙庵,俗姓张,徐州人。最早得法青龙百愚和尚,为洞宗第三十世。清康熙十年(1671),在盘山结茅,创青沟禅院。历 10 年修纂完成《盘山志》。卒葬盘谷寺东北,乾隆七年(1742),赐进士第。《中国佛学人名词典》载:智朴,明崇祯时服武职官。明亡弃家为僧。能绘树木鸡犬之属,不遵成规,别具一格,以禅味胜,得者珍之。日本人尤为爱重,推为神品。

8. 造像

造像 4 处,1 处位于盘山东路的报国寺遗址前,雕刻龙纹。另外 3 处为佛像,坐姿,均在古中盘,分别位于古中盘塔林遗址南入口西侧石壁、“万象回薄”崖壁对面及崖壁西侧。

(六)民国摩崖石刻

石刻除有明确纪年外,或根据题写人所在年代推定,或根据石刻形制和石刻现状认定的,构成盘山民国摩崖石刻 40 处。

摩崖石刻主要为题景题记摩崖,如玉田董宪章、深县(今深州市)郑安晋题写的《名山古寺》、许以栗题《招隐》、梁溪王显屏、古潞李芝冈题《遏凡尘》、精阳王恒彬题《真空》、李荣台题《超凡》等等。欢喜岭上山路西侧有碑形摩崖1处,圆首,方座,正书竖写“神牛之墓”一行。

1. 文化名人傅增湘题记摩崖

傅增湘曾于清光绪、宣统和民国期间三游盘山,现存民国二十年(1931)摩崖题记2处,分别是山门入胜石北的《辛未季春,江安傅增湘三至田盘,回忆光宣旧游。倏逾卅载,杖屐频经,幽寻未遍,志此以俟后缘。》和天成寺南的《辛未三月,傅增湘、周学渊、江庸、邢端、周肇祥同游》。

傅增湘三游盘山,出版了《游山专号》,收录游历盘山记文和大量诗文,成为盘山重要史料之一。特别是明清文献中缺乏对千像寺石刻造像的记载,傅增湘在《藏园游记》中,最先记录了千像寺石刻造像,并把造像与统和五年碑文所记的内容联系起来。据《藏园游记》记载,民国二十年(1931)傅增湘游盘山,在万松寺、盘古寺、北少林寺、白峪寺、千像寺、双峰寺、天香寺和盘山山门留下8处题壁,目前仅发现山门1处。

2. 陈兴亚题记摩崖

陈兴亚是民国期间盘山摩崖题刻最多的人。陈兴亚(1882—1959),字介卿,辽宁海城县(今海城市)人。清末举人,光绪三十三年(1907),日本振武学校陆军宪兵联系所士官班毕业。1920年直皖战争后,投靠了张作霖,出任国务院咨议兼京师宪兵司令。1922年,直奉战争爆发,张作霖败回关外,陈兴亚随之回到东北,出任东北(奉天)宪兵司令。1924年第二次直奉战争爆发,奉军入关,陈兴亚于1926年调任京师警察总监,后升为陆军中将。1928年归东北,任国民革命军东北边防军宪兵司令。“九一八事变”后,陈兴亚辞去宪兵司令，任北平绥靖公署参事，不久，即在北京闲居。赋闲期间的1932年，陈兴亚游历盘山。目前存山门北的《四正门径》和《民国壬申六月，海城陈兴亚、渔阳孙庆云、宿松黄叶村、砀山唐化成、海城杨鸿基、辽阳马冀良同游》、天成寺的《幽境》、万松寺的《听涛》、上方寺的《民国壬申六月，海城陈兴亚。登悬空、上天门、入白猿》、千像寺的《东方极乐》和双峰寺的《海城陈兴亚于民国壬申六月廿一日游此》共7处摩崖题刻，而少林寺南的《民国壬申六月陈兴亚游此及古中盘》和云罩寺的《摘月排云》已不存。

3. 抗日标语摩崖

盘山共存有抗日标语10处，有9处集中在盘山水库大坝下的石趣园内，分别是①《中国人不打中国人》、②《给日本人作事最可耻》、③《欢迎满洲队参加抗日军》、④《你听东北上哭哪冷啊饿呀》、⑤《反正过来的有重赏》、⑥《誓雪国耻》、⑦《打倒日本》、⑧《抗战到底》和⑨《中国人不给日本人作事》，其中《打倒日本》的"本"字倒刻。另在盘山东路上方寺附近存1处，内容为⑩《誓死消灭日本鬼子》。标语虽体量不大，字体刻画也较为仓促和简单，但笔力苍劲，文字朴素，彰显抗日决心和抗日军民的心声，是弥足珍贵的抗日战争实物史料。

摩崖标语没有明确纪年，从标语文字内容看，"你听东北上哭哪冷啊饿呀""欢迎满洲队参加抗日军"和"反正过来的有重赏"，应该是"九一八事变"之后，时间较早。而"誓雪国耻""抗战到底""打倒日本"和"誓死消灭日本鬼子"等标语，时间应该较晚些。

4. 剿匪摩崖

《剿匪题记》位于万松寺前的摩崖石壁。石刻题写盘山景致幽雅，为京东第一名胜。民国十四年(1925)春，蓟州被当地土匪盘踞，致使名胜之区变为盗贼渊薮。京兆守备队第五路司令王光耀,副官刘岐,书记官简文雍等奉命上盘山剿匪,一举将该伙土匪肃清,使盘山原有状态和秩序得以恢复。撤兵离去之际留此题记。这是盘山唯一的剿匪题记,在全国的摩崖石刻中亦不多见。1928 年以前,蓟县处在北洋军阀的统治时期, 京兆守备队应隶属直系或奉系军阀的某支武装。

(七)年代不详摩崖石刻

无法认定年代的摩崖石刻共 12 处,其中造像 2 处。

造像包括佛像 1 尊,线刻,坐姿,莲座下呈碑形,额题“流芳万古”,下横写题“大方广佛华严经”,并竖写题“若人欲了之,三世一切佛。应观法界性,一切为心造”四句经文。龙纹造像 1 处,未见龙头,旁有“龙池”二字。题字 10 处,其中“佛”字 3 处,位于瑞云庵遗址上院东北孤石上的佛字,下有莲花座托捧。位于莲花岭西御道南侧有二处“佛”字,字径较小的“佛”字倒置。另有《瀑水》《日月天地国王,太山石敢当》等几处。

“半路出家”的文物学者
——问津讲坛第64期主讲人杨新先生侧记

万鲁建

问津讲坛第64期主讲人杨新先生系天津市文物管理中心馆员，他讲述的题目是《盘山的摩崖石刻》。

“半路出家”识文物

与众多长期从事文物保护和管理的工作者不同，杨新先生最初并不在这一领域工作。他1984年大学毕业后进入纺织行业，在一家毛纺织厂工作，1991年进入立达集团，此后十余年间一直从事财务等工作。2004年调入天妃宫遗址博物馆，担任办公室主任，才算是与文物工作结缘。至今也不过十余年。因此，杨新从事文物工作，可谓“半路出家”。2014年，他调至天津市文物管理中心（天津市文化遗产保护中心），现在负责信息资料部工作。

初入文物部门，对于并无多少相关知识的杨新来说，无疑是一个挑战。不过，这反而激起了他的兴趣和斗志。他迅速投入新的学习当中，恶补相关知识，系统学习文物知识，阅读“二十四史”和天津各类史志，全面提高自己的理论素养，充实知识储备。不久，杨新就获得了一次机遇，使得他在实践中得到了锻炼和学习，那就是编著《新中国出土墓志·天津卷》。该项目由国家文物局委托并领导，中国文化遗产研究院具体负责，各省市文博考古和古籍整理单位参与。该丛书天津卷由时任天津历史博物馆副馆长陈雍先生负责，不过陈雍先生当时由于工作繁忙，难以分身。杨新也想借此机会学习，遂主动请缨，希望主持这一工作，最终得到了陈雍先生的首肯，获得了宝贵的学习机会。

此后，杨新在日常工作之余，全力以赴投入墓志的编纂工作。他奔赴天津各区县调查墓志的情况，并与各区县文化局、文保所等相关文物部门沟通协调，制作拓片。经过两年的艰苦努力，该书于2007年完稿，并于2009年6月由文物出版社出版。杨新和陈雍共同担任天津卷主编，杨新还撰写了天津卷的前言。天津卷共收录天津地区新出土的墓志60方，其中北齐1方、唐1方、辽1方、明37方、清19方、民国1方，附录明买地券1方。对于这些墓志的特点、价值和意义，杨新先生在所写前言《天津地区出土墓志概述》中做了说明：“这些墓志，既是首次公布，又是首次结集，故意义十分重大。”他还总结了天津地区出土墓志的三个特点：一是地域分布特征明显，主要分布在天津西北地区、西南地区、市中心区及相邻的东丽区，而现在的滨海新区和津南区等东部地区则没有发现墓志。二是年代跨度大且分布不均，从北齐至民国，但未见北周、隋唐、五代十国、宋、元等朝代的墓志出土，出现较长时段的空白，且出土的墓志主要为明清时期的。三是形制丰富多样，既有形制几十平方厘米的，也有形制几百平方米的，甚至还有采用满汉两种文字书写的。总之,“天津地区出土的墓志,数量虽然不多,但地方特点浓厚,史料价值重要,仍然值得学术界重视”。

通过此次编写工作,杨新的专业水平得到了很大提高,他在受访时表示:“我非常感谢陈雍先生提供这样的学习机会，大大提高了我的业务能力,使我能够迅速适应新的工作,进入文物工作者的角色。”

十年只为碑刻功

2007年完成《新中国出土墓志·天津卷》的编写工作后,在蓟县举行第三次全国文物普查工作培训期间,杨新与陈雍先生聊天,谈到自己想整理天津地区的碑刻,得到了陈雍先生的大力支持。陈先生说:“我早有此意,然因俗务缠身,一直未能进行。你能有此想法非常好,我支持你做这一工作。”由此,杨新下定决心,从2008年开始进行了为期十年的搜集整理天津地区碑刻的工作。

说着容易,做起来难。尤其是碑刻散存各处,归属不同部门管理或保管,如何协调各方就不是一件容易的事情。好在杨新有在办公室工作的经历,具有这方面的经验,相对容易些。即便如此,也会遭遇挫折,难以达成心愿。此中甘苦,唯其自知。

某年,杨新在蓟县某地发现四通形制很大的碑,高达三米多,因此仅仅依靠一两个人是难以完成拓片工作的。在协调好当地文物部门后,杨新决定以每天100元的工资雇用当地农民,使用他们的材料搭建脚手架,然后由其进行拓印,完成一通后农民再将脚手架材料运至下一通碑所在地,如此方才完成四通碑的拓片工作。当时正值炎炎夏日,各种辛苦可想而知。还有一次,杨新在静海某村发现一通石碑，想要进行拓印。结果当地农民知道了石碑的价值后，等到杨新第二天再去时，石碑已经不知所踪。没有办法，杨新只好联系当地文物部门，告诉他们相关情况，请求他们务必帮助找到。经过两个多月的协调与沟通，才得以完成这通碑的拓片。

上述类似的拓片制作，尽管辛苦，但是最后都得以圆满解决，还是令人欣喜的。有时候，明知其所在，然几经努力，却无功而返，最是令人遗憾。有一次，杨新在某区档案馆发现四通碑，由于属地管理问题，他几次协调当地主管部门，好话说尽，然对方坚决不松口，至今未能制作拓片，让人徒呼奈何！

2008 年至 2018 年，杨新风尘仆仆，东奔西走，身影遍布天津各区县，共搜集整理了 600 余块碑刻，其中 500 余块保存比较完好。如今，这些碑刻拓片基本整理完毕，就待有识者的慧眼识珠，以便能够早日面世。如今，随着社会生活史研究的兴起，碑刻史料愈来愈受到学者们的重视和关注，已经有一些碑刻集编印出版，但是天津地区的碑刻集，至今未见有人进行过详细的考察和整理。因此，杨新开展的这一工作，具有非常大的价值和意义，一旦出版，必将推动天津地方史、社会生活史、宗教史、文学史等研究。我们期待着这一碑刻集早日出版，嘉惠学界。

为探摩崖再出发

人生的追求是无止境的。杨新对于文物的热爱，对于碑刻拓片的喜欢，使得他在搜集碑刻的过程中又对盘山摩崖石刻产生了兴趣。他认为盘山摩崖题刻形式多样，内容丰富，具有政治、历史、宗教、民俗、文学、语言文字、书法艺术等多方面的研究价值。至今还没有人对盘山摩崖石刻进行过全面的调查，因此他认为，全面了解盘山摩崖石刻的保存现状和存在的问题，加强对摩崖题刻文化遗产的保护工作迫在眉睫。有一次他在与陈雍先生聊天时谈及此事，陈雍先生建议他将盘山所有带字的石刻都进行记录并制成拓片。于是，杨新重整行装再出发。为了这项调查，他于2016年底申请了天津文博院的基金项目《盘山摩崖石刻调查报告》并获批。2017年3月开始，他与蓟县及盘山相关部门协调，进行前期准备工作。此外，他还查阅了众多文献资料，并对盘山摩崖石刻作了仔细梳理。

2017年3月13日至4月12日，杨新和相关人员先后分三次登盘山开展调查工作，对摩崖石刻进行拍照、测量和定位，对摩崖石刻现状作了如实记录，填写调查日志和调查表300余份，拍摄照片2000余张，采集GPS点260余个。

杨新通过调查，在盘山共发现摩崖石刻246处，以明清民国时期的为主，清代摩崖石刻达165处，而年代最早的是唐代开成五年(840)的。盘山摩崖石刻的主要形式有四种：一是完全利用自然的崖壁凿刻，不做任何平整等加工；二是凿刻成规则平面；三是刻成碑刻形制，即碑形崖壁；四是摩崖造像。从数量来说，前两种最多，分别为121处、113处。其分布特点是点状分布、线状串联、独立成章。从保存状况来说，保存较好者为120处，约占一半；保存较差者为47处，约占五分之一。这表明盘山摩崖石刻的保存现状并不令人乐观，亟须对这些摩崖石刻进行保护，以便保存历史。造成这种局面，杨新以为有如下几个因素：自然侵蚀、气候灾害、战争损毁、人为毁坏。

通过实地调查，杨新感到摩崖文物点的日常巡查和保护存在一定难度，一方面是人手不够，另一方面是环境所限。由于设备问题，有些海拔较高和山势险峻的地方，仍旧未能全面覆盖，因此难免会有所遗漏。也就是说，此次调查的数量，仍旧不是最终的结果，还有待以后充实和完善。还有一个遗憾是没有提取拓片，这一方面是条件和设备所限，另一方面是人力不足所致。杨新希望，未来能够多方合作，相关部门提供资金和技术支持，对盘山摩崖石刻进行彻底的摸底调查并制作拓片。

杨新先生虽然是“半路出家”，但通过自己的努力，并在陈雍先生等的帮助和支持下，在十余年的时间里，迅速从一个文物门外汉成长为一位具有专长的文物专家。我们期待杨新先生的碑刻集早日出版，祝愿他在文物保护和管理的道路上走得更加顺畅，取得更大成绩！

（《藏书报》2019 年 6 月 24 日第 24 期）

问津讲坛第 65 期

(2019 年 6 月 29 日)

天津文庙建筑文化谭

主讲人:罗　丹

罗丹　1990 年 5 月生于天津,2016 年毕业于南开大学中文系古代文学专业,获文学硕士学位。现为天津戏剧博物馆文庙博物馆管理办公室业务人员。著有《票证中的天津风物》《流金溢彩解放路》,编著有《佛语禅心·禅林妙言集》等。

天津文庙建筑文化谭

罗　丹

天津是中国的历史文化名城,建筑文化丰富厚重。文庙是天津市区规模最大、级别最高、保存最完好的古建筑群,且具有府、县两庙并列等特殊的建筑格局,1954年成为第一批市级文物保护单位时序号排在第一位。研究天津历史文化和天津建筑文化,文庙当为重中之重。

作为具有一定规模的城市,天津最早称“卫”,明永乐二年(1404)设立。设卫后,人口不断增长,对教育的需求度不断提高。明正统元年(1436),地方奏请设立学校,得到了左卫指挥史朱胜的支持,捐出自己的住宅作为校舍。文庙正式开始修建,天津开始了国家教育。

明正统元年(1436),文庙首建堂斋公廨;明正统十二年(1447)大成殿落成,始称卫学;明景泰五年(1454),建棂星门;明天顺二年(1458),建东、西庑;明弘治八年(1495),在府学西侧建明伦堂;明嘉靖四十四年(1565),建名宦祠和乡贤祠;明万历二十九年

(1601),建泮池;同时期,建过街牌楼;清康熙十二年(1673),建万仞宫墙及礼门、义路牌坊;清雍正三年(1725),天津卫改天津州,清雍正九年(1731)又升州为府,另置天津县,卫学改州学,又升府学,文庙也升为府庙;清雍正十二年(1734),在府庙西侧建县庙,将明伦堂迁至东侧,并在县庙西侧建县庙明伦堂,至此形成府、县两庙并列的格局。由此可以看出,天津文庙建筑群不是一天形成的,而是经过历史变迁不断扩建以至现在的规模。

清末废除千年科举制度,文庙失去相关功能,濒临危机。民国时期,天津乡贤在保护文庙并利用其传承传统文化方面,发挥了重要作用。1931 年,华北最大的国学组织崇化学会迁于文庙明伦堂,聘请当时知名文人学者在此讲学, 会集和培养了许多文史方面的学人。崇化学会是现在崇化中学的前身, 崇化中学与文庙相距不远,一直与文庙保持着良好的合作关系,每年都有高中毕业生来文庙参加成人礼, 文庙举行的祭孔仪式也邀请同学们参加。文庙在 1954 年成为第一批市级文物保护单位, 院落殿堂曾被天津市少年儿童图书馆、天津市新华书店古籍部等单位使用。“文革”后期至改革开放初期,后来成为著名学者、藏书家的章用秀、姜维群、曲振明、倪斯霆等先生曾多次到这里淘书,从他们的回忆文章中可以窥见一些文庙当时的情况。1985 年对文庙进行复原修缮,成立天津文庙保管所,后更名为天津文庙博物馆并对外开放,为市文化局直属单位。后与天津戏剧博物馆和天津鼓楼博物馆组建为天津戏剧博物馆文庙博物馆管理办公室,现为市文化和旅游局直属单位。

文庙的三大功能是祭祀、教育和纪念,这些都在建筑中有所体现。它的设计采用了中国传统土木建筑形式和风格,从空间、体量和布局等方面,包括色彩、对称上,都有着相对成熟的形式。当然这些内容也随着各地文庙的地理情况不同而有所调整。一般为三进院、五进院,强调纵向布局。天津文庙是天津市区最大的古建筑群,而且是全国保存完好的府庙合一加明伦堂的文庙。从地图上看,天津文庙坐北朝南,占据东马路和东门内大街交口的位置,西、中、东三路分别为县庙、府庙和明伦堂。县庙和府庙二线结构趋同,从南到北主要建筑依次是万仞宫墙、泮池、棂星门、大成门、大成殿、崇圣祠。万仞宫墙与棂星门之间东西两侧有礼门、义路牌坊,棂星门与大成门之间有两祠,大成门与大成殿之间有两庑。东侧的明伦堂一线较短,北部有一座民国时期风格的礼堂式建筑和临时展厅。万仞宫墙外,还有两座过街牌坊,现矗立在东门内大街旁。

从文庙建造的历史中可以看出,县庙的西侧应该也有县庙明伦堂,但是由于种种原因现在已经看不到了。结合文庙和明伦堂(学宫)的位置关系,在全国范围内可列举出常见几种布局情况。第一种是左学右庙,北京孔庙和国子监就是这样的布局,其他如苏州府学、杭州孔庙。第二种是左庙右学,如福建泉州孔庙、上海嘉定孔庙。第三种是中庙左右学,府、县共用一座文庙,如云南建水文庙。第四种是前庙后学,最典型的是南京夫子庙,学宫是以明德堂(南京夫子庙的明伦堂叫明德堂)和尊经阁为主的建筑,此类布局的还有桐城文庙。后庙前学的情况比较少见,如河南汝州学宫,明伦堂在整体建筑的前方。

文庙与寺庙类建筑的一个不同点是,许多大型寺庙类建筑都在山林之间,自然色彩浓厚,而作为城市建筑,文庙周围高楼林立,商业繁荣,绿植环绕,闹中取静。从参观路径来讲,以大成门前和大成殿后做横向分隔,可将整体分为前部、中部和后部三部分。前部空间起到引导作用,比较旷阔,用高大的万仞宫墙将内外相隔,过

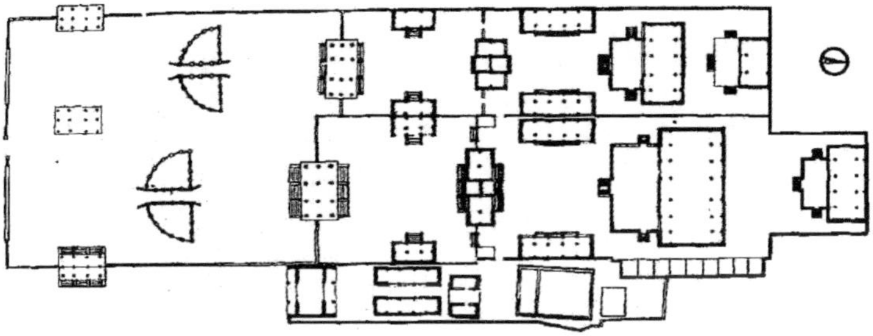

图 1《天津古代建筑》一书中的文庙平面图

泮桥和棂星门,也有入泮和来到圣人门下的寓意。中部空间是整个文庙的核心,大成殿内有孔子和四配十二哲的塑像,建筑集中且大成殿前有宽阔的月台,供祭孔乐舞使用。后部空间为崇圣祠,祭祀孔氏先人。这种布局最为常见,但根据当地不同条件,有一定的变化,如南京的夫子庙就是以秦淮河作为泮池,而这些差异,恰恰是各地文庙的一大看点,其中蕴含着许多值得研究的历史文化背景。

一、瓦与顶

孔庙作为祭祀和礼仪性建筑,历朝历代都要修缮。而建筑的规制等级也在随着历代祭祀标准的变化而变化。最典型的就是琉璃瓦的颜色。清末以前,祭孔属于国家祭典中的中祀,中祀的前提下,主殿可以采用面阔七间的绿琉璃瓦重檐歇山顶。清光绪三十二年(1906)升为大祀,成为最高规格,主殿可以采用面阔九间、进深五间的重檐庑殿的黄琉璃瓦顶。但升为大祀后,全国只有部分文庙针对新的规制进行了修改,包括北京孔庙在内也没有把所有建筑按照新的规制进行修改。天津文庙府、县两庙的棂星门,屋顶明显有区别，府庙是黄琉璃瓦顶，县庙是青筒瓦。针对天津文庙的府、县两庙的不同，府庙的棂星门、大成门，中间的大成殿，还有最北边的崇圣祠，是黄琉璃瓦顶。其他的建筑与县庙一样，都是青筒瓦。

琉璃瓦在唐朝已普遍用于屋顶，杜甫《越王楼歌》诗云："孤城西北起高楼，碧瓦朱甍照城郭。"到明清两代，琉璃瓦更是宫殿、王府、祭祀建筑和庙宇的屋顶必不可少的建筑材料，成为中国古代建筑特色之一。黄琉璃瓦用于帝王宫殿、陵庙，如北京紫禁城、明十三陵；绿琉璃瓦用于王府一级，如北京恭王府；青琉璃瓦用于祭祀建筑，如天坛祈年殿，象征青天；黑琉璃瓦、紫琉璃瓦等多用于帝王园林中的亭台楼榭。

琉璃瓦颜色的不同，是因为釉彩中含有不同金属氧化物。氧化铁釉料可以烧成黄琉璃瓦，氧化铜可以烧成绿琉璃瓦。为什么皇室使用黄色？较为常见的说法是五行中的五种元素，各代表一个方位一种颜色。黄色属土，土居中，皇帝是中心，所以故宫里大多数的屋顶都是黄色。南三所在故宫东部，按阴阳五行之说，东方属木，青色，主生长，故屋顶多覆绿琉璃瓦，并安排皇子在此居住。文庙能够使用黄琉璃瓦，可见统治者对儒家的重视，所以天津文庙也是天津等级最高的官式建筑。

除了瓦当，屋顶的不同样式也是值得了解的。不同的屋顶代表不同的等级，在不同的场所有不同的用途。众多屋顶形式的变化，加上灿烂夺目的琉璃瓦，使建筑物产生独特而强烈的视觉效果和艺术感染力。通过对屋顶进行种种组合，又使建筑物的体形和轮廓线变得愈加丰富。古建的屋顶主要为坡顶，也有平顶。坡顶又可分为单坡顶、两坡顶、四坡顶几类。两坡顶分为硬山和悬山两种，四坡顶有四坡五脊的庑殿顶和四坡九脊的歇山顶。还有攒尖顶，可分为三角攒尖、四角攒尖、六角攒尖、八角攒尖、圆攒尖等。另有盔顶、盝顶、十字脊顶等。天津文庙建筑众多,屋顶样式也相对丰富。

按照清代屋顶之规制，屋顶等级分为重檐庑殿顶、重檐歇山顶、重檐攒尖顶、单檐庑殿顶、单檐歇山顶、单檐攒尖顶、悬山顶、硬山顶、四角攒尖顶、盝顶、卷棚顶。庑殿顶是五脊四坡式,由一条正脊和四条垂脊组成。由于屋顶有四面斜坡,故又称四阿顶。庑殿顶又分为单檐和重檐两种,所谓重檐,就是在上述屋顶之下,四角各加一条短檐,形成第二檐。北京紫禁城太和殿就是重檐庑殿顶,它也是我国现存最大的庑殿顶建筑。而故宫英华殿、弘义阁、体仁阁则为单檐庑殿顶。天津文庙中的过街牌坊和府庙万仞宫墙是庑殿顶建筑。

歇山顶共有九条屋脊,即一条正脊、四条垂脊和四条戗脊,因此又称九脊顶。由于侧面看中间像折断了一次,分成垂脊和戗脊,好像停住歇了一下,故名歇山顶。其上半部分为悬山顶或硬山顶的样式,而下半部分则为庑殿顶的样式。歇山顶结合直线和斜线,有棱角分明、结构清晰的感觉。歇山顶最大特点是两侧形成的三角形墙面,叫作山花。歇山顶屋脊上有各种脊兽装饰,其中正脊上有吻兽或望兽,垂脊上有垂兽,戗脊上有戗兽和仙人走兽。知名的歇山顶建筑如天安门,紫禁城太和门、保和殿、慈宁宫等,天津文庙两座大成殿均为歇山顶建筑。

硬山顶是北方最常见的屋顶。屋顶两侧不突出于山墙,只有前后两面坡,只有一条正脊和四条垂脊。天津文庙除大成殿外,其他的殿基本都为硬山顶。硬山式是属于比较简单、朴素的类型,是属于等级比较低的屋顶样式,一般用青筒瓦,像天津文庙府庙崇圣祠用黄琉璃瓦的比较少见。

图 2 县庙的万仞宫墙采用硬山顶

卷棚顶最大特点就是屋面双坡相交处无明显正脊，而是做成弧形曲面。多用于园林建筑中，如颐和园中的谐趣园。在宫殿建筑中，用人等居住的边房，多为此顶。天津文庙现在所有仿古的建筑，包括办公室、临时展厅在内，基本都做成了卷棚顶样式。

二、坊与墙

来到文庙附近，最先映入眼帘的是两座古朴典雅的过街牌坊（牌楼）。一般而言，围墙之内属于建筑群，各种类型的建筑在围墙之内。过街牌坊的设置，是文庙在街区布局中区别于其他建筑群的一大特点。文庙的过街牌楼是标识性的，本体高大容易辨识，东西方向视角敞阔，其功能相当于现在的道路指示牌，用以界定儒学圣地。纵观各地文庙，还有两类布局方式，如道路直对建筑门前，牌坊多设于正门前方；如建筑前方和两侧均有道路，牌坊多环设三面，与大门形成门前广场。

依据各地文庙不同的择址状况，牌楼的数量和形制也有所不同。曲阜孔庙有七座牌坊，除棂星门外，还设有金声玉振坊、太和元气坊、至圣庙坊、德侔天地坊、道冠古今坊。牌坊的名称，可以体现出对孔子的赞许和对儒家思想文化的传承。

现存的两座过街牌坊，为木质二柱三楼庑殿顶式样，横额上有鎏金雕龙华板，牌坊正中分别为近代著名书法家华世奎手书“德配天地”和“道冠古今”，蓝底金字，庄重大气。“德配天地”语出《庄子》：“孔子曰：‘夫子德配天地，而犹假至言以修心。古之君子，孰能脱焉！’”意为孔子的道德品行影响深远。“道冠古今”意为孔子的思想从古到都是至高无上的。

历久弥新的过街牌楼集标志性与纪念性于一体，在高楼林立的现代化都市内，更显难得。经过城市道路拓宽改造，过街牌楼矗立在文庙外的人行便道上。而文庙的地势较低，与旁边的东门内大街形成了较大的高度差，事实上在文庙建筑群的南部形成了文庙专属广场，供阅览者聚集和休憩。

万仞宫墙是文庙最南端的围墙，与“道冠古今”和“德配天地”两座牌楼共同构成了天津文庙的外部景观。文庙地处城厢闹市，庙外车水马龙，庄严挺拔的万仞宫墙有效阻隔了外界的喧嚣，给文庙内部增添了一分神秘感。

万仞宫墙之“仞”字，是古代的计量单位，周制八尺为仞，万仞即有很高的意思。最早语出《论语·子张》：“叔孙武叔语大夫于朝曰：‘子贡贤于仲尼。’子服景伯以告子贡，子贡曰：‘譬之宫墙，赐之墙也及肩，窥见室家之好；夫子之墙数仞，不得其门而入，不见宗庙

图 3 文庙前的过街牌坊

之美、百官之富。得其门者或寡矣，夫子之云不亦宜乎！’”当有人说子贡的学识才能高于孔子时，子贡说人的学识好比宫墙，我这道墙高度只在肩头，很轻易被人看到墙的另一侧。老师这道墙有数仞之高，如果不能从门进入,是不能看到内部的美好景象的。

万仞宫墙原名仰圣门,位于曲阜城的南城墙。曲阜孔庙利用南城墙作为建筑群的一部分。明代学者胡瓒宗认为“数仞”的程度仍不够表达孔子的学识高深,故书写“万仞宫墙”并镌刻在南城门上。清代,乾隆皇帝到曲阜,为表达尊孔崇儒之意,御笔重题了万仞宫墙。

地方文庙以南围墙作为万仞宫墙,围墙中间位置多镌刻“万仞宫墙”四字,如四川德阳文庙。天津文庙万仞宫墙建于清康熙十二年(1673),青砖青筒瓦。据《天津县新志·修文庙记》记载:“康熙十二年二月,砌砖花墙二道直抵街市,立影壁、建戟门以为至圣陟降左右之路。”清代曾多次加固、加高。民国时期,天津有三座影壁最为知名,分别是直隶督署和李纯祠堂的影壁和文庙的万仞宫墙。文庙因数百年来无正门,出入通过东西侧的“礼门”“义路”,万仞宫墙得以保存完整。20 世纪末,文庙在万仞宫墙的中间新开了山门,万仞宫墙便出现了府庙和县庙两种不同的建制。

三、门与池

山门，也就是出入口。中国传统的建筑群，如宫殿、府邸、衙署、寺庙等，大都坐北朝南，其正门一般都开在南侧；然而，天津文庙的南侧原来只是一道封闭的万仞宫墙，并没有正门。这也成为天津文庙建筑的一个特色。直到前些年天津文庙大修时，才在南侧宫墙中间新开了一个古典风格的大门，作为正门接待来宾和游客。

天津文庙原来为何没有正门？由于没有明确的历史记载，多少年来人们提出过各种各样的猜测。听到最多的意见是，因为天津历史上没有出过状元，所以天津文庙就没开正门。

没出状元就不开正门，其他地方的文庙确有此例。如甘肃省武威文庙就没开正门，因为武威历史上没有出过状元。据说文庙的正门是专门为迎接状元而开的，也叫“状元门”。而武威文庙的状元门却被万仞宫墙所替代，在文庙建成时是封闭的，只有等后来有人考上状元（或者除非有皇帝御驾亲临），此墙方可打开，状元经由此门进入文庙参加相关仪式。再如黑龙江省哈尔滨文庙，由张学良等发起，建成于 1929 年，由于当时科举制度早已废除，而且此后注定不会出状元，因此文庙的正门被照壁取代，前来参观的人只能走东坛门。

其实，天津府在历史上是出过状元的。清代道光二十七年(1847)，天津府南皮县人张之万高中状元，后来他还做了“状元宰相”，天津的乡绅们便将其金榜题名与天津府庙泮池跃鲤联系起来，中国近代最著名的画报——上海《点石斋画报》还发表了画家符节据此事所绘《跃鲤呈祥》图，上海著名画家吴友如所绘《泮池跃鲤》图也描绘了天津文庙出现的这一景象。天津府明明出了状元，而且府庙里有反映，众乡绅很重视，媒体上也报道了，但是天津文庙却依然不开正门，实在令人不解。有的学者虽然注意到这一点，却也语焉不详。看来天津文庙正门问题还有待进一步研究。

前些年天津文庙在南墙新开的正门，虽然在万仞宫墙的中间，但既不对应府庙，也不对应县庙，大概是想两面都照顾到。正门上方“文庙”匾额由孔子第七十七代孙、末代衍圣公孔德成先生题写，东侧“天津文庙博物馆”牌匾由孔德成胞姐、中国孔子基金会副会长孔德懋女士题写。

前些年在天津文庙南墙外两端新竖立了两块下马碑，上面镌刻“官员人等至此下马”字样。天津文庙既然过去没有正门，在南墙外的东门内大街上自然也不会有这两块石碑，可能是当时的主事者按照北京孔庙下马碑的样式安排的，样式和北京孔庙的下马石很像。实际上，竖立在天津文庙墙外两座高大的过街牌坊，上书“德配天地”“道冠古今”八个大字，已经兼有下马碑的提示功能了。

泮池，是文庙特有的建筑。据《礼记·王制》等文献记载，西周时的最高学府称“辟雍”，是周天子设置的四面环水的大学堂。各地文庙学宫在前院开挖圆形或半圆形水池，上架泮桥，象征“辟雍”。人们踏上泮桥，就好像进入了最高学府。唯有南京的夫子庙不设专门的泮池，而以门前的秦淮河为泮池。古代规制，诸侯不得观四方，故缺东以南，半天子之学，故曰泮宫。因孔子在唐代开元二十七年(739)被追谥为文宣王，文庙的泮池理应遵从诸侯王公的规制，是天子的一半，呈半月状。泮，就是半个水池，寓示孔子提倡的学无止境，即永远不能满足自己的学问。也有把泮池称为“学海”的，寓意学海无涯。天津府庙、县庙的泮池，皆为半圆形水池。

旧时，天津文庙泮池之水连通着护城河与海河。海河的水位有多高，泮池里的水位就有多高。在泮池内壁，探着几个石雕的龙头，据说，如果泮池里的水位在龙舌处，海河的水位即正常；如果水位高过龙鼻，海河流域就要发洪水了。

按照礼制，天子太学可四周环水，称“辟雍”。地方官学孔庙中兴建泮池可追溯到北宋时期。早期的泮池平面多数为方形，其位置不固定，多数在明伦堂前。南宋时期的泮池都是长方形，多数位于明伦堂前，元代时，各地方官学孔庙的泮池尚无一定的规制，仍以矩形为主。明代是泮池普及和规范化的时期，明代中期以后，地方官学孔庙在棂星门内外建泮池已成规制，设矩形泮池的孔庙纷纷将泮池的形状为半圆形或近似半圆形。

泮池按照位置分类，有三种情况：第一种是棂星门与大成门之间，如洛阳的河南府文庙。此外还有桥数的区别，一般来说，规模小一些的泮池架一座桥，大的泮池架三座桥。第二种就是天津文庙这样的泮池在万仞宫墙与棂星门之间。例如湖南岳阳文庙泮池，上架一座桥。四川渠县文庙泮池，架三座桥。四川犍为文庙，它的泮池上没有桥，有一种说法就是当地没有出过状元。还有第三种情况比较少见，泮池在大成门内，如福建泉州文庙。

天津文庙的泮池中养有鲤鱼，两个泮池中间是连通的，理论上可以来回游，但主要集中在县庙一侧。至于池塘当中为什么要养锦鲤呢？泮池有数米深，平时难以频繁打理，鲤鱼的繁殖能力和适应能力强，红色的外表也很美观。

跨过泮池，迎面而见的是棂星门。棂星门最早被用于大型庙坛祭祀活动，称灵星门。设置灵星门是古人祭天的一种方式，灵星指角宿天田星，天津市文史研究馆副馆长陈邦怀先生在《商代金文中所见的星宿》一文中提及，当早晨东方可以看见天田，预示着一年农耕的开始，殷人士为农祥之星加以祭祀。《后汉书》提到，汉高祖祭天祈年，命祀天田星。后因儒学在社会中的地位越来越高，祭孔犹如祭天，便将灵星门移入孔庙，成为孔庙建制的一部分。后世儒生觉得灵星和孔庙关联不大，又不愿将灵星门取消，故将“灵”改为“棂”。清代学者袁枚在《随园随笔》中谈道：“后人以汉灵星祈年与孔庙无涉，又见门形为窗灵，遂改为棂。”还有一种传说是，棂星为天上文星，孔子是文星下凡，天下学子聚集文庙，从棂星门下走过的学子能够得到神灵的庇护，学业有成。

天津文庙府庙棂星门建于明代景泰五年(1454)，在文庙的建筑中属于早期兴建的。建制为四柱三楼冲天式木结构牌楼，四柱顶端黄琉璃圆筒团龙照顶，气派挺拔，亦是中轴线上四座使用黄琉璃瓦顶的建筑中最靠南的一座。牌楼上方镌刻棂星门三个繁体金字。

为何棂星门的“櫺”字与常见的繁体“欞”字有所不同。曲阜孔庙的“櫺星門”为清代乾隆十三年(1748)乾隆帝御笔题写，一种说法是乾隆题字觉得“欞”字笔画太多，与“星門”二字书写起来难以协调统一，故改写为“櫺”。而 2017 年初的一则新闻认为这种说法甚荒唐，因东汉的《说文解字》中已有“櫺”字，故而乾隆改字的说法很滑稽。笔者却认为新闻中的解释不能成立。乾隆改字，不一定要改成原来没有的自创字，即使东汉已有“櫺”字，乾隆也可认为此字比“欞”字更适合，改写也在情理之中。倘若找到乾隆题字之前已有“櫺星門”说法的文献记载，想必才能支持上述新闻的观点。不论“櫺”字演变情况到底如何，我们或许可以了解到古代统治者对孔庙足够重视的程度，体会到棂星门足够特殊的地位。为突出特色，棂星门的形式也是多种多样。从规格上讲,三门式较为常见,五门式如四川渠县文庙,七门式如苏州文庙,九门式如四川富顺文庙。如按照屋顶的形制区分，有房屋式，如南京朝天宫棂星门是歇山顶,辽宁兴城文庙棂星门是悬山顶;也有牌坊式,如四川德阳文庙、上海嘉定孔庙。另外可按建筑材质区分,有石质棂星门,如山东曲阜孔庙、安徽桐城文庙等;也有木质棂星门,如四川崇州文庙、黑龙江哈尔滨文庙等。还有一种特殊的棂星门,是厅堂式的,这是云南建水的棂星门,四棵中金柱穿屋顶而出,高出屋脊两米多,全国范围内比较罕见。

大成门原称仪门，表示凡进入此门者应该衣冠整洁，仪表堂堂,以表示对孔子的尊敬。北宋崇宁三年(1104)因大成殿而得名为大成门。是通往大成殿区域内的正门。因屋顶有脊的装饰所以大成门也称戟门,戟是一种古代的兵器,三叉状,在唐代,官阶三品以上的人家才能在屋顶设置戟的装饰。天津文庙府庙大成门面阔五间,进深二间,明间中柱设板门,黄琉璃瓦硬山顶。县庙大成门面阔三间,进深二间,青瓦硬山顶。两座大成门旁均设置祭孔所用的钟鼓。大成门共有三门,中门只有在祭孔和重大活动时才开启,平时均以左右两侧掖门出入,表示对孔子及文庙的礼敬。

十几年前大修之前，大成门不是现在这个样子。因大成门次间、稍间原用作办公用房(会议室),此次恢复其原有风貌,拆除隔扇门、门槛及石膏吊顶,在施工过程中,在东西次间、稍间内檐发现原有彩绘,应为清末风格,为彰显历史价值,形成新旧对比,故对原有彩绘进行保留。

大成门作为进入主体建筑大成殿的入口，在建筑规制上通常比大成殿稍低。面阔五间,三间为多;屋顶形式和色彩一般都与大

图 4 府庙与县庙泮池相连通

成殿保持一致；屋面以单檐歇山、悬山为多，但是也有例外，四川犍为县孔庙大成殿屋顶就有抱厦出现。清末升为大祀，此后修建的大成门出现了庑殿式的屋顶，例如北京孔庙，面阔均为五间，黄瓦飞檐，彩绘斗拱，下有石雕须弥座台基。

四、殿与庑

大成殿是孔庙的核心建筑，亦是祭孔的中心场所。唐代称文宣王殿，北宋崇宁三年(1104)，宋徽宗将曲阜孔庙主殿更名为大成殿，并亲书匾额。北宋政和四年(1114)，宋徽宗颁定天下孔庙正殿均称大成殿。“大成”语出《孟子·万章下》“孔子之谓集大成”，意为孔子将古今圣贤的优秀思想集合在一起，达到了丰富和完备的程度，这是对孔子本人及孔子思想的赞誉。曲阜孔庙大成殿在历史上多次重建重修，清雍正年间恩准殿顶使用黄琉璃瓦并亲题匾额，与皇宫规格开始等同。

天津府庙大成殿建于明正统十二年(1447)，面阔七间，进深三间，青砖九脊歇山顶覆黄琉璃瓦。其中正吻合垂脊交界处设吞脊兽,为天津古代建筑的地方特色。大成殿是文庙的早期建筑,建成时,两旁没有建筑,逢春秋二祀,临时搭建"蓬席为舍,设先贤位,祭毕撤去"。台基前出月台,为祭祀和乐舞表演所用。明间设御路和踏跺,踏跺两侧设抱鼓、勾栏和垂带。左边是县庙大成殿的屋顶侧面,右边是府庙大成殿, 上方的结构明显要比县庙的复杂。立体感很强,可以出挑的面积也就更大。因为复杂的结构容易让鸟停留和筑巢,影响古建寿命,所以给上面覆盖了丝网。大成殿内正中神台上奉祀孔子塑像,左右从祀孟子等"四配","四配"后方为闵子等"十二哲"。殿顶悬挂清代九位皇帝题写的"万世师表"等匾额。各地孔庙的大成殿,摆放匾额的方式和数量也不同。

大成殿因孔庙的级别不同因而其规格也不同。有三开间、五开间、七开间和九开间四种规格。三开间的比较少见,比如辽宁兴城文庙大成殿,三开间硬山顶。五开间的多为县庙,天津县庙就是这种。七开间多为府庙大成殿,如苏州文庙,且从苏州文庙大成殿可以看出,多少开间不一定要都开成通常门窗的样子,七开间的有南京夫子庙等等。面阔九开间的孔庙有曲阜孔庙、北京孔庙、济南孔庙, 吉林文庙和哈尔滨文庙。吉林文庙也是东北地区建筑年代最早、建筑等级最高、保存最完整的一座清代建筑群。除此之外,北京、哈尔滨孔庙大成殿为重檐庑殿顶,级别最高,其他大多为重檐歇山顶。也有的县级孔庙大成殿为硬山顶,如渠县孔庙,前檐为重檐,后檐为单檐。或者为单檐庑殿顶,如汝州学宫的大成殿。

天津文庙府庙大成殿依照曲阜孔庙复制塑像,共 17 座,包括孔子、四配、十二哲。为充实丰富文庙的文化内涵,使文庙充溢着儒学文化氛围,在孔子像的基础上,增塑"四配"即复圣颜子、宗圣曾子、述圣子思子、亚圣孟子的塑像,还有十二哲。此外还添置了一些祭器。“十二哲”中，十一人是孔子的学生，唯朱熹是南宋理学家。朱熹与孔门弟子相距一千六七百年，他被列入“十二哲”，足见其儒学史上的巨擘地位。“十二哲”是从祀，地位比“四配”低一些，离孔子像也远一些，十二哲塑像均在“四配”之后。

崇圣祠，亦称启圣祠，主祀孔子之父叔梁纥。建于明代，清代雍正元年(1723)谕封孔子五代祖先配享王爵尊号，并准其入祀，将启圣祠改名为“崇圣祠”，另配祀孔鲤等十位先贤先儒。建筑为五开间，青砖硬山顶，覆黄色琉璃瓦。

崇圣祠殿内正面祭祀的是叔梁纥等孔子的五代先祖，还有四座神龛有配位和从祀，孔孟皮(孔子兄长)、曾点(曾子父亲，比孔子小六岁，与曾子同师孔子)、孟孙激(孟子父亲)、颜无繇(颜回之父)、孔鲤、程珦(程颐、程颢之父)、张迪(张载之父)、蔡元定(蔡沈之父)、周辅成(周敦颐之父)、朱松(朱熹之父)。

东、西庑，供奉配享文庙的156位先贤、先儒牌位。天津文庙府庙东、西庑建于明代天顺二年(1458)。建筑为五开间，青砖硬山顶，覆青筒瓦。两庑为从祀孔子的先贤、先儒的纪念性建筑，从祀的先贤、先儒原为画像，金时改为塑像，明成化年间一律改为木制牌位。先贤为文庙中从祀的第三个等级。文庙中的先贤，大多数为孔子的弟子。其余者，一为与孔子同时代甚至早于孔子但与孔子有过交往的儒家代表人物，二为孔子言论所及的儒家代表人物，三为孟子的学生，四为理学代表人物。

名宦祠供奉在天津本地做官时期做出杰出贡献的政府官员。这些历史人物都是按照儒家仁、义、礼、智、信、孝、悌、廉、明、忠、勇等道德精神树立起来的榜样，对他们的祭祀崇拜是利用乡土情感强化儒学的重要方式。这些官员以其承载的厚重的个性史迹构成了天津文庙的历史文化特征，用他们名自不同的业绩，共同谱写了一部鲜活的地方文化教育史、道德教育史、儒家发展史。乡贤祠，其内供奉的乡贤分别以忠勇、孝悌、义举入位。

图5 府庙大成殿前每年举行秋季祭孔仪式

1927年，严修、华世奎、林墨青先生等人共同发起创办了天津崇化学会。崇化学会是以“延国学之坠绪，衍固有之文化”，“为童年储师资，为学子谋深造”“讲求国学，补学校之不及”为宗旨的从事国学教育研究的团体。1931年，崇化学会迁于文庙明伦堂讲学。1937年，崇化学会董事恐日寇侵占文庙，破坏文物古迹，于是由华世奎先生邀请胡峻门(祖尧)先生主持崇化学会工作，在崇化堂后的大厅内为学员讲课。

明伦堂建筑群由门厅、前殿、大殿、配殿等组成，是天津府学的主学堂，古时的秀才(生员)在此上课学习。近代以来，在明伦堂建筑群后部建成一座中西合璧的方形高敞大屋，三面设置大窗，采光效果很好。室内放置数排书桌座椅，成为一间可容纳近百人的大教室。

近些年，随着“国学热”的兴起，很多地方的文庙纷纷恢复明伦堂,重现往昔的开坛讲学之风。天津文庙博物馆内的明伦堂也被辟为国学馆,请大专院校、科研单位及社会上的名师讲授国学,如《论语》《中庸》《大学》等,并定期举办专题讲座,普及传统文化知识,产生了有益的社会影响。古老的文庙建筑,也因此焕发了新的光彩。

青年学人的文庙缘
——问津讲坛第 65 期主讲人罗丹先生侧记

万鲁建

问津讲坛第 65 期主讲人罗丹先生是一名 90 后，南开大学文学院硕士毕业，现在天津戏剧博物馆文庙博物馆管理办公室工作。罗丹年轻有为，是截至目前问津讲坛最年轻的主讲人，此次他讲述了"天津文庙"。

罗丹与问津讲坛结缘，并非始于此次讲座。之前我多次聆听过其他主讲人的讲座，至少有两位主讲人与罗丹密切相关：一位是问津讲坛第 19 期主讲人张培锋教授，他是罗丹的硕士生导师；另一位则是问津讲坛第 60 期主讲人罗文华先生，乃是罗丹的父亲。名师出高徒，虎父无犬子，罗丹做客问津讲坛，自然显得水到渠成。

幼承家训爱读书

罗丹幼承家训，其父罗文华先生毕业于北京大学中文系，乃津门知名学者、收藏家，也是资深报人。罗文华先生涉猎广泛，收藏甚富，门类众多，举凡钱币、票据、书画等，皆有涉及，藏书更是多达两万余册。在如此的书香之家，罗丹自幼深受熏陶，爱好读书和收藏，知识广博。一家三口，都沉浸在书香之中。也正是因为如此，2014 年其家庭被国家新闻出版广电总局评为首届全国“书香之家”，全国各大新闻媒体都进行了报道。

或许是受到其父的影响，罗丹本科就读于天津师范大学新闻学院，硕士就读于南开大学文学院，师从著名佛教文学研究专家张培峰教授。在导师的指导和教诲下，罗丹对佛教文学充满兴趣，并利用闲余时间探访各地名刹，探寻佛教文学产生的源流。攻读硕士期间，罗丹主要研究方向为清言小品，这是文学与佛学的有机结合物，是中国佛教文学乃至古代文学的重要体裁之一，对它的研究属于跨学科研究。罗丹的毕业论文《晚明文人禅学修养与清言小品——以屠隆、陈继儒为中心》，通过对清言小品的文本分析寻找和提炼禅意，进而考察作者的禅学修养与创作之间的关系，从而明确清言小品的文学意义、佛学意义和社会意义。这篇论文得到导师和答辩委员的一致好评。攻读硕士期间的勤奋治学，使罗丹拥有了良好的学术素养，提升了科研能力。2016 年天津人民出版社出版天津佛教文学丛书《佛语禅心》，罗丹在导师的指导下，承担了《禅林妙言集》的编撰和注释工作。

此后不久，在其父罗文华先生指导下，他又整理了民国时期郑家相所著《梁范馆谈屑》，并于 2016 年 10 月以《问津》第 46 期的名义印行。郑家相是近代著名泉藏大家，20 世纪 20 年代末至 30 年代初在天津工作，其后又多次旅居津门，与方药雨、张絅伯等泉藏大家交往密切。在《梁范馆谈屑》中，郑家相记述了不少天津泉藏名家和泉藏市场的情况，是很有价值的天津文史资料。正如罗丹在“整理前言”中所说:“《梁范馆谈屑》记述天津泉藏名家和泉藏市场所占篇幅较大,第六、七、八篇几乎全写天津,其余各篇亦皆或多或少涉及天津,故此实际上也可将其视为一组独特而珍贵的天津文史资料。”该书对于研究近代天津的泉藏情况及相关名家交往具有一定的资料价值。此后,罗丹还多次参加问津学术年会,成为津门文史学界的新生力量。

也许正是由于文史因缘,罗丹研究生毕业后以优异成绩考入天津戏剧博物馆文庙博物馆管理办公室,从事鼓楼博物馆的展览策划工作。他先后在文庙博物馆、鼓楼博物馆参与多个民间收藏类展览的策划和内容撰写,如“海河新面貌图片暨史料展”“纪念周恩来总理诞辰120周年专题连环画展”“永通万国——天津钱币收藏家联展”“周汝昌与天津红学展”等,广受观众好评,也得到学界赞许。罗丹在实践中得到锻炼,迅速成长为业务骨干,成为专家型策展人员。

一心只为票证忙

罗文华先生是收藏大家,涉猎广泛。罗丹自幼深受家庭的熏陶,从小也有了收藏爱好。大学期间,由于经常乘坐公交车,罗丹发现许多线路上的公交车票各不相同,有些是新版,有些是十年前发行的旧版。出于好奇,他开始关注公交车票,每次乘坐公交车都会撕下车票保存起来,积少成多,很快就集存了相当数量,便开始研究票证背后的历史变迁及其蕴含的社会意义。后来公交车上的车票已经不能满足其需求,他开始到古文化街淘票,并逐渐扩大收藏范围,从公交车票延展到与天津历史文化相关的其他票证,如天津风景名胜、交通出行、日常生活等各类“非计划类”票证。

如果说最初只是出于好奇而收藏，那么收藏到一定数量后就会开始关注票证背后的历史，也就是所谓的研究。天津是中国近代历史上占据重要地位的商业都市，有轨电车、火车、公交车等在天津很早就出现了，电影院等娱乐场所也极为繁盛，而这些都在当年的票证中有所反映。解读票证里的历史，挖掘票证背后的故事，无疑是书写天津城市历史的一种方式。历史，既需要宏观叙事，也需要微观考证，两相结合才能更全面地书写历史。也正是基于这样的理念，罗丹依托收藏的票证，开始撰写收藏文章在报刊上发表。从 2014 年起，他平均每月都会写一篇收藏文章，先后在《天津日报》等报刊发表数十篇，如《集存天津早期地铁票》《集存天津出租车票》《集存天津地铁纪念卡》等，都从某个侧面反映出天津市民出行工具的变迁和历史。而《从荣园到人民公园》《宁静致远票上观》《水上公园景色美门券多》等，则让人们从门票的变化看到公园的历史变迁。《唤醒繁华说鼓楼》一文，通过几张不同时期的门券，可以看到不同时期鼓楼的风貌以及周边环境的变迁。鼓楼承办“天津市危改纪念展览”所发行的免费参观券，则又让人了解到鼓楼之外的另一段历史。一张张小小票证，有时候可以读出很多历史细节。

看似平淡无奇的票证收藏文章，实际上收藏者需要付出很多心血。除了尽力搜集原始票证外，还需要阅读大量相关书籍，这样写出的文章才能言之有物，令人信服。我虽然并不收藏这些，但我爱淘书，能体味搜集票证之辛苦，也能理解在工作之余所付出的心血。罗丹在收藏和研究老票证的道路上已走了很长时间，也取得了不小的成绩，我们祝愿他继续前行，收获多多。

天津文庙故事多

文庙(又称孔庙)是古代祭祀儒学创始人孔子的场所,也是历代王朝尊孔崇儒的礼制建筑,还是传授儒家经典的文教之地。文庙是中国古代城市教育文化的精神标志,也是中央政权控制力和儒家文化渗透力的表现。最早祭祀孔子的庙宇出现在孔子的老家曲阜,后来随着历代王朝对孔子的推崇,逐渐扩展到全国。天津文庙出现较晚,1436 年才开始修建,此后设施不断完善。1731 年文庙升格为府庙,后又在府庙西侧修建县庙,形成府、县两庙并列的格局。现存的天津文庙,是中国唯一保存完整的府县合一的文庙建筑,具有极高的研究价值。

罗丹小时候就在父母的陪同下来过文庙,后来又在古文化街搜集到一些有关文庙的票证,有时候还会到文庙参观天津市文博学会民间收藏专业委员会的展览,逐渐对天津文庙有了直观认识。硕士毕业后他进入天津戏剧博物馆文庙博物馆管理办公室工作,经常在文庙办公,这使得他有机会长期近距离观察文庙、研究文庙。天津文庙自建成后也是历经沧桑,1949 年之后作过很多单位的办公用房,甚至还曾是著名的淘书之地。1954 年,天津文庙成为第一批天津市级文物保护单位,1985 年修缮,1987 年正式对外开放。

此次问津讲坛上,罗丹重点讲述的是文庙的建筑。他认为,古代社会的等级观念在建筑上有着严格体现。统治者对门堂制度做了具体规定,使建筑规模、形式、装修色彩、建筑材料都有明确划分。他对天津文庙内不同的建筑及其所蕴含的意义都做了详细的说明,如进入大成门者要衣冠整洁,以示对孔子的尊敬;明伦堂是天津府学的主学堂，古代的秀才在此上课学习，后来严范孙、华世奎、林墨青等创办的崇化学会曾在此讲学。罗丹结合文庙的发展历史，讲述了诸多相关故事。最后，他还对文庙的保护与利用提出建议，认为文庙要与古文化街、鼓楼以及周边的商业业态整合，加强交通管理，增设大型停车场，同时学习南方经验，多利用网络等媒介，吸引更多的年轻人来此参观学习。

我认识罗丹兄也有几年了，偶尔也一起参加活动，但坐下来交流的机会并不多，因此对他的了解大都是通过诸位师友的聊天和拜读其在报刊发表的文章获得的。因此，这篇侧记难以全面反映罗丹兄的成绩，更无法表现他的多才多艺。这对我来说确实是一种遗憾，希望以后有机会来弥补。

（《藏书报》2019 年 7 月 29 日第 29 期）

问津讲坛第 66 期

(2019 年 7 月 27 日)

天津工商学院的建筑

主讲人:金彭育

金彭育　1945 年生,中共党员。多届市和区政协委员,市人大立法咨询专家。原市风貌办研究室主任,旅游局特约研究员、市工商职业技术学院和中华文化学院客座教授。现为和平区政协文史专家组顾问,五大道文化旅游专家委员会委员、顾问,天津市作家协会和音乐协会会员。先后出版个人著作 12 种,参与编辑图书 50 多种。

天津工商学院的建筑

金彭育

天津工商学院,旧址位于河西区马场道 117 号—119 号。2013 年 5 月,天津工商学院主楼旧址被批准为全国重点文物保护单位,属于特殊保护的天津历史风貌建筑。

1921 年,直隶献县天主教会在天津创办了天津工商大学,这个地方原被称为清鸣台村。附近有桃园村、三义庄村与贺家口村。20 世纪 30 年代,该大学的大部分主要建筑完成。1933 年改名为天津工商学院。1948 年改名为私立津沽大学。1952 年改建为天津师范学院。1958 年更名为天津师范大学。1960 年改为综合性的河北大学。1970 年河北大学迁保定,组建天津外国语学

图 1 西侧的培训中心办公楼亦称附中楼

院。2010 年更名为天津外国语大学。

天津工商学院现存的老建筑主要有七座:(1)中间的主楼亦称钟表楼;(2)西侧的外事处办公楼亦称校长楼,为桑志华和德日进旧居;(3)东侧的行政办公楼;(4)西侧的培训中心办公楼亦称附中楼;(5)后面的留学生公寓;(6)纵向的外廊式和平楼;(7)北疆博物院。这七座建筑全部建成五十年以上,是具有历史、文化、科学、艺术、人文价值,反映时代特色和地域特色的建筑。

一、主楼和设计师

天津工商学院的主楼,旧址为法国天主教会直隶献县教区耶稣会在天津创办的中国天主教大学—。筹建于 1920 年,现楼后有建时的花岗岩基石展出和说明文字,该楼 1926 年建成投入使用。由法国永和工程公司设计,总建筑面积为 4917 平方米,总设计师是法国建筑师保罗·穆勒,是一座具有法国罗曼式风格的大型建筑。

大楼坐南朝北,正面对着马场道,建筑平面为对称形式,中间高,四周低,似“工”字形,外立面为古典构图原则模式,清水砖墙并以大块蘑菇石修饰,顶部为曼塞尔式红瓦坡顶,屋顶内部为孟莎结构穹顶,体现了法兰西风格。主

图 2 中间的主楼亦称钟表楼

楼屋顶前后的墙上各嵌有一座巨大的圆钟，圆钟两侧和上方分别采用巴洛克的券罩和断山花加以防护和装饰。主楼1层为弧形窗，2、3层为矩形窗。室内装修讲究，门厅、大厅、内廊均采用马赛克美术图案，地面、教室、办公室为菲律宾人字地板。主楼建筑主门厅居于正中，正厅内悬有利玛窦、南怀仁画像，墙壁正中悬挂着南怀仁绘制的巨幅《坤舆万国全图》。主楼1层至3层主要为教室、备课室和办公室。主楼西翼内部建有小教堂，并设置了单独入口，这在全国教学楼中非常罕见。教堂两侧顶部为曼塞尔式红瓦坡顶，中部采用半穹顶式，建筑整体庄重而不失典雅。

利玛窦(1552—1610)，号西泰，享年58岁。意大利天主教耶稣会传教士、学者。明朝万历年间，来到中国传教。其原名中文直译为玛提欧·利奇，利玛窦是他的中文名字。王应麟所撰《利子碑记》上说："万历庚辰有泰西儒士利玛窦，号西泰，友辈数人，航海九万里，观光中国。"利玛窦是天主教在中国传教的最早开拓者之一，也是第一位阅读中国文学并对中国典籍进行钻研的西方学者。他通过"西方僧侣"的身份，以"汉语著述"的方式传播天主教教义，并广交中国官员和社会名流，传播西方天文、数学、地理等科技知识。他的著述不仅对中西交流做出了重要贡献，对日本和朝鲜半岛上的国家认识西方文明也产生了重要影响。

南怀仁(1623—1688)，字敦伯，又字勋卿，比利时籍天文学家、科学家。出生于比利时首都布鲁塞尔，1641年入耶稣会，1658年来华，是清初最有影响的来华传教士之一，为近代西方科学知识在中国的传播做出了重要贡献。他是康熙皇帝的科学启蒙老师，精通天文历法、擅长铸炮，是当时国家天文台(钦天监)的最高负责人，官至工部侍郎，正二品。1688年南怀仁在北京逝世，享年66岁。著有《康熙永年历法》《坤舆图说》《西方要记》等。

天津近代以种类繁多的小洋楼而闻名于世，其中法式风情建筑比例较大。法国建筑设计师穆勒居津多年，设计了不少楼房。20世纪20年代，保罗·穆勒毕业于巴黎建筑美术学院，他初来天津时，在法公议局工程处任职。工程处由法国人任处长，总管租界内外有法国人参与的土木工程建筑，并且有审批图纸和工程监理的权力。保罗·穆勒后与法国人赫琴组建了一家公司——永和工程公司。另外自己有一家保罗·穆勒公司，承接建筑设计和工程施工。他在天津主要设计了工商学院主楼、劝业场、利华大楼、法公议局、渤海大楼、交通饭店以及面粉厂、纺织厂等工业建筑。

劝业场是大型综合商场。20世纪20年代，买办高星桥邀庆亲王载振等投资兴建。1926年开工，1928年建成并开业。大楼高33米，主体5层，局部7层，7层之上有塔楼。劝业场为钢混结构，有法国古典商业建筑风格，立面造型受现代建筑思潮影响，采用简洁明快的形式，突出了庄严雄伟的气势。场内为中空回廊式。中间有过桥相连接，两面设双向楼梯和5部电梯。平屋顶，有3层天窗，便于采光通风。劝业场的匾额由天津著名书法家华世奎书写。劝业场开业时，有200多家商家进驻，经营品种繁多。此外，还有八个“天”字号的娱乐场所，即天华景戏院、天乐戏院、天会轩剧场、天宫电影院、天纬台球社、天纬地球社、天露茶社、天外天露天娱乐场。

利华大楼位于解放北路117号，1936年至1938年建成，主楼10层，高43米，是一幢商住两用的高档公寓楼，为现代摩登风格，是天津当时最高的建筑。基础为钢混方桩，主体为钢混现浇铸结构。主楼平面为东西向，东配楼呈长方形，西配楼呈锯齿形。主楼首层设门厅和营业厅，2至8层是成套的高档公寓。“利华”创办人李亚溥 1902 年生人,系白俄贵族后裔。“一战”时应征入伍,后从部队潜逃,1920 年他从海参崴(符拉迪沃斯托克)流浪到北平,在法商利威洋行任售货员,1925 年调至天津利威分行。由于白俄没有社会地位,李亚溥搞到了瑞士护照。先在法商利威洋行兜售珠宝翠钻。暗中做起军火买卖,大发横财。1936 年,动工建设利华大楼。1937 年 7 月“七七事变”爆发,日军大举侵华,利华大楼因在英租界之内建设而躲过一劫。1949 年新中国成立后,李亚溥舍不得利华大楼,没有离开天津。他隐匿和盗卖利华仓库中的日军遗留物资, 东窗事发,被判处有期徒刑两年半,1954 年被驱逐出境。

原法国公议局,位于克雷孟梭广场(现承德道 12 号),1929 年至 1931 年建成,后为法国议政厅,是富于装饰的西洋古典建筑范例。2 层立面中央部分采用 6 根爱奥尼克柱式空廊,法国古典主义风格,建筑装修细腻、华丽。建筑主体中间为 2 层,两端 4 层,两翼为 3 层,主门为三个连续的半圆,方钢花格透空铁门,周边镶以金属花饰。外墙面仿花岗石料,宽而深的凹槽分格。正门大厅内,宽大的黑白相间的大理石台阶和汉白玉扶手,既华丽又明快。彩色大理石地面、井字梁式带花饰线条的顶棚、做工精细的八角形吊灯。半圆形铜壁灯、楼梯扶手端部的两盏铜座台灯,把大厅装点得富丽堂皇。

渤海大楼位于和平路与丹东路交口处, 建于 1934 年至 1936 年。高星桥之子高渤海以其名命名为“渤海大楼”。楼体采用钢混框架结构,主体 8 层,局部 10 层,房顶有方形云亭。大楼坐北朝南,为五边形,首层为商业店铺,2 层以上为营业和办公用房,高为 47.47 米。1 层按基座处理,大玻璃门窗,墙壁为浅色大理石和枣红色大理石装饰。2 层以上墙壁为棕褐色麻面面砖装饰,竖条玻璃钢窗。8 层以上,逐层收缩,线条简洁,构图流畅。大楼为现代风格,是天津当时一处标志性建筑方法,也是天津为数不多的以人名定名的建筑。

交通饭店原称交通旅馆,建于 1928 年。与劝业场、惠中饭店和浙江兴业银行隔街相对,是"金街"的华彩乐章,属于和平区文物保护单位和重点保护等级历史风貌建筑。交通饭店大楼由高星桥和清庆亲王载振等人投资, 当时因所处地段位于天津法租界的商业区,交通便利,便取"交通"二字命名该建筑物。交通饭店是一座 5 层的砖混结构法式大楼,局部为 6 层。大楼的立面布局为直角和矩形相连的几何造型, 建筑顶部作通式檐并在西南角设有一座宝塔顶碉楼。1 楼和 2 楼之间装饰有横向外凸线脚,2 楼和 5 楼只见装饰有纵向壁柱,大楼外立面为混水墙面并开券窗。

二、桑志华、德日进旧居

北疆博物院的院长法国传教士桑志华和副院长德日进在天津的旧居,现为外事处办公楼,也称为校长楼,是历届校长居住办公的楼房。建于 1922 年,东临原天津工商学院主楼和北疆博物院,为重点保护等级历史风貌建筑和天津市文物保护单位。

桑志华(1876—1952),法国著名地质学家、古生物学家、考古学家。1914 年,以法国天主教耶稣会神父的身份来华。他从事田野考察和考古调查工作 25 年,行程中总是赶着小毛驴,上插一面"法国进士"的小旗,其足迹遍及中国北方各省,达到 5 万多公里。他采集的地质、古生物标本达几十万件,并由此创建了北疆博物馆(天津自然博物馆前身)。1922 年,桑志华与德日进在今内蒙古自治区乌审旗萨拉乌苏河畔发现了一批人类和动物化石, 这是中国境内

图 3 西侧的外事处办公楼亦称校长楼，为桑志华和德日进旧居

最早发现的古人类化石。1923年夏天，桑志华和德日进再次联袂北上，发现和发掘了宁夏水洞沟遗址，使之成为中国最早发现、发掘和进行系统研究的旧石器时代晚期文化遗址，对中国的史前考古做出了重大贡献。桑志华著有《中国东北的山区造林》《华北（黄河及北直隶湾其他支流流域）十年查探记》《桑干河草原旅行记》等著作；作为主要作者与他人合著了《华北及蒙古人种学上的探险记》《北疆博物馆的鸟类及北疆博物馆收藏的树木标本》等。桑志华于1938年返回法国，1952年在法国逝世。

德日进（1881—1955），法国姓名是皮埃尔·泰亚尔·德·夏尔丹，生于法国多姆山省，哲学家、神学家、古生物学家、天主教耶稣会神父。德日进在中国工作多年，主要在京津两地，他是中国旧石器时代考古学的开拓者和奠基人之一。德日进生于一个天主教家庭，其家族曾获贵族称号。

1892年，他就读于耶稣会经营的中学，1896年获业士学位，次年又获哲学业士学位，1898年再获数学业士学位，1899年加入耶稣会成为修士。1902年开始在法国西部的圣路易学院学习。1905

年被派任到埃及开罗中学担任教师。1908 年又到英国进修四年神学。1911 年晋升为神父。1912 年,遇到了巴黎博物馆古生物学教授玛瑟兰·蒲勒，受到他的影响，德日进开始对古生物学产生兴趣。1915 年初,一战爆发,德日进被征招入伍,因此被迫停止考古研究。1919 年离开军队回到修院,自此开始致力于古生物学的研究。1922 年,获得巴黎大学地质学博士学位,同时在巴黎的天主教学院担任地质学教授。

1923 年,为协助桑志华,建立古生物博物馆的工作,德日进到达中国。在这次旅行中，他到达蒙古及中国西北各省进行地质考察,旅行中的书信被集结为《航海之信》。根据这次的考察结果,他写成了《世界祭坛上的弥撒》。1926 年,德日进再度启程至中国北京,此后长期居留在中国。德日进在中国参与地质学与古生物学研究,在北京人的发现与研究上,扮演了重要地位。1951 年,德日进移居美国纽约,从事考古人类学研究。1955 年,在纽约病逝。

德日进本是法国耶稣会士,1923 年,因他的进化论思想,被天主教会“流放”来中国。在京津,他一住就是 23 年,研究古生物学,是“北京猿人”的发现者、鉴定人。据他的朋友,英国著名生物学家赫胥黎透露:“从德日进的母亲一系来说，他可以宣称是伏尔泰的旁系亲属;从他父亲一系来说,则和帕斯卡有关。”德日进是一位天生的思想家,1960 年代在西方与马克思、弗洛伊德并称为“三大思想家”,这一点却不为一般中国读者所知。据 1994 年法国勒苏尔出版社的《德日进全集》目录,他著有《人的现象》《人的出现》《透视过去》《神的氛围》《人的未来》《人的能量》《能量的激发》《人在自然界的位置》《科学与基督》《如是我意》《未来的方向》《战时的作品》《事物之心》等。前几年,北京大学出版社出版了汪晖译的《人在自然界的位置》,加上新星出版社引进了李弘祺译的《人的现象》(2006),中文本仅此两种。作为思想家的德日进,属于法国,属于中国,也属于美国, 他晚年住在纽约, 去世后安葬在哈德逊河畔的耶稣会墓地。德日进思想在美国非常流行,各州的主要城市都有“德日进协会”,拥有粉丝无数。

三、北疆博物院

北疆博物院,创建于1914年,原名为“黄河白河博物院”,是中国建立时间最早的博物馆之一。现为天津自然博物馆北疆博物院展馆,存有大量标本藏品。

1922年,北疆博物院办公楼建成,由当时比利时义品公司的建筑师比奈设计并监造。建筑整体为3层钢筋混凝土结构楼房,高21米,占地面积300平方米。建筑内部分设实验室、办公室、藏品库,还设有防盗门和双重窗户。1925年,北疆博物院的陈列馆建成,由法商永和营造公司设计,位于当时办公楼的西端,整体为3层建筑并采用防火、防盗、防尘和防震等措施,建筑还设有高窗用来天然采光。按照博物院的建设要求,桑志华将平板花玻璃镶嵌在钢筋水

图4 北疆博物院

泥窗框内，以免室内受尘土和大雨的侵袭；又将陈列柜直接固定在墙壁上，让光线更通透。内部陈列室采用中心牛腿柱式结构。1929年，北疆博物院又进行了第二次扩建，在与主楼平行的位置上建设了一座两层楼房，并在两座楼房之间设置了一条空中通道，使三座建于不同时期的建筑连成一体，形成“工”字形，号称“工字楼”。

1928年春，北疆博物院陈列馆正式向公众开放，天津的《大公报》《益世报》等做了报道。共展出了植物标本2万种，动物标本3.5万种，岩石与矿石标本共7000种，动物骸骨化石1.8万公斤，各地地理、山川、河流、土壤和动植物分布地图133幅，照片3000余张，以及关于人类学、工商业和农业的调查报告。结合展览还举办有关的科学知识的讲座。桑志华还特别为介绍北疆博物院的藏品撰写了一套出版物。当时，博物院不但设有陈列室，还有实验室，后来又新建了试验馆楼和公共博物院，共占地2000多平方米。展室陈列的各种标本，每星期三、六、日对外开放。博物院由桑志华任院长，德日进任副院长。桑志华发现的四个古动物群点:甘肃庆阳的三趾马动物群、内蒙古萨拉乌苏的更新世哺乳动物和石器、河北阳原泥河湾和山西榆社的上新世哺乳动物群的各种标本都在北疆博物院内。1937年，抗日战争爆发，东北、华北、华东大部分地区被日军侵占，桑志华的采掘工作被迫中断。天津沦陷时期，桑志华返回法国，北疆博物院也基本停止了采掘与研究工作。1939年，天津遭受水灾，北疆博物院的一部分藏品迁到北京法国使馆附近新建的博物院内。1952年，天津市人民政府接收北疆博物院，并更名为天津人民科学馆。1953年，陈列厅再次对外开馆。当时展品按古生物及矿石、脊椎动物、动物进化、农业病虫害四大类，被分在不同的陈列室。1958年，在北疆博物院的大楼里，正式成立了天津自然博物馆。

2014年，天津自然博物馆以建馆百年暨桑志华来华科学考察100周年为契机，正式启动了北疆博物院的全面复原工作，恢复其原有的陈列展示、标本收藏、科学研究及科普教育的功能。北疆博物院的修缮，整体秉承修旧如故的原则，对室外地面、建筑外墙、室内装饰、墙体、地面等处进行了维护与修复。修缮复原的同时，又加入了必要的现代化设备，在最大限度恢复原貌的同时，使其能够满足当下陈列开放、开展科研工作的需要。陈列室的布展，复原了当年1楼展出地质学、古生物学、史前学和人种学藏品，2楼展出动物学与植物学藏品的展出格局。目前陈列室所使用的铁展柜，均为当时北疆博物院展览所用。同时，增设了LED照明设备与温湿度监测设备，在恢复旧貌的前提下，最大限度地提升展示效果、保护藏品。原保存于北疆博物院的20余万件藏品，在较长的历史时期内总体上得到了较为妥善的管理。此次共展出各类标本化石近20000件，其中有超过8000件的古哺乳及古人类化石，约5600件动植物标本，2000余件岩矿藏品以及近3000件用于科学研究的假剥制标本。在1楼的开放式库房中，还专门设有“触摸北疆　感悟历史——中国古哺乳研究之开端”展览。展览内容包括北疆博物院馆史内容的介绍，以及当年桑志华科学考察中曾使用过的工具和仪器等。

四、和平楼与沈理源

这里的历史风貌建筑群中，有一处雕刻着14国语言、洋溢着“国际范儿”的“行走中的校史馆”，即天津外国语大学校史馆(一期)，成为广大师生、周边市民以及外来游客了解学校发展历史和天津小洋楼故事的好去处，这便是唯一纵向外廊式楼房——和平

图 5 纵向的外廊式和平楼

楼,据说是曾任天津工商学院建筑系系主任沈理源设计的。“行走中的校史馆”以和平楼等历史风貌建筑为载体,集开放性、文化性和育人性于一体。和平楼设有“成就展厅”,展示天津外国语大学建校 50 年来的发展成就。厅中摆设着图书馆的“镇馆之宝”——福开森赠给民国大总统徐世昌的西方汉学著作《中国艺术大纲》。

沈理源(1890—1951),名深,浙江杭州人。在天津五大道纵横 23 条马路中,有一条不起眼的洛阳道。洛阳道 21 号 2 层连排式公寓楼中的一幢,房屋为西式普通楼房,砖木结构,朴实无华。该楼建于 20 世纪 20 年代初,这是天津近代著名建筑师沈理源的故居。他早年于意大利那不勒斯大学攻读数学和建筑学科。1915 年始回国,初在黄河水利委员会工作,后创办华信工程公司,他译有弗莱彻《比较世界建筑史》部分章节。

沈理源教授在 1920 年就对胡雪岩故居进行过测绘,成为后来修复重建的重要依据。胡雪岩故居位于杭州市河坊街、大井巷历史文化保护区东部的元宝街,建于清同治十一年(1872 年),正值胡雪岩事业的巅峰时期。当时豪宅工程历时 3 年,于 1875 年竣工。落成的故居是一座富有中国传统建筑特色又颇具西方建筑风格的美轮美奂的宅第。整个建筑南北长东西宽,占地面积 10.8 亩,建筑面积 5815 平方米。故居无论是从建筑还是从室内家具的陈设,用料之考究,都堪称清末中国巨商第一豪宅。作为近代著名的建筑设计师,沈理源非常具有远见。他很早就对古代建筑进行大规模测绘活动,后又组织北大工学院的师生测绘故宫,留下了宝贵的资料。他建筑设计有北京真光剧场、开明戏院、清华大学机械工程馆、清华大学电气馆、北京大学沙滩图书馆;在天津的设计作品有盐业银行、浙江兴业银行、中央银行、新华信托银行、金城银行。这些银行建筑的整体风格,既有庄重、大气的共性,又有典雅、细腻的个性。

浙江兴业银行是沈理源银行设计的开山之作, 他将自己的理念与银行的属性有机地结合在一起,成为当时银行建筑的典范。浙江兴业银行建于 1922 年,坐落在和平路 319 号,属于天津最繁华的商业地带。建筑面积 2034 平方米,局部为 3 层混合结构,外面及柱式属西洋古典建筑手法。该建筑首层墙面用料石叠砌,宽石缝勾成阴影线条。整个立面以清花岗石本色基调,在壁柱、石旋顶、窗套、循四、腰檐、女儿墙等处都雕凿有不同线条、花饰、狮头,正入口在和平路与滨江道转角处,门厅前有 6 根石柱。为避免占用便道,白色大理石高台阶采用内缩后退法设置。门厅、地面、墙壁及大厅全部采用大理石镶嵌。该建筑由于开间宽、柱距大,因而使立面显得空透、轻快、开朗。首层交易大厅为银行的核心。大厅的平面为圆形,周围有 14 棵深色大理石圆形列柱,汉白玉柱头,上有交圈的环形梁,在内侧用汉白玉和大理石饰面,上雕中国古钱币图案。另外,用汉白玉雕成的两个狮首支托柜台,把交易厅与营业厅分开。厅顶为半球形钢骨架,用白色磨花玻璃镶嵌,整个大厅宽敞、明亮而又豪华。

天津盐业银行位于赤峰道 12 号,1928 年开始使用。盐业银行为袁世凯亲自批建的商业银行,也是中国早期自办的商业银行。北洋、民国时期大批军政首脑入股,该银行实力遂居“北四行(盐业银行、金城银行、中南银行、大陆银行)”之首。盐业银行属于钢筋混凝土砖混结构建筑,设有地下室。建筑外部面阔七间,外立面以红砖墙为主调, 两边尽端略用块石饰壁柱来装饰, 壁柱柱头装饰有雕饰。外部中间 5 间用 2 层高的爱奥尼柱式,柱子上方作檐壁、檐头。建筑三层窗头用三角形山花装饰,最上端设有花瓶栏杆式女儿墙。其余三面装饰简单,红墙局部用白色腰檐和白色窗套装饰。门窗洞口较大,1 层为弧形拱券,2、3 层为方窗。整体建筑平面为近似矩形, 入口两侧采用爱奥尼克式巨柱支撑的空廊, 檐部阁楼使用方柱,上下呼应,为罗马古典复兴的建筑风格。建筑入口门廊采用希腊山门手法,由山花、倚柱、台基等装饰物组成。内廊柱为罗马科林新式柱式。一层为科林斯柱廊的八角形大营业厅,大厅内部顶棚用黄金等材料构成“蓝天飞凤满天星”图案。窗户上的彩绘刻画的是由比利时彩色玻璃拼成的“盐滩晒盐”画面,图案精美并呼应了盐业主题。大厅内部的地面、廊柱、营业台都由大理石砌成。盐业银行的建筑风格大气磅礴,厚重壮美。

中央银行天津分行大楼是民国中央银行在天津的分行大楼,位于解放北路 117—119 号,原为中日合资的中华汇业银行,建于 1925 年,1926 年建成。3 层混合结构楼房,建筑面积 4245 平方米。其入口处设于立面中央,两侧设有爱奥尼克式柱子组成的柱廊。其建筑造型庄重大方,布局严谨,室内装修华丽,有古典复兴主义建筑特征。现为中国人民银行天津分行。

原新华信托储蓄银行位于和平区解放北路 10 号,天津市文物保护单位,重点保护等级历史风貌建筑。该行由中资中国银行、交通银行于 1919 年联合创办, 原名新华储蓄银行,1931 年改组后更名为新华信托储蓄银行。该行以“提倡社会储蓄，培养人民俭德”为宗旨，天津分行主要业务为存放款及储蓄，兼营经收信托款项、买卖有价证券、房地产、保险等业务，并发行流通储蓄券，后又推出整借零还小额贷款，首创人寿储金、生活储金、教育储金。是天津中资银行的大本营。1952 年该银行结业。该建筑建于 1934 年，建筑面积约 9200 平方米，正门设于解放北路与滨江道转角处，营业大厅贯通 1、2 两层。主体 6 层，局部 8 层，钢筋混凝土框架结构，外檐石材饰面，建筑造型庄重挺拔，强调竖向构图，整体感很强，是 20 世纪诞生的现代建筑的典型代表。

金城银行成立于 1917 年，银行大楼位于和平区解放北路 108 号，建于 1937 年。金城银行由中国近代金融界知名人士周作民创办，是中国重要的私营银行之一。金城银行，盐业银行，中南银行，大陆银行，是当时享誉全国的中资银行，金融辐射功能遍及长江以北，又被称为“北四行”。这四家银行中，除大陆银行外，其余三家银行的总行都设在天津。1936 年 1 月，总经理处迁移上海。金城银行对工业放款数量较大，主要投放于棉纺织、化学、煤矿和面粉工业，其中，对化学工业放款的主要对象是永利化学工业公司。为了支持永利公司试制洋碱，金城银行曾单独予以 60 万元放款，使永利公司的“红三角”牌纯碱进入国际市场。

除了各大银行建筑作品外，沈理源在五大道设计的楼房有：常德道上的民园西里公寓楼、河北路 277 号的周明泰故居、睦南道 11 号的张作霖四姨太许氏旧居等。民园西里位于常德道，沿街为联排式，内为里弄式，建于 1939 年。该房为砖混结构 3 层楼房，布局合理，使用方便，朴实无华。周明泰故居位于河北路 277 号，是一所英庭院式楼房，建于 1933 年，由沈理源工程师按周意图设计。周明泰

(1896—1984),字志辅,周学熙长子,戏曲史学家。1918 年任北洋政府总统府秘书长。1928 年后从事实业和戏曲史研究。1949 年移居香港,后移居美国华盛顿,闭门研究中国戏曲、戏曲史,著述达十余种。他与杨小楼、余叔岩、梅兰芳、尚小云著名演员多有交往。解放初期,他把珍藏多年的大量戏曲图籍及文献资料、名伶书画全部捐献上海市政府。1957 年,他又把在津收集的大量京剧唱片全部捐献给国家。该楼墙面深褐色琉缸砖全部来自英国。窗套上方的仙女雕像象征着幸福吉祥。首层为连列券式敞廊,2 层为双柱式外廊,华丽秀美,比例明快,颇具罗马建筑风韵,并饰以精致的花雕和波纹。门窗皆为菲律宾木,窗台为汉白玉,钢窗镶嵌着空心玻璃。许氏旧宅建于 1926 年。主楼为三层砖木结构,多坡瓦顶,红砖墙面,构件外露,拱券门廊,为英格兰庭院式。此房在 20 世纪 30 年代由许氏居住。一度由波兰领事馆使用,后为共青团天津市委员会办公使用,现为办公用房。

天津工商学院的老建筑,是一座充满历史感的教科书,令人回味与深思。2014 年 10 月,为迎接建校 50 周年庆典,该校本着“修旧如旧,合理利用”的原则,对这些宝贵的历史风貌建筑进行了修缮和维护。移史入物、移史入景、移史入境,让“建筑说话”,以“景观育人”;“行走中的校史馆”主题展览以史为据,以时为轴,图文并茂,文字 2 万余,照片 2500 余,充分发挥历史风貌建筑的文化辐射作用。一所学校的特色体现在大学文化的传承之中,学校尊重并发扬 1921 年以来天津工商大学国际化的办学特色, 使历史厚重的马场道校园成为校园文化的灵魂和教育理想的依托, 打造出了独具天外特色的校园文化品牌。

津沽文化的使者
——问津讲坛第 66 期主讲人金彭育先生侧记

侯福志

电视纪录片《五大道》在央视播出后，到天津旅游的人都喜欢到五大道走走。在南来北往的旅游团队中，经常会见到一位精神饱满的“中年人”给游客讲解五大道的传奇故事。他的讲解既生动又风趣，说到关键处还会带出几句“贯口”，令游客回味无穷。这位讲解员，其实是一位 74 岁的老先生——被誉为“津沽文化使者”的文史专家金彭育。

金彭育先生出生于 1945 年 5 月，1966 年毕业于新华职大汉语言文学专业。曾任天津市保护风貌建筑办公室研究室主任。现为天津工商职业技术学院、中华文化学院客座教授，天津市旅游局特聘研究员。

天津文化的传播者

我与金彭育先生有着 20 多年交往。他年长我近 20 岁，所以我习惯称他金老师。金老师出生在五大道的大宅门,1962 年在房管局修建队参加工作。他常年工作在修房第一线,因此接触到很多名人故居和名人后裔,为他后来从事文史研究提供了得天独厚的条件。

他在新华职工大学学习中国近代史课程时，正赶上单位对五大道的几处小洋楼进行整修，他参与了安乐村以及北洋政府交通总长张志潭故居(大理道 4 号)、美国总统胡佛故居(重庆道 6 号)的修缮工程。当这些历史建筑与中国近代史上叱咤风云的人物联系在一起的时候,他对五大道开始产生一种特殊的感觉。这一区域的小洋楼从古希腊、古罗马风格,到文艺复兴式、哥特式、拜占庭式、巴洛克式、洛可可式,可谓应有尽有。而且这些小洋楼的主人大都是名人,仅北洋政府的总统、总理就有十多位,还有数十位总长、督军以及清朝遗老遗少等。在金老师眼里,五大道建筑群慢慢地成了万国建筑博览会,是一部承载中国近代历史风云的史书。

金老师开始有意识地搜集五大道建筑的历史文化资料，他要挖掘五大道的文脉,讲好天津故事,传播近代历史。金老师在亲朋好友和街坊邻居的谈话中,了解到很多名人轶事、市井风情,并将这些记录下来,如今他保存的口述史料笔记本多达数十个。为了掌握更多一手资料,他工作之余千方百计寻找名人后代或亲朋故旧,30 多年来访问了几百位。他每次访问,都会受到对方热情接待,多次访谈之后,甚至会成为知交。譬如他访问北洋政府国务总理潘复之子潘耀星先生时,因为真诚打动了潘先生,二人成了无话不谈的忘年交。

有了这些资料，金老师把工作重心放在梳理和传播五大道历史文化上,并借助五大道故事弘扬爱国主义精神。20 世纪 80 年代,他在天津市换房总站工作,市房管局创办《天津换房报》,金老师担任编辑。为了增加小报的趣味性,金老师有意识地刊发一些历史建筑故事。由于稿源很少,金老师只能亲自动笔。当时还没有电脑,写东西都是在稿纸上码字, 然后再整体修改润色。每天他都伏案写作,乐此不疲。文章发表后,引起众多读者的兴趣,也受到大报大刊的关注,编辑们纷纷向他约稿,并给他开设个人专栏。这让金老师的知名度迅速飙升,奠定了他在天津文史界的地位。

金老师除了“写”房子,还“讲”房子。在将近 30 年时间里,他怀着对家乡天津的热爱,义务为外地人讲解天津历史文化,平均每年接待各类团队超过 150 个。他的听众中,既有中央和各省市自治区的领导,来津参访或寻根的外国友人,也有普通的平民百姓。白天,他带着参观队伍穿梭在建筑群落之中;深夜,他又埋头于字里行间撰写五大道的洋楼故事。古道热肠的金老师,曾帮助约翰、小傅莱等曾住五大道的外国友人,找到他们生活过的老房子。

金老师的名声越来越大,很多外地的电视台、电台和报刊,纷纷邀请他做节目、开专栏,借助这些电波和文字,金老师将天津故事传播到海内外,成为津沽文化的使者。近年,他作为一些院校的客座教授,还把五大道的故事搬上大学讲坛,深切感染和吸引了莘莘学子。

紧跟时代的歌唱者

“市档案局,今日开会。日本租界,内容荟萃。和平政协,合作团队。研讨内容,发自心内。正值四九,冷风正吹。室内温馨,春光明媚。年前研讨,敞开心扉……”这是金老师在一次会议上即兴写就的。据天津文史学者由国庆先生的博客记载,2011 年 1 月 21 日,天津市档案馆、和平区政协、和平区档案馆召开会议,邀请文史专家就编写《旧天津日租界》一书座谈。会议由葛培林先生主持,与会者有章用秀、金彭育、韩玉霞、于学蕴、周利成、侯福志、王振良、王勇则、由国庆等。会议行将结束,金老师即兴赋了这首《元月二十一日档案局开会记感》,表达他对编书的期待,并向大家致以新春祝福。金老师吟诵后,博得了大家的热烈掌声,也成就了一桩文坛佳话。

不少人都知道金老师是著名文史专家，其实他早年还是作家兼诗人。1964 年,19 岁的金老师就开始给《天津日报》《天津晚报》写稿,陆续发表了不少新诗。金老师收藏有《天津晚报》编辑给他的 15 封来信,其中有 13 封为手书,用的是“天津晚报”信笺,写信人是当时晚报文艺组的编辑顾方。据金老师回忆,这些信的时间跨度从 1964 年到 1966 年,距今已过去半个多世纪,令人感慨万分。信件内容有约稿、退稿、开会通知等,顾方就像一位大姐姐,连退稿信也写得婉转亲切。有一封信是这样写的:“金彭育同志,你好！总没写稿的原因是工作太忙吧!这首诗看过后,仍觉得内容平淡。如有时间,还是写写小故事吧！反映建设中的新人新事。既然是你们的‘黄金季节’,一定有些东西可写的吧,等你的稿子。致礼！”

在顾方老师的鼓励下,金老师的创作由新诗拓展到小说、文艺评论等。他的一篇小小说发表后,顾方于 1965 年 12 月 16 日专门写信给予鼓励:“金彭育同志,你好！《高高的脚手架》已经刊出了,现在给你寄去一张报纸,请参考。这篇稿子写得比较有感情,主题思想比较鲜明。希望继续给我们写一些反映建筑工人生活的故事,从各个角度来描写,尽量要有些生动的细节,感情充沛才好。望常联系。致礼！”

前不久，我在天津古文化街旧书摊买到一本改革开放之初的

《天津文艺》，里面收有金老师40年前的诗作《饮一口韶山清泉水》。我还看到过和平区文化馆印制的文艺小册子，里面也收录了金老师的诗歌。迄今为止，金老师发表的诗歌、歌词、小说及散文、随笔等已达数百篇。他的这些文学作品，紧贴生活，紧跟时代，读起来总会感受到时代的力量，体会到他对生活的热诚。金老师堪称时代的歌唱者！

文史研究的推动者

金老师为人忠厚，文章道德堪称楷模。他平易近人，尤其是提携后学不遗余力。就拿我个人来说，与金老师相识已有20多年了。起初我在天津市规划局，他在天津市房管局，不是一个单位。2005年机构调整，我们有缘成为同事。金老师虽然比我大将近20岁，但我们之间却亦师亦友，我有事总愿意跟金老师说。

2009年起，金老师和我经常一起参与文史活动。和平、河北、河东、河西政协文史委，每年都要组织编写文史资料，我们作为共同的编委或撰稿人，经常在研讨座谈时碰面。2013年问津书院重建后，经常主办历史文化名人专题学术活动，我们都是积极参与者，尤其是每年的问津学术年会，大家都要提交学术文章，并就地方史话题进行深入探讨。此外，我们还经常参加天津市历史学学会艺术史专业委员会组织的活动，总能够一起参观、交流和研讨。记得有一次，金老师有一本关于五大道的书问世，邀请专家学者开了个小型座谈会，我是与会者中年龄最小的。因为工作关系，经常有外地同行到天津学习考察，为了使客人更加真切地了解天津、感受天津，我会安排客人到五大道参观考察。每当我请金老师给客人进行讲解的时候,他都会欣然应允。

金老师对我的学术研究也非常支持，我的每一点努力都会得到他的鼓励。2016 年 1 月,我撰写的《刘云若社会言情小说经眼录》由上海远东出版社出版,他得知消息后立即撰写了题为《收藏报刊芳华　探索津沽文化》的书评,刊于当年 3 月 8 日《中老年时报》。他在文章中特别肯定了我研究刘云若小说的心得:“福志用了 15 年时间研究刘云若，他通过阅读原本小说，用事实证明了以下结论:‘言情’不过是刘云若小说的外壳,其关注、同情底层百姓的生存状态,也就是他小说的‘社会性’才是其作品的核心价值所在。福志捧出的这个大部头著作,不仅为刘云若小说正了名,也使福志自身成为全国为数不多的刘云若小说版本研究的开拓者之一。”2017 年 12 月,《天津日报》副刊“满庭芳”连载了我的“天津期刊经眼录”系列文章,金老师看到后特意打电话祝贺,后来还赋诗一首致意:“福志经眼,深钻细研。津旧报刊,星汉灿烂。孜孜不倦,遂成大观。潮平岸阔,风正帆悬。”

金老师德高望重,他不但给我,也给天津文史界的中青年学人以诸多鼓励,成为天津文史研究的推动者!

(《藏书报》2019 年 8 月 26 日第 33 期)

问津讲坛第 67 期

（2019 年 8 月 31 日）

中国第一个室内篮球场及其他

主讲人：张　博

张　博　1973 年生，1996 年、2002 年、2006 年分别获得南开大学历史学学士、硕士和博士学位。天津社科院出版社社长兼总编辑、研究员（2020 年 5 月转任成都体育学院体育史研究所教授），兼任中国体育科学学会体育史分会委员（2017）、天津市历史学会理事（2009、2016）、天津市张伯苓研究会理事（2016）、天津市出版协会理事（2017）。出版有《近代中国的奥运记忆》等专著 5 部、《中华工商业联合会简史》等合著 11 部；在《南开大学学报》《社会科学辑刊》《天津社会科学》等专业期刊发表论文 40 余篇。

中国最早室内篮球场及其他

张 博

晚清时期,以西方资本主义工业文明、科技文化和生活方式为核心的近代文明源源不断地移植到天津等一批通商口岸,“遂使这里既成为半殖民地化的典型地区, 又成为传播西方近代文明的基地和橱窗”[①]。就在此时,基督教青年会北美基督教青年会来会理(D.W.Lyon)来中国,他考察了沿海几个城市后,认为天津有“大学林立”“当地各校已有若干基督徒”“设有青年勉励会”三大优势。于是,他决定首先在天津建立基督教青年会,天津也因此成为第一个设立基督教青年会的城市。[②]

一、篮球运动的引入及中国最早的室内篮球场

在天津青年会成立之初,就开始引入了篮球运动,开展体育运

①陈振江:《新编中国通史》第三册,福建人民出版社 2001 年版,第 464 页。

②天津基督教青年会编:《天津基督教青年会三十五周年纪念》,1930 年版,第 9 页。

动成为天津青年会的重要活动内容之一。

1.近代体育运动的引入

1895年，当北美协会来到天津并决定在这里设立基督教青年会时，就将近代体育项目引入了天津。在天津中华基督教青年会成立之后，来会理就组织场篮球比赛，在“会所草场围墙背后进行”，天津成为中国最早进行篮球运动的城市，这场比赛成为篮球运动传入中国的开始。①

由篮球运动传入开始，天津青年会成为了近代体育项目传播的基地。近代中国体育的诸多项目都是在这里酝酿，并在南开学校、北洋大学以及天津的中高等学校付诸实施的。网球、乒乓球等项目多由基督教青年会首倡而得到社会上的认同，继而在天津乃至华北地区逐步开展起来；青年会还曾经组织棒球队，来推广这项运动②；此外，青年会曾多次举办天津市的各种运动会，包括各种单项运动、天津学校的运动会，竞技范围涵盖了跳高、跳远、足球、铅球和60米赛跑等多种现代体育运动项目③，近代体育运动遂迅速在天津地区推广开来。

2.篮球运动引入天津

早在1895年12月8日，当来会理在天津进行第二次演讲之际，就进行了一次篮球运动展示，这成为篮球运动传入中国的标志。此后，1896年1月，青年会曾先后两次发出通告，准备组织篮球比赛，篮球运动逐渐在天津开展起来。20世纪初叶，青年会的体育

①天津中华基督教青年会编:《天津中华基督教青年会一百周年会庆特刊》,1995年版，第52页。

②天津基督教青年会编:《天津青年》1932年6月15日。

③《青年会运动比赛》,《益世报》1922年1月18日

图 1 1914 年建成的天津基督教青年会旧址

干事还先后在北洋大学、新学书院、官立中学堂等学校传授篮球技术，进一步推广普及篮球运动。当时的租界篮球场也开始向篮球爱好者开放。尽管都是室外篮球场，但对于篮球爱好者来说，这样的场地已经足以满足他们的运动需求。

3.中国首个室内篮球场的修建及其活动的开展

1914 年 10 月，天津青年会在东马路的会所建成并投入使用。该建筑包括一个以篮球场地为主的健身房，这个篮球场成为中国首个室内篮球场地。由于健身房吸引了许多体育爱好者前来健身，一些篮球爱好者也开始在这里进行篮球活动，因而以这个室内场地为中心，篮球运动在天津得以进一步开展。此后，天津乃至华北地区的许多重要篮球比赛都在这里举行。

二、青年会传播近代文明的领域

除了引入前述近代篮球运动等体育活动外，基督教青年会传入天津后，就开始了其传播近代文明的历程。从其传播轨迹来看，表现出如下特点：以近代体育运动为突破口，渐次发展到社会习俗改良和政治、教育等诸多领域，并在各自领域内产生了深远的影响。

1.提倡改良社会习俗

从19世纪后半叶开始，中国饱受西方凌辱，政局跌宕起伏。许多有识之士认为，如果要改变中国的现状，必须着手对中国的一些社会陋习进行改良，并将这些改良思想付诸实践。从当时的中国社会来看，有几个方面尤其受到开明人士的憎恶，如纳妾、缠足、抽大烟、酗酒等。1910年，在基督教青年会主干成员的倡导下，天津人在全国率先向这些陋习宣战。

张伯苓等人提出首先要戒掉鸦片，此外，纸烟和饮酒也都属于绝对禁止之列。鸦片乃是晚清中国社会的公害之一，青年会在抓住这个重点问题不放的同时，还对开埠通商传入天津的纸烟也要禁止。纸烟的传入是在天津开埠之后，尤其是在当时的紫竹林通商码头，天津经商的广东人开始吸纸烟，“近则津人习染，衣襟无不作兜”[①]用以装置纸烟，使得纸烟也成为当时人们希望禁止的一个方面。缠足则是当时另外一个传统陋习。青年会的主干力量提出改良社会的具体步骤，要分为三步实施：首先要改良自己，将自己身上的不良习俗改掉；其次是改良家庭，当自己身上陋习改净后，带动自己家庭成员改掉陋习；最后在社会上宣传改良，达到社会改良的目的[②]，并准备从不抽纸烟、不缠足入手，在社会上进行广泛宣传。张伯苓等6人联名上书清政府，希望在全国范围内禁止缠足。缠足

①张焘：《津门杂记》，天津古籍出版社1986年版，第137页。

②《北洋万国改良会简章》，《大公报》1910年6月17日。

是一个流弊很深的陋习，除非有强制力推行，否则很难在全国范围内禁止。为此，他们提出，一方面由清政府责成地方官员在地方推行禁止缠足，另外一方面由各地绅士在本地区劝诫人民，希望百姓能够了解缠足的害处。[①]进入20世纪以后，随着世界范围内禁毒运动的开展，天津基督教青年会还成立了专门团体，“以辅助官厅查禁鸦片、吗啡以及类似烟啡等毒物为宗旨”[②]，在社会上开展宣教活动。根据当时基督教青年会刊物记载，该会的会员部每年都要在社会上举办拒毒讲演，以“痛斥毒流”。[③]

与改良习俗相对应的是近代西方新鲜事物的传入，其中重要的一点就是集体婚礼观念的引入。婚丧嫁娶是人们社会生活中必不可少的部分，天津在晚清民国时期，婚礼和丧礼上尤为铺张。改良这方面时，基督教青年会在1935年举办了第一次集体婚礼，在天津社会引起了广泛的反响。这场婚礼在北宁公园举行，从当时的规模来说可谓盛况空前。据《大公报》载，仅在15日那天下午，北宁公园礼堂内外前来观看婚礼的人数达到了3000余人。[④]而青年会举办这样一个婚礼的目的在于“新式的婚典比旧式的用轿来娶大方得多”[⑤]。集体婚礼观念的输入，对于近代天津人婚姻观念的变革起到了推动作用，基督教青年会以后每次举办的集体婚礼都有很多人报名参加，在一定程度上推动了传统婚姻习俗的改良。

2.注重平民教育

在基督教青年会面向社会的各种活动中，面向社会开办各种

①《反缠足上书》，《大公报》1910年7月12日。
②天津基督教青年户编：《基督教青年会全国第八次大会纪念册》，第16页，1920年版。
③天津基督教青年会编：《天津基督教青年会三十五周年纪念》，第20页，1930年版。
④《集体婚礼纪胜》，《大公报》1935年6月17日。
⑤《天津青年》第130期，1936年10月1日。

文化教育学校,对于教育的普及和天津市民素质的提升,起到了一定的积极作用。基督教青年会传入天津不久,就创办了一所普通中学,专门接受本地士绅文人的子弟入学[①],到了20世纪初期,这所学校“就学者甚众”[②],收到了良好的社会效果。20世纪二三十年代,天津基督教青年会开办了英文夜校和英文晚校等专门补习英语的学校。晚校专门为青少年服务,夜校则针对成年人。这些业余学校是专门为补习或单独学习英文的人设立的,并开办英文商科、英文打字和无线电等科目。[③]天津当时已经是北方重要的对外开放口岸,在与外国企业打交道的过程中,青年会开办的这种实用性非常强的科目,对于那些需要谋求工作的人来说帮助很大,因此,“就学者日众,学科亦繁”[④]。该会不仅创办这些业余学校,同时,还为毕业生提供就业机会。在平民教育运动当中,基督教青年会还创办了平民补习学校。成立仅一年多的时间,从这个学校毕业的学生“已达三百余人”[⑤]。此后,青年会不断招收平民参加补习班。每期开办都有五十多人参加,并规定“凡十四岁以上寒苦青年,可随时报名入班”[⑥]。这些补习班和夜校的开办,不仅解决了贫苦人家子弟的就学问题,同时,还将西方的近代文明如无线电等知识传播给学员,让更多的天津人接受了近代文明的洗礼。

---

①罗澍伟主编:《近代天津城市史》,中国社会科学出版社1993年版,第162页。

②宋蕴璞辑:《天津志略》,第十一编第三章第一节“天津青年会”,1930年版。

③《本会夜校续招插班生》,天津基督教青年会编:《天津青年》第55期,1933年1月15日。

④《本会夜校招生》,天津基督教青年会编:《天津青年》第54期,1932年12月15日。

⑤天津基督教青年会编:《天津基督教青年会三十五周年纪念》,1930年版,第18至19页。

⑥《励青社平民补习班第二届已开学》,天津青年会编:《天津青年》第77期,1934年11月1日。

3.政治意识的引导和传入

从封建社会的主权在君，到近代社会的主权在民，中国近代民众的思想转变并非易事。青年会认为，“民众知识道德之程度影响政治社会最大”，而当时中国的民众在这方面却缺少训练。为此，青年会特意举办公民教育活动，引入西方的公民权和地方自治等观念，并面对社会宣讲。春秋两季，“凡有关社会之各种常识均延请专门人材讲授”[①]。不仅讲授公民权和地方自治等问题，还针对国际问题进行讨论，并“广约本市报界名人及大律师”[②]讲演，几乎每半个月就聚会一次。这些近代西方政治观念的引入，并非哗众取宠。这场运动是在“九一八事变”爆发后日本践踏东北大好河山的前提下开展的，与当时民众呼吁爱国的时代脉搏紧密相连。因此，那几年青年会在天津的集中宣讲，得到了天津民众的积极响应。他们从中了解公民权等问题，仅 1933 年就有 5090 人参加演说集会。[③]此外，青年会还利用自办刊物《天津青年》开办专题栏目，不仅将有关人士的文章全文刊登在刊物上，同时，还开辟“公民教育问题”这样普及性的栏目，用通俗易懂的话语解答了“公民”等近代西方政治术语。[④]

三、基督教青年会传播近代文明的途径

从前文的叙述可以得知，基督教青年会传播近代文明所涵盖

①天津基督教青年会编：《天津基督教青年会三十五周年纪念》，1930 年版，第 18 至 19页。

②《国际问题研讨会》，天津基督教青年会编：《天津青年》第 55 期，1933 年 1 月 15 日。

③天津基督教青年会编：《天津基督教青年会事工报告》，天津基督教青年会 1933 年版，第 4 页。

④《公民教育问答》，天津基督教青年会编：《天津青年》第 56 期，1933 年 2 月 15 日。

的领域非常宽泛。同时,从该会传播近代文明的过程中可以看出,青年会传播近代文明的途径主要是以该会的主干力量为核心,以该会会所为基地,依托各种团体传播各种近代文明。表现出如下三个特点:

1.从总干事"单枪匹马"到核心会员集体努力

基督教青年会传入天津之初,传播近代文明主要依靠北美协会派来的西方总干事,这一点在篮球传入中国的问题上表现得非常明显。格林担任总干事之后,改变了传播的方针。他开始"与中国文人接近的试验",吸引众多的天津文化界人士加入,提升了自身的素质和形象,张伯苓等人就是在此时加入的基督教。以这些文化名人为媒介,使得更多的西方近代文明传入天津。1910 年成立的"万国改良会",就是张伯苓等基督教青年会的主干力量发起的,张伯苓、丁义华等 7 人为改良会的委员。这是晚清时期中国第一次旗帜鲜明地提出改良社会的团体,天津成了要求社会改良的"急先锋"。7 位委员最后商定了改良会的名称,叫作"中国改良风俗会"(后来见诸报端的是"北洋万国改良会")①。该会以"改善不善之风俗、除去无益之嗜好、黜邪崇正、益世济人、造社会之幸福、助世界之进化"②为宗旨,在改良社会习俗方面起到了振聋发聩的作用。此外,基督教青年会的总干事及理事分别到天津的高中等学堂进行宣传,使得"天津青年会运动会"和"天津学堂运动会"得以推广,成为晚清民国时期天津体育界的盛事,并成为近代体育传播的重要渠道。

不管是从北美协会派来的总干事还是后来加入基督教、并成

①②《中国改良会发轫伊始》,《大公报》1910 年 7 月 16 日。

为青年会总干事张伯苓等人，自身的修养和素质都很高，这为骨干成员传播近代文明奠定了良好的基础，是这一群体能够很快在社会上推广近代文明的重要因素。

2.从以青年会名义主办活动到下属各分会自由开展活动

这个变化值得注意。青年会传入天津之初，各种活动均以该会名义主办，如各种运动会的主办以及“欧战协济会中国直隶筹款部的成立”[①]等，并通过“放赈、卫生、节俭、家庭幸福和公民”[②]等活动，大力倡导社会习俗改良。随着青年会的发展，下面逐渐设立了多种分会，有会员部、智育部、体育部等多个分部和遍布天津的分会。前文提到的英文夜校及各种业余学校就因就学者日众，而选择在分会开办更多的班次，使得基督教青年会可以更大范围地传播近代文明。同时，青年会还开设有无线电研究会、军事常识班、书画社、法律讲习班、医药常识班和伉俪社等各种团体。[③]这些团体的设立，拓展了青年会传播近代文明的深度和广度。前文提到的公民意识培训、平民教育等各种活动，都是通过这些团体主办的。团体和分会主办的方式使得青年会主办各种活动的频率明显提高，从最初的数月举办一次大型活动，到20世纪30年代几乎每个星期各个团体和分会都要举办相应的活动。[④]应该说，基督教青年会组织机构的逐渐完备，强化了该会在社会上的影响力。

虽然晚清民国时期通商口岸的“崇洋”风气很浓，但基督教青年会在传播近代文明的领域和举办的各类活动方面选择性非常

①天津中华基督教青年会编：《天津中华基督教青年会一百周年会庆特刊》，1995年版，第52–54页。
②宋蕴璞辑：《天津志略》，第十一编第三章第一节“天津青年会”，1930年版。
③详见天津青年会编：《天津青年》第64期，1932年2月15日。
④详见天津青年会编：《天津青年》各期的分会和分部的活动介绍。

强，既能够让天津民众领略到西方文明的风采，又能够与中国传统社会习俗结合起来，集体婚礼的引入等就是成功的例证。

3.以青年会会所为基地传播近代文明

在举办各种社会活动打破陋习、传播近代文明的过程中，天津基督教青年会的会址所在地成为当时天津重要的传播基地之一。天津近代史上许多非常有影响的活动都是在这里举行的。其中，在传播近代文化、提倡新式教育等方面，这一会所更是起到了明显的积极作用。尤其值得一提的是落成于1914年10月16日天津青年会东马路会所，其内设阅览室、会议室、体育馆、礼堂、招待所等。基督教青年会以此为基地，开展各种演说和有益的活动，提升了基督教青年会在天津社会上的良好声誉。

基督教青年会在这个会所中，不仅举行青年会各分部和团体的活动，同时，许多文化名人都曾经在这里宣讲，为天津的文化教育界带来了一股清新的气息。杜威来华期间就曾经在这里发表过重要的演讲。1920年1月2日，应天津基督教青年会之邀，杜威莅临津门演讲。他演讲的内容是关于真假个人主义的话题，为他做翻译是著名文化名人胡适。针对许多中国人对个人主义看法的一些偏见，杜威亮出了自己多年思考后的观点。他认为，物质发达后，道德堕落和伦理被破坏不应该归咎于个人主义的发展。个人主义首先要做到不人云亦云，要用自己的头脑观察和研究，要有独立的思考。同时，他认为首先要有思想上的革命，然后才会有物质革命。①杜威重视实践的教育思想，引起了张伯苓等人的浓厚兴趣。在南开学校发展过程中，张伯苓极力倡导学校要联合社会，书本知识要联

①《杜威博士演讲记》，《益世报》1921年1月3日。

系实际,“不能只有书本知识,不了解中国国情”,很明显地带有杜威教育观的影子。[①]梁启超也曾多次受到邀请,在青年会的会所进行演讲。演说内容广泛,从平民的群众运动到国际问题的讨论等均有涉及。此外,顾维钧等人也曾在此发表演说。[②]

四、青年会在天津传播近代文明的影响和意义

在欧风美雨盛行的晚清民国时期，基督教青年会能够在鱼龙混杂的文化传播中，抓住当时西方较为先进的文明并将之传入天津,打破了中国传统社会的陋习。考察基督教青年会在天津传播近代文明的历史轨迹,可以发现,该会改变了天津近代文明传播的结构,并构建了一整套相对完整的传播模式,对于近代文明在天津向深度和广度传播起到了推动作用。

1.改变了天津近代文明传播的结构

基督教青年会成立之时,天津已经通商开埠三十余年,西方近代物质文明的传入也取得了初步成效。近代市政建设过程中,电报、电话等近代化通信工具、近代建筑、市内交通以及煤气、自来水、电灯等公用设施为代表的西方物质文明,成为人们初步认识近代文明的启蒙“图本”[③]。人们在感性上对西方近代物质文明已有所了解,但对西方近代精神文明的探索才刚刚开始。面对强大的传统

---

①梁吉生:《允公允能 日新月异——南开大学校长张伯苓》,山东教育出版社 2003 年版,第 122 页。

②天津中华基督教青年会编:《天津中华基督教青年会一百周年会庆特刊》,1995 年版,第 54 页。

③陈振江:《新编中国通史》第三册,福建人民出版社 2001 年版,第 466-470 页

社会压力,基督教青年会通过各种途径让近代体育、近代教育、近代公民意识等传入天津,并对传统社会习俗提出了改良的措施。西方文化中较为先进的精神文明传入天津，使得近代西方文明的传播不再单纯停留在物质文明层面,而是物质层面与精神层面兼备。这从根本上改变了最初近代文明在天津传播过程中的结构不平衡之处,促使天津近代文明的构建趋向合理化和完整化。

2.构建了传播近代文明的模式

在引入西方文化的过程中，基督教青年会形成了传播近代文明的模式,即以骨干成员为纽带、以会所为基地,通过举办各种活动在天津传播近代文明。这一模式的构建过程中,基督教青年会的骨干力量起到了非常重要的作用。如果没有以张伯苓为代表的近代天津文化名人的努力，基督教青年会很难找到打破中国传统社会陋习、传播近代文明的突破口。作为传播近代文明的基地之一,天津青年会会所在其中起到了重要作用，它与基督教青年会的骨干成员一起成为沟通西方近代文明与中国社会的桥梁。同时,该会的分部和分会开设的各种团体和主办的各种活动，成为基督教青年会传播近代文明的主要渠道。

3.推动近代文明在天津向深度和广度传播

青年会针对平民的教育活动，特别是各种英文补习学校的开办,不仅让这些民众接受了实用技能的培训,也让近代文明渗透到社会底层。同时,教育活动的开展也为天津当时的经济发展提供了一定的人力资源的保证。此外,在青年会将教育、文化等近代文明的重要组成部分引入天津的过程中,可以明确看出这样一条主线:青年会传播近代文明的过程，是渐次向政治意识和家庭改良的社会文明的深度扩张。这在一定程度上改变了过去底层民众只能在路边耳闻目睹近代物质文明魅力的状况，让更多天津人领略到近代文明的风采。晚清时期严复等具有西方先进思想的知识分子为传入西方先进文化如“进化论”等做出了杰出的贡献，但其传播的领域和受众层面不如基督教青年会宽泛。同时，二者在打破封建专制、推行民主进程等方面实质上是一致的，并不冲突。

毕竟是学者

——问津讲坛第 67 期主讲人张博先生侧记

万鲁建

问津讲坛第 67 期主讲人张博研究员，现为天津社会科学院出版社党支部书记、社长、总编辑，负责出版社的全面工作。他是一名 70 后，辽宁葫芦岛人，1992 年考入南开大学历史系，先后获得学士、硕士和博士学位。他曾在政府部门、新闻媒体工作，2006 年博士毕业后进入天津社会科学院历史研究所，主要研究方向是体育史、经济史。2007 年破格晋升为副研究员，2018 年 11 月晋升为研究员。

学术起步经济史

张博在南开大学历史学院攻读硕士学位期间开始关注经济史，其间他在《南开学报》发表的论文《清代盛京沿海贸易中心转移述略》，考察了有清一代盛京沿海贸易中心从锦州到营口再到大连的转移过程，并认为口岸的经济腹地宽阔与否、口岸自身条件以及口岸与经济腹地的沟通方式等起到了至关重要的作用，政治因素的介入，也对其影响巨大。他后来又考入许檀教授门下深造，博士论文题目为《晚清东北豆货贸易研究》，并于2006年获得博士学位。10年后的2016年，他的博士论文修改后由天津社会科学院出版社出版。该书主要考察了晚清时期营口豆货贸易形成、发展的过程与相关条件，豆货贸易与东北市场体系的形成，与东北地区金融业、传统手工业、运输业等相关行业的发展，与营口的地方性货币——过炉银的产生和发展之间的关系。该书获得天津社会科学院优秀科研成果奖。在博士论文出版之前，他先后在《历史教学》《社会科学辑刊》《天津大学学报》《城市史研究》等学术期刊发表多篇论文，获得了学界的关注和认可。

或许是因为研究经济史，张博对天津烧锅业也予以关注，并细心搜集了相关资料。2004年天津建城600周年之际，津酒集团举办了天津酒业历史与发展高端论坛，张博应邀参加。后来，津酒集团酝酿出版"津门酒文化丛书"，张博承担了《天津老烧锅》的写作任务。经过一年多努力，他完成书稿，并于2007年由天津教育出版社出版。该书以时间顺序，对天津烧锅业史进行了详细解读，利用海关统计数据对天津生产的直沽高粱酒以及玫瑰露、五加皮等药酒的产量进行了详细估算，认为天津口岸是近代中国最大的酒货输出口岸，作为一个港口城市，对外贸易是天津经济发展的重要支撑。

后来随着兴趣转移，经济史研究虽然已经不是张博的主要学术领域，但长期的学术积累和良好的研究素养，对于他从事其他研究仍具有奠基作用。

奥运结缘体育史

2008年,第29届夏季奥林匹克运动会在北京等地举办,这是中国第一次承办奥运会,距离1908年张伯苓先生提出“奥运三问”恰好100年,距离中国第一次提出申办奥运会也已经60余年。奥林匹克运动会在中国的举办,无疑极大激发了国人的奥运热情,相关著述也层出不穷。张博便于2008年推出《近代中国的奥运记忆》(天津古籍出版社出版)一书。他通过大量文献史料,考证了近代中国的奥运历程,真实反映了几代中国人为参加奥运、申办奥运所付出的艰辛与努力。同年,他还在《历史教学》和《百年潮》发表学术文章,“浅析奥运会传入近代中国的历史进程”。这些著述,成为他研究体育史的起点和阶段性成果。

此后, 尽管学术领域有新的拓展, 但他并没有丢下体育史研究,而是一直进行基础性的资料整理和理论框架的构建。这两年,我经常在朋友圈看到他翻阅“二十四史”,摘录有关体育史的资料。在他的办公室,我也看到大量体育史学术著作和资料集。有时候我在旧书市遇到相关史料,也会替他购下。正是这样的孜孜不倦,使得他对体育史驾轻就熟,既能够撰写高质量的学术论文,又能够利用史料普及体育史知识。2012年,张博在体育科学类权威期刊《体育学刊》2010年第1期发表的论文《论构建多元化的运动会体系符合中国国情》,就是他体育史研究成果的一次呈现。此外,他还致力于天津在中国近代体育史和奥运史上的重要地位的宣传,先后在《天津日报》发表《天津:近代中国奥运第一城》《天津:“奥运三问”的发祥地》《近代中国全国运动会回眸》等文章,产生了广泛影响。这三篇文章也得到了专家学者的一致认可,全都获得了天津社会科学院优秀科研成果奖。对策研究成果《关于以奥运为契机，进一步将天津品牌推向世界的建议》，更是获得了第十届天津市优秀调研成果三等奖。

张博在体育史研究方面所取得的优异成绩，使他获得体育史学界的认可。他承担了天津市哲学社会科学规划课题《近代天津体育史研究》和国家体育总局体育文化中心委托项目《中国古代蹴鞠论文选编》，后一种书将于今年出版。他还主持了国家出版基金项目——崔乐泉教授承担的国家社科重大项目《中国古代体育项目志》(汉民族部分)。基于张博在体育史研究领域所取得的成绩，2017年他被选为中国体育科学学会体育史分会委员。

助力天津史研究

长期在津求学和工作，使得张博对天津有一份特殊的感情。在天津日报社工作期间，适逢纪念天津建城600周年，他与同事采写了大量有关天津历史的报道和文章，后来结集出版了《城市细节与言行》六卷，还与人合著《名居天津》。尽管这些文章多是工作所需，但无疑让他与天津史研究结下了不解的缘分。2006年进入天津社会科学院历史研究所工作，更是让他与天津紧密相连。天津社科院历史研究所的学科方向是华北区域城市史，尤以天津史为重，张博由此开始真正关注天津史，并以经济史和商会史为突破口。如前所述，2007年出版的《天津老烧锅》，既是经济史方面的成果，也是天津史研究的重要成果。此后他所写的有关奥运的文章，也都与天津密切相关。他还参加了天津市工商联的委托项目，撰写了大量相关文章。

“赶大营”是指杨柳青商人追赶左宗棠西征军的行迹做生意，前后延续60余年，为繁荣新疆做出了巨大贡献，也增强了各民族之间的凝聚力、亲和力。研究“赶大营”，既是经济史的重要课题，也是天津史的重要内容。进入21世纪以后，天津掀起了一股研究“赶大营”的热潮。2010年，天津日报报业集团与天津社科院联合推出了“重走赶大营之路”采访活动，张博参与其中，并先后在《天津日报》发表五篇专稿，当时引起了很大反响。借此机会，张博在当地档案馆搜集了大量第一手资料，为以后开展研究奠定了良好基础。经过几年的准备，其专著《赶大营研究：天津商帮与近代新疆的经济开发》即将问世。

在历史研究所工作期间，张博主要是从科研方面助力天津史研究；转入天津社科院出版社工作以后，作为出版社领导，他独具慧眼，重视天津地方史著作的出版，并给予大力支持。这几年，该社除继续保持先前的《天津通志》等志书的出版，还推出了很多有价值的天津文史著作，如《天津老城厢大宅门实录》《海河西岸记忆丛书》《邓店春秋》《大沽口炮台研究纪事》等，尤其是大力支持《问津文库》的出版，目前已问世十余种，像《海河巡盐：国博藏所谓〈潞河督运图〉天津风物考》等深受读者欢迎。这些天津地方史著作的出版，有力地推动了天津史的研究，繁荣了天津文化，这其中张博功不可没。由于在天津史研究和出版方面的成绩，张博先后兼任了天津市历史学学会理事、张伯苓研究会理事和天津市出版协会理事。

勾勒中国篮球史

此次走上问津讲坛，张博讲述的题目是《中国第一个室内篮球场及其他》。但他并没有局限于建筑本身,而是从篮球的发明、如何传入中国、中国第一座室内篮球场的建设等说起,认为天津不仅在中国篮球史,甚至在中国体育史上都占据重要地位。“近代百年看天津”,不仅在于政治军事、文化教育等方面,还在于体育方面。这为我们从更宏观的视野考察近代天津提供了很好的注脚。2019 年 7 月,中国篮协主席姚明来津参加“张伯苓体育思想高峰论坛”,并与天津市体育局签署了《关于在天津设立中国篮球博物馆的合作意向书》,标志着中国篮球发源地的天津,将再次被载入中国篮球史册。我们期待着中国篮球博物馆能够早日在位于东马路的天津基督教青年会旧址开馆。

(《藏书报》2019 年 9 月 23 日第 37 期)

问津讲坛第 68 期

(2019 年 9 月 28 日)

丰台天尊阁

主讲人:王桂义

王桂义　天津市宁河区小学教师,民俗文化爱好者。主编有《天尊故里东丰台》《丰台我可爱的家乡》《东丰台旧闻轶事》等地方文史专辑。在《天津日报》《今晚报》等报刊发表作品 20 余万字。2015 年应邀为央视七套《地理中国》栏目介绍道教祖庭天尊阁。2019 年应邀为人民网主播《年画剪纸话元宵》直播节目。

丰台天尊阁

王桂义

天尊阁是一座千年古观，坐落在丰台镇。丰台镇古称“豐臺”，位于天津市宁河区东北部，为与北京的丰台相区分，旧时人们称这里为“东丰台”。

一、人杰地灵东丰台

东丰台地理位置优越，地处京津冀交汇地带，是古代连通关内外的重要通衢。丰台镇内有还乡河穿境，外有黑龙河绕城。蓟运河连通渤海，位于小镇西南侧，还乡河与之相贯通。丰台镇自古为漕运要津，又是北方重要的商贸集散地。

东丰台历史悠久，早在新石器时期就有人类在此地繁衍生息。唐、虞、夏时，丰台属幽州；商代为孤竹国领地，西周属燕国，春秋时期属无终国，战国时隶属燕国；秦代始以还乡河为界东西分置；元明清至民国时期河东属丰润县（今丰润区），河西属宝坻县（今宝

图 1 2015 年天尊阁

柢区)。新中国成立后,丰台镇划归天津市宁河县(今宁河区),1958年底并入玉田县,1960 年 7 月,复归宁河县,现属天津市宁河区。

西汉时期丰台始为乡级建制,并沿袭至唐;宋辽时期,丰台作为南朝北国边防前哨建为镇制;明代初期丰台为军屯要所;清时,丰台驻有丰玉营把总、丰润县巡司、丰润县管河主簿、丰润县汛把总、玉田县汛把总、丰台镇署衙门等机构,该地区重要性可见一斑。

东丰台建筑古迹遍布。镇区内曾建有大小庙宇二十余座,在大小十字街口处建有六道城门、环城的河道上架有七座名桥。坐落于镇西的清康熙朝浙闽总督刘兆麒墓园占地近百亩,气势恢宏,墓园内安置有华表、石官人、石马、石骆驼、石羊、石狻猊、石香案、供桌、香炉等数十件大型石器。

东丰台自古设有水陆码头,商贸发达。早在唐代即有"草市"民间贸易活动,宋辽时期固定为逢五排十的"镇市"贸易日,并延续至今。清末民初,城内计有商号三百余家,每年一度的铁器会吸引华北、华东、东北、内蒙古等多个省市的客商云集于此，开展盛大的贸易活动。此外，清代时东丰台还是我国北方最大的苇席交易市场与年画纸货商贸集散地。

东丰台人杰地灵、文艺荟萃，木板年画、雕纸、染纸、雕塑等均是传承七八百年的传统民间工艺，在国内外享有盛誉。此外，东丰台还曾拥有“天一水会”这一古老的救火组织，二十四道花会的强大演出阵容。正月初一供桌会、正月十五闹花灯、二月十九烧花船、七月十五放河灯、十月十五水会戏等传统民俗活动，可谓美景如画、众彩纷呈。至今，矗立在天尊阁碑廊内的康熙年功德碑上“京东首镇”几个大字依旧赫然醒目。数百年来，民间亦流传有“一京(北京)、二卫(天津卫)、三丰台”之说。

东丰台物华天宝、风清水净，千百年来不仅积淀了深厚的历史文化，同时也孕育了无数的社会名流。明代有宝坻指挥使单良高、御马监勇士陈景芳等廉吏济世；清代有辅佐康熙帝平定三番、退沙俄于雅克萨的两省总督刘兆麒；近代有1905年加入同盟会、领导辛亥革命滦州起义的早期民主主义革命家陈之骥等英烈人物；在武术界，有武林剑客唐维禄、燕侠褚广发等武学宗师；现代科技界有中科院院士王之卓、中国光学仪器先驱王世文、飞航导弹武器系统总体设计专家杨宝奎等科技先锋；文艺界有全国著名画家李昆璞、齐兆璠、王彦萍、武艺及华文女作家张曼娟、影视明星卢碧云……风流人物，不胜枚举。

1840年鸦片战争以来，东丰台人民不畏强暴、勇于抵抗，为捍卫国家主权、维护民族尊严做出了突出贡献。1900年，丰台一带组建义和团，与外国侵略者进行了殊死斗争。1938年10月，红枪会、大刀队在丰台城内与日本侵略者进行了英勇奋战，掀起冀东地区民间抗日浪潮。在抗日战争和解放战争中,丰台镇先后有近百名战士为新中国的建立付出了宝贵生命。

而今的东丰台,不仅保留了国家级重点保护文物天尊阁,还传承了木板年画、雕纸、染纸、雕塑等传统民间工艺。2005年,丰台镇被天津市政府命名为“天津市民间特色艺术之乡”;2011年,丰台镇被文化部(今文化和旅游部)命名为“中国木雕根雕民间文化艺术之乡”。

二、道家宫观天尊阁

天尊阁是一座道家宫观。道教以道学、仙学、教学为主干,融医学养生、数理、文学艺术、天文、地理、科学技术、阴阳风水等学问为一体。其中的一部分演化为民间习俗,成为劳动群众精神生活的组成部分。道教的思想主张符合人们热爱和平、向往自由的美好愿望,对于当今构建和谐社会主义社会,指导人与人之间相处,自强不息的建设美好家园有着不可替代的作用。鲁迅先生曾经说过“中国根柢全在道教”。作为万经之王的道教经典《道德经》不仅是人们日常生产生活、修身齐家的道德规范,更是被国外学者誉为“东方智慧的结晶”。近期经常引用的“治大国如烹小鲜”“治之于未乱”皆出自此经,国外政坛更是将老子评价为“总统之师”!自问世以来,与《道德经》相关的著作已出版1800余种;同时,《道德经》被译成外国文字,是国外出版最多的中华传统文化名著,影响力遍及全世界。

在道教神仙体系中,地位最尊的就是三位天尊,即玉清元始天尊、太清道德天尊和上清灵宝天尊。以天尊名讳命名的天尊阁是国内供奉道教三清祖师的主道场,其宗教地位尤为尊崇,被道教信众尊奉为道教祖庭。

天尊阁坐落于天津市宁河区丰台镇镇区南部,坐北面南,自成院落。整体院落占地约 7 亩,主体建筑为国内鲜见的具有明代建筑特点的三层檐木结构楼阁, 现为全国重点文物保护单位与重点保护等级历史风貌建筑。

天尊阁属皇家园林等级建筑, 相传它始建于唐贞观十九年(645),复建于元至大三年(1310),改建于明洪武三年(1370),现存主体建筑为清康熙九年(1670)由浙闽总督刘兆麒之兄刘兆麟主持重修。

天尊阁建造在高大砖石台基之上,台基下部用青砖砌成,上面覆以条石。据传,为稳固起见,天尊阁在建筑之初地基下面夯入了数百根柏木桩。

天尊阁通高 17.4 米。主体为木框架结构,阁身内以八根高 12 米直径 0.6 米的通柱作为支撑。通柱表面以木板包镶,再用铁箍加固,穿透两层楼板直达阁顶。通柱之外又辅以檐柱、山柱、廊柱,并通过斗拱、榫卯与三层纵横梁枋和两层楼板连接,如此形成合理的结构设计体系。

天尊阁一层为三清殿,面阔 5 间,进深 4 间;中层为王母殿,面阔 5 间,进深 4 间;三层名紫微殿,面阔 5 间,进深 2 间。三层均有斗拱,下层为一斗三升;中层为一斗三升交麻叶;三层为三踩单下昂。斗拱饰以阴阳青绿彩绘,飞檐椽头上层为彩绘阴阳万字飞头、下层为栀花椽头。阁内东侧有楼梯通往各层,三层前檐下楼板伸出露台,并设有木栏杆,可登临远眺。清代诗人鲁璠曾写有《登丰台天尊阁》,诗曰:“杰阁俯云霄,登临白日遥;云流双槛外,人语半天腰;

北望燕峤雪，南瞻海国潮；渔舟开晚市，灯火杂平桥。”

天尊阁顶部是与保和殿同样形式的歇山式，也称作“九脊十龙殿”。正脊为一条东西向龙脊，正脊两端到屋檐处顺次分出四条垂脊和四条戗脊。垂脊和戗脊处墙面形成山花。正脊中部覆有一块紫红色的琉璃瓦，脊身阳面饰有砖雕二龙戏珠，阴面雕刻双凤牡丹。两端脊头安装有螭吻，正吻由吞着正脊的龙口、吻头后部的背兽、向上卷的尾和背上插着的宝剑等构成，寓意喷水镇火、降魔辟邪。除去正脊两端，在四条垂脊和四条岔脊脊头也各自安装有吻兽。在四条岔脊飞檐上均安装有走兽，最前面为骑凤仙人，身后蹲坐三尊瑞兽。四个飞檐檐角下方悬挂有惊鸟铃。阁顶四庇为曲线型，均由筒瓦、仰瓦交互结构而成，仰瓦至檐头处安装有滴水瓦。滴水瓦瓦当多为团寿纹、云纹、莲花纹，筒瓦瓦当则为团寿纹、莲花纹、虎面纹相间。正脊中线瓦垄檐头滴水瓦上部则专门安装有一小块紫红色琉璃瓦。二层阁顶无主脊，分别由四面探出飞檐，四角各有一条垂脊，脊头各自安装有吻兽，飞檐上安装有走兽，最前面亦为骑凤仙人，身后蹲坐三尊瑞兽。一层阁顶与二层形制相近，只是飞檐上骑凤仙人身后仅安装有一只走兽。

图 2 一层檐

天尊阁建筑群原有三套院落，西院为药王庙，东院为道士起居之所；中间院落为主体院落，除天尊阁外，还建有文昌宫、十殿阎君殿、灵官殿等殿宇。三套院落各自建有正门，院落间又有月亮门彼此连通。

天尊阁不仅是国内著名的道教文化中心，更是当地百姓心中极具神秘色彩的地方。相传，天尊阁乃是天界神仙在地界所设行宫。千百年来，古老的天尊阁演绎了无数美丽动人的传说，从建阁之时鲁班祖师降临指点，到三国崔州平仙人游历于此，又有护阁大仙现法身长饮于黑龙河、夜半群仙演乐于紫微殿、常大仙山海关解救庞先生……这些美丽的神话故事为天尊阁披上了一层神秘的面纱。

除却它的古老和神奇，天尊阁还曾经是丰台镇办学兴教的发祥地。早在清光绪二十六年(1900)，天尊阁设立日新文社，“聘请中日教习、分途授业”；光绪二十八年(1902)扩建为初小学堂，成为国内较早的新式学堂，并先后培养出了中科院院士王之卓、中国光学仪器先驱王世文、植物科学家齐兆生、著名画家李昆璞、齐兆璠，以及飞航导弹武器系统总体设计专家杨宝奎等国家重点人才。抗战期间，在天尊阁学校任教的张润秋等教师很早就成了党的地下工作者，他们经常利用学校做掩护开展抗日宣传活动。根据张润秋先生回忆，为了给八路军伤员提供

图 3 2013 年的天尊阁

药品，他们曾经组织学生扮演高跷演员在镇上演出玩耍，玩耍到镇外僻静处，便将高跷腿上捆绑的药品解下来交给八路军联络员。

1982 年 7 月 9 日，天尊阁被天津市政府定为市级重点文物保护单位；1992 年，天尊阁重塑了三清道祖神像，恢复为道教场所；1996 年起，先后重建了文昌宫，完善天尊阁前广场和配殿，兴建了碑廊，对整个院落进行了绿化；2006 年天尊阁被市政府列为天津市历史风貌建筑（重点保护等级）；2013 年天尊阁被列为第七批全国重点文物保护单位。

三、天尊阁的历史传说

关于天尊阁的始建年代，一直找不到相关史料记载，不过有一段故事千百年来在丰台民间广为流传。据传，这里是著名的三十六计之首“瞒天过海”的衍生地。唐贞观十九年(645)春，唐太宗李世民亲率大军征讨高丽国，大军驻扎丰台镇。因李世民自小就有晕船的毛病，无法登船御驾亲征，很是发愁。大将军张士贵手下有一名军士叫薛仁贵，曾经得九天玄女赐予白虎鞭、水火袍、震天弓、穿云箭、无字天书五件宝物。听说此事后，薛仁贵在一天晚上偷偷地请出“无字天书”。经元始天尊点化，薛仁贵安排军士将战船连在一起围上幔帐，巧用“瞒天过海”之计使得李世民不知不觉中成功渡海完成东征。为了感念天尊护佑，李世民班师回朝前，特命人在丰台镇十字街东南部修建一座道观，名三清宫，此即天尊阁的由来。李唐时期，道教极为盛行。当时道教地位在儒、释之上，居三教之首，道教教主老子被李唐宗室尊为“圣祖”、天上的至尊神与皇朝的护国神。

据考,天尊阁曾经在元代进行过大规模重修。宋末元初,丘处机以 74 岁高龄西游 35000 里面见成吉思汗,劝之以“止杀爱民”的至正玄理。丘处机极得成吉思汗尊崇,被呼作“神仙”,拜为国师,掌管天下道教。这样,在元代统治者的扶持下,道教出现兴盛局面。全国上下宫观遍地,信士无数。忽必烈定都北京后,位处水陆运输枢纽的丰台镇成为元大都的物资流转之所,享有“北方水乡”和“京东首镇”的美称。坐落在丰台镇的天尊阁,便以其三清祖庭道观的尊贵地位而受到元朝统治者的特殊尊崇。道教历史上流派众多,皆奉三清道祖为尊。金代以后始分做全真、正一两大主流教派。全真派由南宋王重阳所创,元时以北京白云观为祖庭;正一派以天师道龙虎宗为中心。元至大三年,元武宗请北京白云观全真派掌教苗道一仙师与正一派三十八代天师广微子共同主持监修天尊阁,并特赐苗道一为凝和持正明素真人,加赐金印;恩封正一教广微子为金紫光禄大夫,封留国公,赐金印。在两位道教仙师的主持下,天尊阁经过了一次高规格的重修。

明代流传有刘伯温镇龙脉改建天尊阁的故事。明朝洪武三年(1370),朱元璋进行第一次北伐。他任命徐达为征虏大将军,刘伯温为军师,李文忠、冯胜、汤和为随军主将,并特别册封刚刚年满十岁的四皇子朱棣为燕王随军出征。大军行至丰台镇附近,人们在马上远远望见丰台城周围有一团紫气笼罩,地面上隐隐有水波涌动。刘伯温是一位玄门高士、风水大师,他发现此处乃是山环水抱的龙凤宝地,北部有燕山环抱,城外又有一条青龙环绕(指护城的黑龙河),而且这条黑龙似乎很快就要生成一条真龙了。燕王听后顿感紧张,暗自忖思:“难道我父子多年来东征西讨,好不容易建立的大明王朝眼看就朝不保夕了吗?”想到此处,连忙向刘伯温问计。刘伯温一面遥望丰台镇的风水形势一面思考对策，当他的目光移至矗立在城南的天尊阁时,眉头一下子舒展开来。赶忙启奏燕王:“王爷不必忧虑,臣已找到镇服这条黑龙的方法了。”刘伯温用手遥指天尊阁方向说:“王爷请看,此阁乃供奉道教鼻祖元始天尊之所,阁下有一泉眼,上接地上诸河下通东海龙宫。若要镇住龙脉,需将此阁拆掉重修,将供奉主神由三清道祖降为太乙救苦天尊,然后再将其高度定为七丈七尺,以此压住青龙的七寸处,则不但能将黑龙永镇于此,还可保此处风水兴旺。此外,若再将阁顶檐加长三寸三分遮住其神光,则此龙再难成大器。”

燕王朱棣听罢大喜,马上命令刘伯温亲自设计绘图、改建天尊阁。自此以后,三清宫更名为太乙观,观内一层殿供奉的三清道祖换成了太乙救苦天尊，东西配殿的十二上仙宫改成了太乙救苦天尊所化的十殿阎君的殿宇,东西跨院建筑布局依旧如初。当时的天尊阁在施工设计、艺术造型方面均体现了当时的最高建筑工艺水平。数年后,燕王称帝建立了永乐帝国,迁都北京。此时刘伯温已去世多年,再也没有能设计出类似天尊阁这样高水准建筑的人,永乐大帝就命人仿其造型修建了北京城城楼，因此当地流传着先有天尊阁后有北京城(指明城)的说法。

据清光绪《丰润县志》载,天尊阁现存主体建筑是清康熙九年(1670)重新修建的。“太乙观在丰台中,有文昌宫、灵官殿,又有楼房三叠,上为紫微殿,中为王母殿,下为天尊阁,形势壮丽,高八丈余,康熙年间经湖广巡抚刘兆麟重修。”刘兆麟是声名显赫的一品大员,曾累任湖广巡抚、浙闽总督兼兵部尚书、被康熙皇帝倚为“半壁江山”。传说,刘兆麒、刘兆麟弟兄二人小时曾在天尊阁读书,受到观中道长的特殊照顾,遂向其许诺功成名就后重建天尊阁。康熙九年，刘兆麒上书皇帝请旨重建天尊阁，皇帝欣然恩准，特命户部拨银数万两，交由刘兆麟主持修建。

据老人们回忆，天尊阁前东西各建有配殿五间，供奉的是十殿阎君。每一侧的五间正殿都只留有一个门口进出。门口两侧两三米处，各布置有一个青面獠牙手持铁链的鬼头，大小与真人无异。两个鬼头身体都是木质雕刻而成的，关节之间有钢丝牵引，面部五官俱全并饰有彩绘；鬼头的脚下有一木地板，上有轨道，轨道中设有销簧与其脚底连接。正常情况下，鬼头手拎铁链面向殿内站；若有人踏入殿中，其脚下销簧即刻被触动，鬼头身子马上转向门口踏至人前，将锁链高高举起，做拿人状，据说其威慑力足以让一些做过亏心事的人弃恶从善。刘兆麟此次奉旨重修天尊阁，康熙皇帝还特别恩赐了两块紫色的琉璃瓦。《大清会典》规定，“紫琉璃瓦等多用于帝王园林中的亭台楼榭”，因此重修的天尊阁依然保留了皇家园林等级的崇高地位。直到今天，这两块御赐的琉璃瓦依然熠熠生辉，一块筒瓦安置在主脊正中，一块板瓦安在正脊中线下瓦垄檐头之上。

天尊阁从始建至历次重修，均由皇帝批准。从现存规格来看，首先天尊阁高度 17.4 米，折合清代营造尺恰好是五丈五尺，面宽为五大间，这种规格在古代除皇帝外任何百姓和大臣均不能使用；其次其九脊十龙的阁顶，也只有皇家园林与供奉专门道祖佛祖的主要道场才允许使用；再次就是琉璃瓦，也非皇家建筑不可滥用。综上所述，基本可以确认天尊阁是一座皇家园林等级的建筑。

1900 年，天尊阁被辟为地方学堂，直到 1980 年学校才迁出。1992 年，天尊阁先后重塑了三清道祖、瑶池金母、慈航道人、眼光娘娘、中天北极紫微大帝、文昌帝君等神像供奉，恢复了宗教场所和三清祖庭地的崇高地位。

千百年来,作为道教祖庭的天尊阁不仅在建筑、宗教、艺术、道德伦理等方面体现了重要的社会价值,同时也衍生出了许多传说故事。根据笔者搜集整理,相关的传说约有二十多个。

四、天尊阁所经劫毁

20 世纪以来,天尊阁曾遭遇多次被毁的劫难。第一次是在 1933 年 5 月间。由于长城抗战失利,日本侵略军先后攻陷唐山、丰润等县,继而向平津地区推进。当时,长城抗战失利的国民党第五十七军何柱国部的一个团退守丰台镇。为了使各营之间保持相互策应,部队分成三股驻扎在城内,驻地分别为东部的万泰店、南部的宋家店和北部的灵应寺。

国民党部队进驻丰台镇的第二天上午,不知从何处飞来一架日军双翼飞机,在丰台镇区上空盘旋。侦查了将近一小时,未投放炸弹,后掉头向东北方向飞去。镇上的乡亲暗自庆幸,认为日本军机并未发现国民党驻军,不会再来。谁料想转天一大早,从唐山方向突然飞来三架双翼飞机,进入镇区后就各自向东、南、北三个方位的驻军营地上空投放炸弹。据当地老人回忆,其中在南部投弹的飞机还专门盘旋到天尊阁的上空,人们隔着窗户纸看得真真切切,眼见飞机上的炸弹就跟下饺子一样纷纷往天尊阁顶部坠落,但所幸这些炸弹均落向其东北部七八十米外的大水坑中。日本飞机轰炸了一个多小时,天尊阁竟安然无恙,只是在东北部的大水坑炸起了几柱浪花,也未伤害到当地百姓。

第二次是在 1943 年冬。一天晚上,八路军组织了 300 人夜袭丰台镇灵应寺日伪军据点,炸毁了炮楼,炸死了守备队长藤井及日伪军数十人。第二天一早,驻扎在芦台的日军就出动了两卡车日兵前来讨伐。等敌人来到时,我方部队早已撤离,哪里还有八路军的影子。气急败坏的日本鬼子在城内搜查了一通,也没找出一个八路军来,就把怨气发泄到坐落在炮楼附近的古寺上。日本军官叫来几个士兵,让他们点燃了几个火把投到大殿的窗户上,这座建于明代的寺庙毁于战火之中。

鬼子烧毁灵应寺后仍不肯罢休，返回芦台途中，经过天尊阁时,鬼子队长叫几个日本兵从卡车上搬下来两个汽油桶,把汽油泼在天尊阁一层殿的窗户上。随后,点燃了两个火把,向着一层殿的窗户扔过去。这时,忽地刮起一阵飕风,由于鬼子投出的火把上沾满了汽油,遇风之后“嘭”的一声形成了巨大的火团,裹着滚滚浓烟反向鬼子队伍窜过去，小鬼子吓得赶紧爬上卡车往芦台方向撤走了。天尊阁附近的居民看见鬼子走远,赶忙端着水盆准备救火。可是等大家进入天尊阁院内发现,地上只有几只被风吹落的火把,距离天尊阁的窗户还很远呢。就这样,突如其来的一阵大风使得天尊阁躲过了一场灾难。

第三次是在 1975 年。当时丰台原有的六座城门和镇区内大大小小二十余座庙宇大多被拆除,仅剩下作为学校校舍的天尊阁。这一年的春节过后,也决定将天尊阁拆除。为了在拆除过程中尽量减少对砖瓦木料的损坏,保证二次使用,专门联系了山东的十几位古建筑师傅来实施具体的工作。

后来,被请来拆除天尊阁的师傅们全体不辞而别。天尊阁再次免于被拆除。

最后一次是在 1976 年 7 月 28 日,唐山地区发生了 7.8 级大地震。距离唐山直线距离大约50公里的丰台镇，房屋倒塌率近90%，就连镇中心的钢筋水泥结构建筑都遭到了严重破坏。当时丰台镇内外到处是残垣断壁，天尊阁院内的前楼、平房、围墙等建筑也都全部倒塌。而令人称奇的是，当时镇区内最为高大古老的天尊阁却依旧巍然矗立，仅有三层一侧的山墙向外闪出。由此，我们不得不为中华古老的建筑艺术所叹服。因为震时，天尊阁正作为本地初中校的校舍，为了调查地震时天尊阁内的真实情况，笔者专门采访了曾经荣获全国优秀教师称号的孙连文老师。据孙老师回忆：地震当晚，院内住着包括他本人在内的本校师生共计10人，当时自己就住在天尊阁西院的平房之中，地震发生后他被惊醒，发现房顶已经露天，就赶忙起身往外跑去查看同院的其他人员。万幸的是，大家居住的平房全部受损，而这10个人却都毫发无伤。

图4 解放初天尊阁外景

2014年，央视电视台《地理中国》栏目在录制天尊阁节目时，专门请我谈谈天尊阁不倒之谜。经过研究我发现，天尊阁之所以能在唐山大地中幸存有以下主要原因：一是在建筑之初，天尊阁地基下面夯入了数百根柏木桩，从而使得地基异常稳固；二是天尊阁整体是木框架榫卯结构，木质结构富有弹性，受力之后可以变形，如果

图 5 震后修建中的天尊阁

地震烈度未导致木质折断，那么对整体框架就不会造成损伤；三是支撑天尊阁的主要八根通天柱整体是下部外撇、上部内收的板凳形，巧妙的设计大大增加了天尊阁建筑的稳固性能。综上所述，我们不得不为中国古老的建筑艺术而叹服。

结 语

如何将中华传统历史文化作用于当下社会，是我一直以来深思的问题。在 2010 年至 2016 年期间，我被抽调到丰台镇政府，负责历史文化宣传方面的工作。在此期间中国道协副会长张继禹、中国道协道教书画院院长张晋等道教大德先后多次来此考察调研，并拟将天尊阁作为天津市道教协会所在地，进而将天尊阁打造成为中华道教文化圣地。从 2013 年起，丰台镇党委政府通过研究决定，将打造“天尊阁道教文化中心”暨东丰台特色文化示范小镇建设作为发展方向。综合丰台镇的传统文化优势，制订了将宗教文化、文化保护、旅游、经济相融合的路线，计划将丰台镇打造成为一座集宗教文化、旅游观光、影视拍摄、文艺展演、艺术品投资、养老养生、民俗活动、生态农业、休闲养老于一体的特色旅游文化小镇。而我能做的，就是秉承古镇开发以“建筑为形，文化为魂”的原则，通过对家乡历史文化的深入挖掘，增强家乡文化软实力，做好塑魂工程，用自己 20 多年来的研究成果为家乡的发展建设贡献自己的一份力量，为宁河的乡村振兴事业尽一分微薄之力！

还乡河畔的小学教师

——问津讲坛第 68 期主讲人王桂义先生侧记

齐志乐

2019 年 9 月 28 日，宁河区丰台镇的王桂义先生走上第 68 期问津讲坛,讲述了“丰台天尊阁”的历史和文化。

乐于奉献的“怪人”

王桂义是坚守在教学一线的农村小学教师，也是曾为央视栏目做解说的地方文化学者；他每每穿梭于京津两地与鸿儒高士谈天说地,也常常夹杂在孩童中间嬉戏玩耍;他是单位 20 多名职工中唯一没有楼与车的一介穷儒，却不惜为地方文物和史料的挖掘保护而慷慨解囊。今天,我要给大家介绍的就是这样一位“怪人”。

王桂义,自号清一居士、半痴真人、雅风堂主人。通过他自谓的名号，我们不难想象出其清高儒雅的君子风尚和特立独行的行事品格。

1971 年 1 月,王桂义出生于还乡河畔的古镇丰台。这是一个曾有“京东首镇”之誉的北方历史名镇，位于宁河区东北部，为与北京的丰台相区分，旧时人们称这里为“东丰台”。丰台镇地处京津冀交汇地带，是古代连通关内外的重要通衢与漕运要津，也是宋元明清时期华北的重要商贸集散地及手工艺中心。王桂义的祖辈和父辈都是有故事的人，他们经历并见证过“京东首镇”的昔日风华。王桂义自幼耳濡目染，脑子里装满了家乡的历史掌故。几十年来，他对这块古老神奇的土地充满了眷恋。

王桂义成为一名小学教员，几乎所有与之相熟的师长和同学都觉得这是一件很“不幸”的事。人们之所以有这种认知，是因为王桂义凭借初中三年的发奋学习，创造了由全县（宁河当时尚未设区）二三百名跃居中考前十的佳绩，并且数理化三科总成绩名列全县榜首。在师长和同学眼里，他本该迈入县重点高中进而考取名牌大学，然而在家庭影响下，他跨入了中师的大门。1990 年师范毕业后，他被分配到家乡农村小学，成为一名普通教师。

说普通，是因为在工作、生活上王桂义总能融入大众之中，然而他对自己的要求却是非常严苛。从踏上讲台的那一刻起，他就秉承着传道、授业、解惑的为师之道。他教育学生说：“从学龄开始，大家要在校园里度过十几年的时光，你们要充分利用好这段时间，学好科学文化知识。只有通过学习才能提升一个人的生命质量，只有拥有了丰富的知识、掌握了高超的技能，才能成为一个有用之才。即使有的同学不能通过学习而改变生活和命运，但是大家无论在学习上还是将来在工作中，都需要有一种认真的态度、负责的精神，这是做人做事的基本要求。”在他担任班主任的班级板报上，他会精心开辟几个特色板块，其中“做人之道”板块的内容是“天行健，君子以自强不息；地势坤，君子以厚德载物”，“为学之道”板块他鼓励学生“勤勉进取、笃志乐学”，而在“为师之道”板块，他告诫自己要“传道有妙理，授业无浮庸，解惑释疑问，立德积功行”。此外，为了帮助学生树立正确的人生观、价值观，他专门撰写了《明理书》，阐明读书学习与爱国主义、回报家长、奉献社会、完善自我的紧密联系及重要意义。在他的教育引导下，很多贪玩厌学的孩子都明确了学习目的，端正了学习态度。

教学科研的“能人”

在教学科研上，王桂义是个“能人”。他擅长课堂实效与奖励机制相结合的方法，20 多年来，多次创造农村落后校的教学奇迹。2006—2007 学年第二学期的期末考试中，他任教的五年级数学学科平均分达到 92 分，名列全县第一名。多年来，学校始终把他视为治理学困班的不二人选。在他的管理教育下，有多个班级经过一年甚至半年时间，成绩由全镇倒数第一名跃升为正数第一名。成效最为显著的一次，他利用半年时间使所带班级追平了平均分高出 25 分的另一个班级。他带过的班级，优秀率最多提升过 40 余个百分点，学生个人成绩由十几分二十几分提升为合格的屡见不鲜。为了奖励成绩优秀和进步突出的学生，他坚持每周测评一次学生的学习实效，并在周五为表现突出的学生予以奖励。每年他都会精心设计并悉心组织“迎元旦”“庆六一”两次联欢活动，每次他都会自费购买奖品发给学生，不仅增强了班级的凝聚力，也给孩子们留下了美好的童年回忆。

在科研方面，王桂义也是硕果累累。他的数学、思想品德课多次荣获区级优秀课、双优课。教学经验和论文先后发表于《求知报》

《小学数学教育》,多篇论文在市、区交流研讨活动中获奖,并被认定为市级、区级教学成果。在特长生辅导方面,他更是个多面手,不仅创造过包揽全县数学竞赛第二至十名的佳绩，还指导学生荣获第四届和第六届全国少儿美术杯大赛的奖项。因为教学成绩突出,区教研室先后两次聘请他担任区级兼职教研员；他担任班主任的班级多次被评为区级先进班集体；他本人先后被评为区级爱心教师、教科研优秀教师、265 农村骨干教师培训优秀学员等。

王桂义的做法可能会遭到一些人的责难与非议，但是这丝毫不能动摇他的初心使命。用他自己的话说,就是“想要做一只采得百花成蜜后,为谁辛苦为谁甜的蜜蜂,不必寻求其他人的理解”。为了表明自己甘为人师、安贫乐道的心志,他写下一首《自白诗》:“三尺讲台一世情,半间草庐两袖风。神州有道出才俊,青史无名著英雄。”桃李不言,下自成蹊。王桂义坚守三尺讲台,教导万千学子,可谓新时代教坛的孺子牛,农村校育人的急先锋。

一专多能的“忙人”

王桂义是一专多能的“忙人”。做好本职工作之余,他把业余时间全部倾注在丰台历史文化的研究之中。只要有闲暇,他不是走访具有“三亲”经历的老人,就是实地考察家乡的文物古迹。他不仅是优秀传统文化的收集者、整理者,更是热心的传播者。在“讲好中国故事”的大背景下,他紧紧抓住“家乡”“传统”两个主题,先后在《天津日报》《今晚报》《宁河文史资料》《宁河文化》《战斗的岁月》等报刊、书籍发表文史作品 30 余篇,编著了《天尊故里东丰台》《东丰台旧闻轶事》《丰台——我可爱的家乡》《东丰台古城建设项目的文化内涵》等文史著述，设计制作了《东丰台古城复原图》，还担任大型历史纪录片《记忆宁河》中《京东首镇》《千年古观》两集的撰稿人，并出任了《丰台镇志》的主编。此外，他还是“东丰台染纸”“石羊夜游”“卧龙桥的传说”三项宁河区非物质文化遗产的传承人。

2013年，王桂义三次做客天津广播电台讲述丰台历史文化，多次应邀走进宁河电视台直播间讲述传统民俗文化。2014年，他应邀为中央电视台《地理中国》栏目做地方文化介绍。此外，他还数十次应邀陪同中宣部、国家文物局、中国道教协会以及天津市委、市人大、市政府、市政协的领导，以及来自俄罗斯、日本、新加坡的国际友人考察并介绍丰台民俗文化。

在文史研究工作中，为了收集附带历史文化信息的物证，王桂义还与文物收藏结缘。他收藏的种类繁多，主要涉及书画、瓷器、年画、旧报纸、票证、文玩等。20多年来，他收藏丰台地方文物、文献、名人字画近千件，其中多件藏品为考证国内重大历史事件的孤品。文物藏于己，示于人，益于社会。2018年，中国教师博物馆成立，他捐献了13件文物。为了阻止家乡文物外流，他曾用自己的3500元稿费，抢救了七八块清康熙年间浙闽总督刘兆麒家族墓地碑刻，安置于重点文物保护单位天尊阁院内。对于这些承载着家乡历史文化的地方文物，他最大的心愿就是建设“丰台历史博物馆”，让文物有个安稳的家。

王桂义是宁河区政协委员，他在参政议政、建言献策方面也忠实履行了职责和义务。他撰写的提案，无论是数量还是质量，都高居宁河区榜首，受到有关领导高度重视，还多次被评为优秀政协委员。此外，他还是天津市口述史研究会会员、天津市非物质文化遗产保护协会会员以及宁河区纪委、监委特邀监察员，宁河区乡镇换届监督员，宁河区广播电视节目观察员等。这些社会职务的背后，都是一份沉甸甸的责任与付出。

修之于身，其德乃真；修之于家，其德乃余；修之于乡，其德乃长。愿桂义继续不忘初心，潜心文史，传递文明，为挖掘丰台文史进而弘扬中华优秀传统文化而努力！

（《藏书报》2019 年 10 月 28 日第 41 期）

问津讲坛第69期

（2019年10月26日）

漫话小站周公祠

主讲人：刘景周

刘景周 1942年出生，津南小站人。1976年，津南文工团专职编创人员。1980年，津南文化馆文学、曲艺辅导干部，兼职区政协文史委员。1996年，津南区志副主编。2002年退休。后被聘为小站练兵园、小站稻作文化展览馆项目顾问。参与编辑出版《津南区志》《小站镇志》《津南文化艺术志》《东大站村志》《传字营村志》《津南非物质文化遗产图辑》。撰写出版有《近代史上的小站》《沽帆远影》《风雨练兵歌》。整理出版有《周武壮公遗书》。历年在省市报刊发文数十万字。

漫话小站周公祠

刘景周

祠堂的祠字，意为祭祀，《诗经·小雅·天保》，有“禴、祠、蒸、尝”，在周代，春祭曰祠，夏祭曰禴，秋祭曰尝，冬祭曰蒸。古代祠祭，不供牺牲，祭以词章、皮币，祠就是来自词的意思。皮币就是皮毛和丝织品，汉代皮币，一方尺白鹿皮加上一围丝绸边，价值数十两银子，因过于昂贵，这种皮币，只一年就被废止了。禴祭中的龠字，是容器，两龠合起来等于量具“石、斗、升、合”的一合，所以这个合（音阁）字，用合字表示。秋天祭祀曰尝，收获了新的谷物，请祖先尝新。冬天寒冷，祭品要蒸，不使祖先吃冷食。这就是中华传统的祠文化。

天津市有两家周公祠，挂甲寺对面荐福庵原是一座周公祠，它祀奉李鸿章的文案，在李鸿章嗣后，曾署理过直隶总督兼北洋通商大臣的周馥的祠堂。另一座周公祠，在河北三条石，是清光绪朝天津镇总兵、湖南提督周盛传和他的四哥，接任湖南提督的周盛波的祠堂。《天津县新志》词祀篇有载：“在河北，曰周公祠，祀天津总兵周盛传，公造新式炮台，固大沽后路于新农镇。开沟渠，垦稻田，民盛赖之。”

图 1 周盛传

小站周公祠，就是周盛传、周盛波的祠堂。

属于淮军的这些祠堂，都不是家祠，而是如后来的烈士陵园一样，是皇帝敕建的国办祠堂。管理这些祠堂的机构，在清代叫作昭忠祠，小站镇有昭忠祠经租处，小站的月桥村原名叫义和庄，那里的稻田当年归昭忠祠所有，稻地户向昭忠祠纳租，由小站经租处收取。大港的官港湖，现在那里有滨海新区森林公园，当年官港也属昭忠祠所有。经租处收取那里的水产品，鱼虾、螃蟹。袁世凯小站练兵，处罚官弁的薪金，就交给昭忠祠作为费用。

周盛传兄弟的祠堂，不仅小站有，三条石有，青县兴济也有，那里的祠堂，后来成了青县二中。滨海新区新城也有，后来变为周公祠小学。多地均有周公祠，是因为当年周盛传、周盛波死后，朝廷有旨在周氏弟兄立功的地方，敕建周公祠。

一、周公祠的修建及保护

小站周公祠所在地，是小站镇的会馆村。那里原先是一座庙宇，叫泉神庙，泉神，就是财神。周盛传生前率领盛字军开发小站镇屯田种稻的时候，在泉神庙前建了七十余楹房屋，作为淮军老盛军

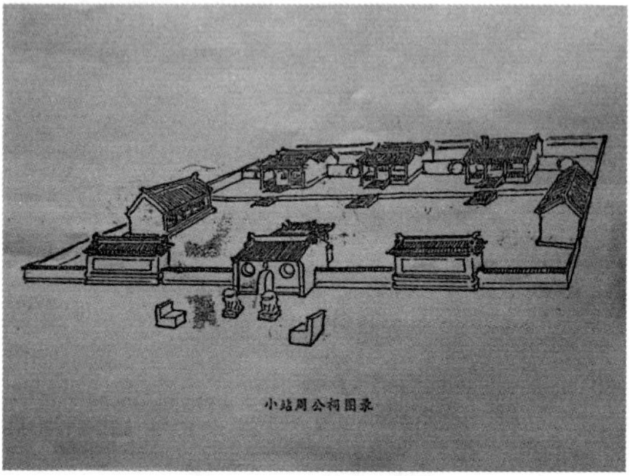

图 2 小站周公祠图录

的安徽会馆。用于召集将士集会、庆典等事项。周盛传兄弟死后,就把泉神庙改作了祠堂。始建年份,是 1885 年和 1988 年。根据盛军当年所绘的《盛军屯田图》所描绘的图录,原先最早的周公祠,背靠马厂减河,面对盛军稻田,共三层建筑。最北面的是三座正殿,中间部分又是三座大殿,而且每座殿,都有两处厢房。最南面是正门和戏楼,四周有围墙,西楼正门左右围墙上,各有一个旁门。

到民国八年,1919 年, 原小站周公祠经过了 34 个年头的风雨侵蚀,需要修缮,有当年地方商会,向当地各商家集资,对周公祠作了改建。拆除了最北面的三座大殿,拆除了原来中间三大殿和所有厢房,重建了中间的三座大殿,保留了正门和戏楼。又在正门和新三大殿之间增建了东西两座配殿,以及正门左右的两座照壁。这次改建,留下了一块碑刻,碑文说:

盖闻,云台绘像,凌烟标名,望所以保忠烈而垂后昆者也。然始而立意虽善,待日久岁湮,而台址圮颓无遗,又何抡其祭祀乎!

今我先代刚敏公、武壮公,有功于社稷民生,奉旨建立专祠,特恐日久岁湮,与云台、凌烟,同灭于无形,无以对先代在天之灵。特以此双租地六百七十余亩，用作永远祭田，日后即我嫡子嫡孙，无伦至何地步，不准卖此祭田，如有售卖之事，凡我周姓及各种地户，皆可以告发，请求官府查究。

恐日久有所变动，用特刊石，以存久远云尔。

小站周公祠一年有两次庙会。分别是农历三月二十八日和七月二十八日。这是和当地稻作的农时有关。北方气候寒冷，到立夏前后才开始育种，农俗叫作“下芽子”。小满节才开始插秧。农历三月末还是农闲时候。七月末，水稻扬花秀穗，稻田里不得下田扰动稻秧，一如旱田挂锄钩时。农事不忙，正好去赶庙会。庙会有商会主办请戏班唱三天戏。头两天民众看戏，最后一天，军队看戏。军队看戏时，才允许妓女出门看戏。但要扎白辫根，以区别良家妇女。庙会期间，从小站大桥到会馆周公祠，一公里长的路段，路两边搭席棚作为商家门市，各种买卖和杂耍艺人云集，一连三日，人们赶会购物，热闹异于寻常。

1949 年中华人民共和国建立后，这些建筑一直完好。1957 年 4 月，从台湾回归两年的卫立煌将军，来到小站，瞻拜了周公祠。卫立煌将军，是安徽合肥人，和周盛传是同乡，他对前辈先贤能在新中国建立后，还立存着这样一座祠堂，无限感慨系之。那时，卫立煌是第二届全国人大代表，国防委员会副主席，他十分关心周公祠的维修，特向有关部门提出了修缮周公祠的建议。1958 年春天，天津市文化局对小站周公祠进行整修，祠堂各殿宇及戏楼，被油漆彩绘一新。可惜这时卫将军已因心脏病入住医院，直到 1960 年他去世，他没有能够再见到修葺一新的小站周公祠。这期间，东配殿被会馆村安排了一家村民居住在那里。两座照壁被拆除，所拆砖瓦，在小站小学操场，搭建了一座戏台，地方政府开大会用。

1966 年，十年动乱中，周公祠的祀奉牌位、周氏族谱和画像被销毁，戏楼被夷为平地。三座正殿，成了生产队仓库，场院做过打谷场，并被社员建房时随意挖土，平地成为坑塘。三正殿，生产队只用不修，到拨乱反正时，殿堂已经严重破损，梁柱倾斜，墙壁碱蚀，门窗被替换成破败的荆条门，石头台阶、石碑，被社员垫了自家猪圈。

1987 年，国家改革开放后，天津市文化局文物处把小站周公祠列为市级文物保护单位，拨专款维修仅存的三个正殿。又陆续建了场院围墙，但无力拆迁周围民房，围墙较原先大大收缩，东西南三面墙，只相当于原建筑的前檐。院中积水坑塘，也无力填平。就这样，空空的三个正殿对着一个大坑，度过了七个年头。

盛军开发小站，是从光绪元年(1875)开始的。在这年的三四月间，小站筑城建街，并建设了屯田会馆，五月，李鸿章到小站视察验收。到 1994 年，小站街已经走过了 120 年，两个花甲的光阴。为了纪念小站建镇一百二十周年，津南区文化局，把积攒多年的经费用来维修周公祠，率先在中正殿内请泥人张彩塑传人陈希平，塑了三尊坐像，地方群众又发起捐助，安炉鼎、挂牌匾，小站的民营企业家李忠和先生，又出资塑了周氏兄弟的两尊造像。“文革”之前，小站人家不乏周盛传、周盛波的照片收藏，但“文革”后，寻找照片成了大难题。最后李忠和出了高价，才征得了一张周盛传的照片，而周盛波的照片至今没有发现。周盛传唯一的照片，成了塑像的依据，周盛波没有照片，他的塑像，只能想当然地塑造了。

这次修葺，填平了场院的坑塘，举办了纪念小站建镇 120 周年

图 3 纪念小站建镇 120 周年

大会，相关领导干部出席大会讲话，艺术家们演出了文艺节目，其中著名河北梆子表演艺术家王伯华演出了精彩的达子派名剧《寇准背靴》。高跷、秧歌花会，也与会庆祝。周公祠沉寂了几十年后，又重新热闹起来。还有多人捐碑石刻赞颂，其中最突出的是当地老中医王继椿先生写的碑文：

安徽会馆，镇西一祠宇也。名为周公之祠，地处减河之畔。紫岳黄灵，清波流经槛外，朱蔓碧瓦，毓秀钟于津南 。迨至春日，杰馆浓花，春帆细雨，父老抚柳浪以游春，映桃波而泛月，极目骋怀，蔚为景观。中祀先农、禹王、关圣，悠悠乾坤共存，昭昭日月争光。父老瞻依，意祈麦秋，调燮雨旸，报享丰年。周氏昆季请敕垦拓，功同开辟。恩留桑梓，理应血食，得附祀也。

二公生于合肥，遗爱津南。刚敏早称隽士，武壮少负勇名。轻掷千金，以结死士。不屑章句，蔑如儒生。时逢戎马军兴之际，投效合肥，临战必先。勤王北上，屯边卫南。麒麟接趾，合浦之双珠并耀，虎帐对犄，丰城之二剑齐鸣。细柳营中，俯盾书檄，刁斗銘下，砺剑挑灯。治兵之余，除柯解娆，捍灾恤患。虽雄武如斯，何慈惠乃尔！

观其绝贵臣之来书，昭宣大义，抚饥民之流沛，缱绻平生，请旨拓荒，不俟敕下，负橐勘勒，每在士先。契箭一传，革言三就，罚一疲惫之兵，三军用命，奖一刍荛之士，，百夫奋身。挖河叠桥，兵尽虎贲之师，除碛整畝，地列堂皇之阵。河荡金波，通水利于四海，风送珠船，富鱼米于二镇。夕惕有霄旰之劳，措置无方略之误。终使近百里潦洳荒瘠，成数万亩良沃稻田。瑶台移种，葳蕤自异人间，仙人余粮，苕葶都非凡卉。春发灵芽，万簇翠绿，秋华珠玑，四野金黄。味愈青精，天厨之所珍，形美白粲，地萃之所钟。万口称甘，九重命贡。故尔，雄镇与佳稻齐名，杰馆列先贤永祀。

嗟夫！胜景无常，声华易逝，减河流浊，馆台欲倾，金光消沉，空有名馆之号，化生震变，徒生沧桑之嗟。经幢苔绿，哦唏有人，迦叶飘零，葺修无力。幸逢改革开放之际，和声庆谱之时，达士赕金，临义无苟，吉人输物，当仁不让。官民戮力，四方众应，分八功之水，汇为慈海，合千灯之火，集成祥光，虽兰因之契合，乃香火之缘深也！法鼓沉而复震，梵莲落又重开，金身再塑，将军之神采灿然，馆台重新，乡里之古风可想。乞移三江之甘雨，重滋芳稻，雕百代之慈雲，再茂甘棠。

时间最能检验工程质量。1987 年修缮的三个正殿，未过二十几年，顶瓦脱落，土板子折断，屋顶洞开，墙砖碱蚀，原青石台阶被换成砖头水泥台阶，残破不堪。2016 年至 2018 年，区文化局又陆续大修，重作屋顶台阶，并彩绘一新，添置匾额楹联。还在月台上砌了矮花墙，三大殿才显得如此壮观。

二、周公祠全貌

周公祠原貌祠宇宽敞，全局占地旧称70亩，三座正殿比肩排列，殿与殿间隔各约20米，连接墙开有月亮门，通往后边园地。中正殿对面有正门戏楼，东正殿、西正殿各对一座照壁。场地东西两厢，各有配殿一座。

正殿高约8.70米，三开间，长14.20米，山墙宽9.74米。硬山屋顶接卷棚前廊，侧面看为驼峰式山墙。正脊高耸鸱吻，青砖墙，磨砖对缝，青条石铺阶，底伸3米，十三级。殿内进深8米，廊檐到垂挂落，楹柱左右长排坐凳，门屏左右为窗，窗下墙高1.5米。门屏为6扇抹斜格隔扇门。三正殿统一样式，均排列在月台之上。中正殿后檐嵌大理石碑额，阴刻新农寺三个新魏体字。东正殿后檐也同样嵌有大理石碑额，所刻为“周武壮公祠”五个字，同样西正殿的后檐也

图4 东正殿

有碑额,刻的是“周刚敏公祠“五个字。

中正殿内,原有三个红木雕刻神龛,龛内是三个牌位,没有塑像。中龛的牌位是“天地圣德先农之伸位”;东龛的牌位是“夏后氏帝禹之神位”;西龛的牌位是关武圣君之伸位。盛军屯田种稻,所以祀奉先农;盛军挖河穿浍兴修水利,所以祀奉大禹;盛军是防御海口的兵将,所以祀奉关羽。1994 年,因为三个殿堂都空着,中正殿的神龛和牌位已被砸四旧时销毁,区文化局就请人塑了三尊偶像。关公、大禹王,无异议,但是先农就需要选择了。中华先农有两位,一位是神农氏,教民稼穑;另一位是后稷,后稷是舜帝手下分管农业的官员,又是周氏的始祖。周公祠本应供奉祖先后稷,但周公祠是请朝廷敕建的公祠,是供地方民众瞻拜的,就应当供奉超越一家一姓的神农氏, 因而最后还是塑了神农氏的像。原先没有匾额和楹联,1994 年增添了匾额,2018 年又增添了抱柱楹联。中正殿门上的匾额,是当地书法家王兴邦写的隶书“新农寺”三个字。

中正殿门柱楹联是:

宿将韬钤,曾固畿疆锁钥;
兵农智勇,始兴海站春秋。

廊柱的楹联是:

一篙御河桃花汛;
十里村爨玉粒香。

东正殿内, 原先是一条红木条案, 上面放置一个大的玻璃龛罩,龛内是一幅周盛传的油画像。顶戴花翎黄马褂,坐在茶几旁,几上有书函和盖碗。画像是民国时天津画家吴伯翔所绘,有郎世宁风格,笔触细腻,形象写实,画得非常传神。从任何角度,人像的两眼,都在和你对视。

2018 年,祠内增添了石刻的光绪皇帝给周盛传作的御制碑文。新增门柱楹联是小站中医王继椿先生写作的,联语是:

泽周及旧部,卖剑买牛,屯六万亩良沃,千秋俎豆颂惠政;
遗爱在新农,营村穿浍,育十四乡生民,一树甘棠推公祠。

卖剑买牛,卖刀买犊,是汉代龚遂的典故,一树甘棠是周公奭的典故。

廊柱楹联是御制碑文的摘句:

秋水沟渠,万众饱夫玉粒;
春风楼橹,百重峙此金汤。

西正殿内,也是条案、玻璃龛罩、周盛波油画像、御制碑文。门柱楹联是:

驿站勒铭,稻粮香远,耕屯盛军留胜绩;
乡河流惠,营柳根深,历史名镇颂波传。

廊柱的楹联也是御制碑文的摘句:

教耕必先教战，训练有方；
足食乃可足兵，勇谋兼备。

正门戏楼正对中正殿。距离大约有一百米远。从空中看，它是一座凸字形建筑。由三间两层楼高的硬山屋宇，背负一座九脊梁歇山屋顶的戏台组成。正门在朝阳的南面，为碹门。门额上嵌有“新农寺”三字大理石碑刻，门洞与戏台底层相通，戏台下有方形门通场院内。

正门左右有两个圆形楼窗。戏台底层有楼梯可上楼。楼上三开间后台，戏台对着中正殿，也有左右两个六角形楼窗，天幕位置，有上下场门。戏台底层两外角有两大圆木支撑，圆木有大水缸那么粗细。台上也有立柱支撑。屋顶九脊梁，歇山顶，脊角起翘。椽檐下，三边吊挂，台面，三边护栏。

正门戏楼是原泉神庙旧建，白石作基，坚固耐久。“文革”时，强拆，用55马力拖拉机拴钢丝绳拉台柱子，费大力气夷为平地。

正门前有小广场，门左右有下马石、上马石。广场前有通道。道南便是稻田。

图5 新农寺

戏楼的东边西边，有两个照壁，正对武壮公祠和刚敏公祠。照壁上部脊瓴，下部须弥座。高大稳固。照壁上镶嵌大理石碑刻,分别为周武壮公祠、周刚敏公祠,与正殿后檐所嵌相同。两照壁于 1953 年拆除。所嵌石碑还在,堆放在周公祠场地。

东西两座配殿,各三开间。硬山、石基,条石台阶。门窗一如正殿。室内陈设,通室的条案,条案之上为周家族谱,排列多件神主排位,以及周武壮之长辈的诰命敕书等件。两座配殿于“文革”时拆除。

三、周氏兄弟所做贡献

小站周公祠,为清德宗光绪皇帝敕建,1885 年周盛传去世,1888 年周盛波去世,兄弟俩相继去世后,光绪皇帝谕旨,准予在立功省份建立专祠供奉,并有御制祭文、碑文赐下。还诏谕国史馆立传。清廷为什么这样高标格的对待周氏兄弟?这与周氏兄弟对清朝所做贡献有关。

首先,周氏弟兄自发对抗太平军,对清廷有功。周家的祖辈周福德在明代,避宸濠之难,由江西迁到安徽,安家在肥西,紫蓬山、大柏乡、枣林岗、雷麻店,都有周家族人。周家祖辈都是农民,没有过达官显宦,但是也都培养孩子念书,所谓耕读世家。清咸丰三年(1853),太平军攻陷了安庆,到腊月,就打到了庐州。起义军一到,立马天下大乱盗贼蜂起,清政府的绿营兵八旗兵,根本保护不了寻常百姓的财产。周家户门大,壮年汉子多,就自发起来,自我保护,对抗太平军和流民哄抢者。

周氏弟兄六人,老大盛余,字爱三,从这名字就可以看出,这是一个有教养的家庭,名和字,有爱惜时光的意思,三余就是冬季为一岁之余,夜间为一日之余,阴天下雨,为耕作时光之余。古人总结三余干什么?为劝人读书!老二盛选,字万青,古语有青钱之选,万选万中，古人把金榜题名，叫作高中青钱之选。就是如同在黄铜钱里选青铜钱，一眼就看出来，万选万中，启发孩子刻苦上进。老三盛华，字含英，含英咀华。老四就是周盛波，字海舲，海舲就是大船，大船盛波，乘风破浪。老五就是周盛传，字薪如，薪火相传的意思。老六盛春字锦三，锦绣的三春，孟春、仲春、季春。从这些名字可以看出，人们祈求过平安日子，有好的前程。但是，战乱来了，办不到！他们弟兄六个，有四个死于对抗太平军的战乱，只剩下周盛波、周盛传。周家的几处宅院被太平军烧毁，还有许多位族人遭到烧杀毁灭。咸丰六年(1856)，被清军滁全音统领征召，周盛波、周盛传又联合地方丁壮办团练，率团练十年，开战296次，没请过饷。清廷官员福济、翁同龢、袁甲三都曾保举他们弟兄出任官职，但他们一直都没有接受。直到同治元年(1862)，才加入了李鸿章组建的淮军。

在淮军中，周盛波、周盛传所率的军队，称盛字营，曾经夺取青浦，攻克嘉定，解北新泾、四江口之围，兄弟俩升游击；又取太仓，夺昆山，攻北漍，克江阴，升参将加副将衔。被赐给勋勇巴图鲁(满语勇士)封号。其后又拿下无锡，周盛波升提督，周盛传升总兵。同治三年(1864)，攻打常州，周盛传率先登上护城河的桥，桥被炮轰塌，他受重伤昏死，救治了半个月，又裹创会战，终于攻下了常州城。攻克常州后，周盛传独领一军，称为传字营。盛字营由周盛波率领。至今，小站还有两个自然村名为传字营和盛字营。太平军败亡后，又转战捻军。同治四年(1865)，在安徽宿州，雉河集一战获大胜，周盛传也晋升提督。同治五年(1866)，在巨野挫败捻军，拿下菏泽，被皇帝奖赏翎管、扳指、火镰、荷包等。又在柘城、罗山获胜。同治六年(1867)被授广西右江镇总兵衔。东捻军败亡。同治七年，西捻军又被灭掉了。战乱被平定，周氏兄弟被皇帝赏穿黄马褂。赏穿黄马褂，跟赏给黄马褂不同,赏给,只一件,赏穿,穿旧了还可以做新的。同治九年(1870),周盛波回乡侍养母亲,盛字营、传字营合并为盛军。周盛传又率盛军入陕,进潼关,驻韩城,一个月之内,肃清了宜川至洛川数百里内的土匪。周盛传自己总结说:“经大小四百余战,无一败。不忘先人训诫,待人不敢不诚,临事不敢不慎,不敢薄人厚己,不敢因私废公。”

清廷看重盛军的另一个大功劳,就是屯卫畿辅。也就是老盛军的驻军天津。在天津,盛军建设海防,修了新城炮台,在小站屯垦稻田,建立了小站镇,训练军队,开始使用西方的先进武器。盛军的这项功绩,不仅清政府记为功劳,直到今天,也还被小站及河北省一带的人们铭记感念。这也正是周公祠至今香火依旧旺盛的原因。

盛军到天津来, 和天津火烧望海楼教案有关。天津发生教案时,曾国藩在直隶总督任上,是他处理的这桩案件。处死了二十位天津老百姓,还有二十五人被判刑或充军,天津知府被革职,提督陈国瑞交总署查办。赔给法国四十六万五千两白银,赔给英国两千五百两,美国四千七百八十五两,沙皇俄国三万两。曾国藩是在七国公使照会清政府,英美法三国军舰集结大沽口的情势下,做出这种了结的。但社会舆论认为这是辱国残民。同治皇帝为了缓解民愤,让曾国藩回任两江总督,由李鸿章接任直隶总督。李鸿章的淮军有铭、盛、鼎、树,四大主力军。铭就是刘铭传军,盛就是周盛传军,鼎,指潘鼎新,树,指张树珊、张树声。而盛军是李鸿章的亲军营,跟着李鸿章走。李到哪里,盛军就到哪里。同治皇帝下的诏谕说:“唯该国既有兵船到津,亟应豫筹备禦,着李鸿章移缓就急,克日启程,驰赴近畿一带驻扎,届时察看情形,候旨调派。”就这样,盛军被调到天津来了。

盛军在天津,驻军青县马厂,军营建在南运河两岸。第一件事是建设大沽口海防。周盛传到海口考察，多座炮台营垒等海防工程,估算下来,需要白银八千万两。资费太大,当时的清政府根本就难以措置,无法实施。周盛传发现,后大沽三十里的新城可以利用。新城是明代的海防城址，明代曾设总兵官在新城驻守。清雍正初年,也有水师都统在新城镇守。清乾隆三十二年(1768),直隶总督方观承奏请裁撤新城海防,新城的旧城关被拆除废弃。传说,方观承的祖父、父亲,都是安徽桐城派的文人,迁居南京,原本是清廷的朝臣，因文字狱被充军到了黑龙江。青年方观承和他的哥哥方观永,只能靠在清凉山讨要庙里的供品生活。方观承到黑龙江探看父亲和祖父,从海上搭漕船到大沽,走到新城,在玉泉涌杂货店门洞里借宿，被主人泼水驱赶,走到葛沽感冒发烧,被好心人施舍救助。所经历的这些恩怨，被青年方观承记在心里。后来，乾隆十四年(1770),方观承做了直隶总督,三十二年(1786),乾隆皇帝巡幸海口,方观承为报答扶危济困的葛沽人,把行宫选址在葛沽。修建街道,扩建庙宇,兴办花会,特命葛沽隆重接驾。乾隆御驾到达时,街头锣鼓喧阗,坛庙香烟缭绕,一片太平盛世景象。乾隆很高兴,赐葛沽为太平庄。与对待葛沽相反,方观承放话新城,御驾经过时,不准闲杂人上街,不准门窗窥探。如有惊驾,论罪不贷。结果,乾隆经过时,新城买卖关门,民宅闭户。街头一片死寂。乾隆不悦,叱新城为一座废城。方观承借机拆了新城城池,发泄了昔年被驱赶之忿。周盛传考察时,新城“土圩断续,荒地沮洳,旧址已无可凭借”。但是他觉得新城的战略位置太重要了。于是决定先建新城炮台。

工程开始,先筑了两道堤埝。外堤防海潮淹浸,内堤防港泽泛滥。然后填土奠基。老式城垣梁栋勾连,外貌壮观,但禁不起炮火打击。周盛传决定参照外国做法,砌碉堡式炮台。三月兴工,九月告成。用了七个月的时间,都是各营营官率本营勇丁出工建造。

新城炮台有内城,有外城。内城高,外城低,不影响向城下打炮。内城,一周一千余丈,垣脚密排木桩,外加灰桩四层。桩上两层条石,条石上甃砖。垒高一丈五尺,砖厚七尺五寸。隔八尺一个丁字咬墙垛,城脚共宽七丈,城上宽三丈五尺。海墁走道,十丈一个隔堆,炮一尊,隔堆下是子药库、藏兵洞。上下马道。炮房都是里面排木柱外面三合土厚填。一丈多厚。城门,双向两车道,城洞弯曲,形同半规。一层推槽门,一层合扇门。外城,一周一千一百二十八丈。比内城矮八尺。包一层厚厚的灰土。四门月城,月城内可藏大炮二尊。城上四隅一门转盘大炮,三具小炮。城里场地内有三个圆炮台,每个四围都是六十丈,顶部周长四十八丈。上筑三合土斜坡式隔堆三处,厚七丈,从上到下高五丈二尺,容千人。城内河渠引自海河。

这个建筑,凡有墙壁,都包有数丈厚三合土层。坚硬的炮弹都钻不透,只能钻个眼儿。施工需要上万吨石灰,石灰产地都在几百里外,运输、经费,都是难题。周盛传去访问老百姓,得知沿海省份用海滨的蛤蜊壳烧灰,与石灰有同等功用。于是集中了一批工匠开窑烧灰。大窑日出灰八吨,小窑日出灰五吨。一下建起五十多座窑。阴雨也不间断地烧。有渔船近四百只,每日装运蛤蜊壳卖给工地。蛤蜊壳每斤价值不到一文钱,烧出灰来,加上薪炭工价,一斤灰只合大钱三文。窑厂日出灰三百吨,全工程可省数十万钱。

新城炮台的坚固是经过战火考验的。1900年,八国联军入侵,沿海的炮台,都被侵略者的炮火摧毁,唯独新城炮台无法摧毁。光绪朝的大臣张佩伦曾说:“庚子之乱,沿海炮台悉毁,独武壮所建新城各垒,联军攻之,竟不能下。”但到了第二年,十一国公使迫使清政府签下了屈辱的《辛丑条约》,其中就有一条“拆毁大沽炮台及有碍京师至海通道之各炮台”。敌人攻不破的新城炮台,却由清政府被迫自行拆毁了。

盛军驻军的马厂,距新城一百四十里,盛军往来要绕道沧州,耗时又费力,周盛传决心修一条通道。清同治十三年(1874)二月,从马厂到新城的大道,动工修建。动土六十余万方,二十天完成。驻地到海口,骑马可以当日往返。沿途设立驿站,十里一小站,四十里一大站。驿站上建房屋数间,有车有马。不仅方便了军事,也方便了行人。

李鸿章迫于淮军粮饷的压力,就想利用盛军试办屯田,同治皇帝也诏谕李鸿章,“察看情形,妥筹试办”。周盛传接受任务后,因为新城有了炮台营房,就决定先在新城试种稻田。引海河水,平整土地,开垦一万亩稻田。万亩稻田,当年就有了收获。使得更大面积开垦有了可能。清光绪元年(1875),盛军让马队留驻马厂,所有步队,移屯马新大道中间的一个叫涝水套的地方, 这地方老百姓叫老鼠套。是早年盐场的一处草荡。它临近驿站的一个小站。在涝水套,盛军建了十八座营盘,为什么是十八座?因为盛军分前后左右中五个军,每个军都有左中右三个营,三五十五,加上独立的传字营、盛字营、水师营,共为十八座营。这十八座营盘,南扼岐口,东控大沽,与新城声气相接,不仅方便屯垦,更利于海口防卫。前营、后营、左营、右营等这些营地,后来都成了小站地区的村庄地名了。

盛军屯垦的范围以马新大道为中心,北至咸水沽海河,南至岐口,东至新城,西至万家码头。盛军营盘扎定后,第一件事就是从营地向东挖河三十里到新城,又向北开引河二十余里,在咸水沽连通海河。有了一围垦田灌溉用水,同时也解决了兵勇生活用水。河道挖成跟着就建闸修桥，控制海潮，咸淡不相混淆。又为解决兵勇购物要跑二十几里路到咸水沽、葛沽，很不方便，也不好管理的难题，在新开大河的北面，购材建屋，形成街衢，招徕商贩，建成两个城门，八个坊间门，一个栅栏门，共九个门的行营买卖街。周盛传命名为新农镇。因为新农镇临近一个小驿站，所以又名小站，这就是小站镇地名的由来。为扩大屯地面积，清光绪六年(1880)，李鸿章调集淮军、练军共三十四个营的人马，分段开挖了马厂减河。从南运河引水到小站。南运河水，人称御河水，它从浊漳河冲刷来的高原黄土，含天然氮磷钾肥料，成了近海盐碱土壤得到改良的珍贵水土，从而生产出无与伦比的优质小站稻。从光绪元年到甲午战争盛军奔赴朝鲜，共垦出成熟稻田六万余亩。

盛军不仅在屯田建镇上功勋卓著，周盛传训练军队，追求先进兵器的使用，在淮军中也是出类拔萃的。在淮军多数还依旧刀矛弓箭的情况下，周盛传军不仅率先引用了新式前膛枪，还总结了《操枪章程十二篇》。他曾经积极备战中法战争，精心制作了密封储存的面包，七八年后，天津水灾用于赈济灾民，仍不变味。十二年后，甲午战争，仍能供东征队伍食用。

盛军在小站期间，河北省各地连年荒旱，东光、河间、献县、交河、青县、沧州等地的灾民纷纷涌向小站，请求盛军赈济。光绪二年到四年，周盛传多次向僚属及幕中宾佐征求捐助，在中塘洼、西南坨、中和台、甜水井、大孙庄、小韩庄、杨郭庄、杨刘庄、王稳庄、刘唐庄，还有小站、葛沽、咸水沽、唐官屯等多地，多次开粥厂，三年间救活约几万人众。

周盛传自 1870 年回过一次家，直至 1885 年，他十八年没回家探望母亲，每次要求探亲，都被李鸿章婉拒。直到他母亲去世，才奔丧回家。周盛传多年参战,受伤无数,他曾经解衣示人,全身上的伤痕,斑斑如刻镂。在母亲灵前,他哀伤过度,旧创崩裂,不治身亡。

周盛传死后,清朝官员写挽联追悼的有一百多人。李鸿章的挽联说:

勋业亚凉州,璘玠齐名,一代将才推伯仲;
瀓清望渤海,关张无命,几时神笔会风云。

璘玠是指宋代抗金兵的凉州名将吴璘、吴玠。神笔会风云,是借用了李商隐诗《筹笔译》的典故。天津、河间等十七州县的灾民,也有挽联:

三十年王事勤劳,征于南,戍于北,臣忠可告,更兼恩周众士,泽及穷人,种种积功多遗爱,应留青史纪;

数千里亲丧奔赴,形不见,声不闻,子孝难供,乃竟痛切杯棬,悲深风木,奄奄泣血尽真魂,想附白云游。

受过赈济的百姓,用痛哭、烧纸帛,追悼逝者。小站盛军的故垒,天天有前来吊唁的百姓,趾踵交错,如丧亲人。

周盛传去世后,李鸿章调周盛波带领老盛军,1888 年,周盛波也亡故在带兵的职务上。

结 语

周盛传去世了。他的业绩却永远地留在了津南。

周盛传领导的盛军屯田,是历代天津屯垦的历史中,最为成功的一次。盛军屯垦彻底改变了津南土地的农业价值,创立了优质小站稻,为认识和改造沿海盐碱地提供了有益的经验。

前人天津屯田是在村落之间选择垦址,而盛军是选择了一个广阔的,从未开垦过的斥卤之地作为垦区。避免了势家风俗干扰,便于开拓,便于集中管理,更便于兴修大型农田水利灌溉渠道,大面积垦荒。前人天津屯田,只有海河一个水源,甚或只靠塘泊坑淀灌溉,旧围田靠潮汐顶托和退降,同在一道沟中灌水或排泄,水质较咸,盛军利用海河、南运河两个水源,并且,排灌分别渠道,利于洗刷土地盐碱。

同时,盛军改进水利工程的施工技术,注意解决海滨土质松懈,容水之地常常被淤的弊病,河槽宽深增加幅度,河堤外加副堤,形成复式河槽,防止主堤岸受涝水坍刷。建闸,烧蚌壳代替石灰,掺入碎石,捶实镶入闸底,闸板双层,上板启闭,下板专挡泥沙,防止淤积河道。此法沿用至今。

大面积开发的土地资源,防止淤积的水利措施及其牢固设施,为吸引农民创造了可能条件,使招民领种成为可能。从而告别了前人天津屯田旋作旋废的历史,使沿海土地成为永久的种植资源。直至今日,作为津南的农业依凭,养育了一代代沿海农民。

这些,都是值得人们永远纪念的。所以周公祠保存至今,还将持久地保存下去。

三刘沽上占名家

——问津讲坛第 69 期主讲人刘景周先生侧记

杜大为

刘景周先生是我的文友,我们同在津南文学刊物《海河柳》活动。近日他走上了第 69 期问津讲坛,讲述《小站周公祠》。

津南区的一次表彰会上,一位身材高大的白发老人,身披缎带走上舞台,缎带上写着“最美乡村人”,我立即认出是刘景周。此前我只知道,他常有文章在报刊发表,在《海河柳》是位老资格。他与《海河柳》创刊编辑刘国华、津南区文化馆原馆长刘虎臣并称“三刘”,红学大家周汝昌先生曾作诗称颂:“三刘沽上占名家,景虎双贤伴国华。”我还知道,他雅爱书法,写得一笔好字。这次是刘景周被小站镇推为乡贤,具体缘由我还真不知道。在好奇心驱使下,我决定登门拜访。

文艺创作显身手

刘景周做过区文工团的文创员、区文化馆文学曲艺辅导干部,担任过区政协委员、常委,区地方志副主编。他儿时喜欢画画,1955年上小学六年级时,常到小站文化馆看书报杂志,由此受到启发,在天津日报社办的《津郊农民小报》上发表过两幅漫画作品,他由此懂得了怎样给报刊投稿。在葛沽上初中时,他开始在学校黑板报上画插图。1958年,在美术老师的带领下,他到葛沽街上画壁画,都是"大跃进"的内容。1959年,刘景周到天津上中专,学的是塑料工艺专业。将要毕业时正逢市区精简人口,他被动员还乡回到小站,给工干业余学校帮忙,教低年级语文和算术。那时,下放干部李鹤年正好在该校教高中语文,刘景周得以师从李先生学习书法,成为其入室弟子。

当时,刘景周还帮文化馆组织了文艺宣传队,队员中便包括13岁的刘俊杰,他就是从这里走上相声艺术道路,一步步成为相声名家的。

1964年小站"四清"运动,22岁的刘景周作为知青,到津南八里台四清新村务农,其间仍然有文艺宣传活动,不断地编写快板、对口词之类节目。他写的山东快书《拜四方》,在《俱乐部》杂志发表,后被河北人民出版社编入演唱作品集《三让棉衣》。此后,他陆续在《河北文学》上发表相声《借宿》(段纪夫先生配插图)、天津快板《夸五好》等曲艺作品。全市民兵文艺会演时,刘景周写的京东大鼓《苏铜大罗》、相声《胡兰姐妹》均获奖,演出效果很好。

1976年,天津市文化局批准成立各区县文艺宣传队,在天津市群众艺术馆老馆长杨磊先生的极力推荐下,刘景周被选调进南郊文工团,告别了13年的农村生活,第一次有了工资待遇。在团里,刘景周搞创作,当相声捧哏演员,还在歌剧《小二黑结婚》中饰演过二孔明。他还兼做舞美工作,画布景、做道具等,展现了多方面的才华。因工作关系，他接触到陆鸿书、苏文茂、张剑平、王允平、马志存等演艺名家，学习到很多演艺知识，也提高了写作水平。与此同时，刘景周历时三年学完了广播电视大学汉语言文学专业全部课程。他还做过多次社会采访，印象最深刻的是与天津歌舞团的陆鸿书、甘文仲、杜悦新等艺术家，采访了山西运城植棉能手吴吉昌。刘景周表示，在文工团的四年，是他学习、吸收、锻炼的四年，是个人写作逐步走向成熟的阶段。

史志编修成果多

1980年文工团撤销，刘景周被分配到区文化馆，投入专业创作中，京东大鼓《哭河坡》曾在天津郊县文艺会演中获得一等奖，并在《天津演唱》发表，至今仍被传唱。他还接续办过《南郊文艺》小报，参与创办文学杂志《田野》，编写《津南区文化艺术志》，完成《中国民间文学集成·天津卷·津南分册》的征集和编辑，还在《天津日报·文艺周刊》《天津日报·农村版》《曲艺》《群众文化》《民间文学论坛》等报刊发表过多种体裁的文艺作品和理论文章。

1996年，刘景周调入津南区地方志办公室工作，与同事共同完成了《津南区志》《小站镇志》《东大站村志续编》《传字营村志》，并编纂了《津南区志资料溯源》。调入地方志办公室后，刘景周首先通过采访填补了无人涉及的“民情、习俗”一章，并各处奔走探访，使得单位名称、未知实情、具体数据等内容得以补充，一一完备，做了大量拾遗补阙的工作。他同时承担了《津南区志》的绘图工作，整理了《津门保甲图说》中的咸水沽图、葛沽图，手绘《津南区文化遗存分布图》《清光绪六年小站图》《小站讲武堂位置示意图》。他还承担了到大学图书馆查阅复印古籍资料的任务。在别人看来烦琐、辛苦的工作,刘景周却乐此不疲,他很愿意有这样增长见闻的机会。通过参与修撰小站、传字营、东大站等镇村方志,刘景周对家乡有了更深入的了解,加上勤于阅读文献资料,于是他退休后撰写出版了文史专著《近代史上的小站》《沽帆远影》《风雨练兵歌》,还点校出版了与小站关系密切的《周武壮公遗书》,因此他被称为地方文史学者和乡土民俗专家。

刘景周 1942 年出生在小站,如今已年近八旬。他退休后坚持写作,作品多次获奖,如“包公杯”全国反腐倡廉曲艺作品征集活动三等奖、全国(天津)相声新作品大赛二等奖。刘景周是第三、第五届津南区政协委员,第四届津南区政协常委。他的很多提案与小站镇人文景观有关,如推动恢复周公祠旧貌、建设小站练兵遗址景观等。

1995 年是小站建镇 120 周年, 刘景周联合热衷传承与研究小站传统风俗的张连发、王铁信、李宪刚和企业家李忠和发起纪念活动,得到区镇两级政府支持,由李忠和出资并动员群众集资,为周公祠塑像、立碑,添置享龛、匾额,搭建临时戏台等,还实施了填水坑平场地等工程。当年农历三月二十八日,正式恢复了传统的春季庙会,召开了隆重的纪念建镇大会。

2017 年,津南区文化局再次修葺周公祠,刘景周为神龛书写了多方篆字匾额,还选录或自撰多副抱柱楹联,增强了周公祠的文化氛围。

晚年充实闲不住

2005 年,小站练兵园筹建之初,刘景周做了大量促成工作,不仅撰写了《小站讲武堂》等文章提供了众多史料依据，还专门绘制了《新农草创图》。他多次向工程设计人员讲解小站历史、练兵历史，引领他们观看探查遗址，讲解旧貌形制，还参与论证会议，被津南区政府聘为小站练兵园项目顾问。

2018年，小站镇启动小站稻作展览馆建设。刘景周起草了初步的陈列提纲，供实施者参考。展览馆建设过程中，设计施工单位技术人员每有事相问，刘景周都视同自己的责任，积极提供资料并细致讲解，匡正了不少谬误。周盛传在小站屯田时绘就的《盛字全军屯田图》，是记录小站稻作历史的重要文物，原件现存天津博物馆。展陈内容论证时，刘景周借机向与会的天津博物馆馆长陈卓提出摄录该图的请求，得到馆方鼎力支持，充实了展馆内容，提高了陈列层次。

“小站挠秧号子”是小站稻作文化的重要遗存。刘景周发起传唱并提供资料，示范曲调。做过音乐教师的彭忠瑞按谱教唱，组织了演唱队伍。如今，“小站挠秧号子”已被列为市级非物质文化遗产项目，小站的稻作民俗由此得到传承和发扬。

周公祠、练兵园、稻作馆，丰富了小站镇的旅游文化资源，不断有各方面人士莅临参观，刘景周又成了编外解说员。对这一职责，刘景周从不推辞，他认为，传播好小站的历史文化是自己的分内之事。接待重要来宾时，刘景周总是礼貌有加。如物理学家袁家骝到小站参观时，刘景周并没有直呼袁世凯之名，而是改称令尊祖，避免了客人的反感。来小站的媒体人，刘景周更是接待无数，因在荧屏上频繁出镜，津南人都知道小站有个刘景周。人家说他是“津南一宝”，他则自我解嘲说，这是他的“剩余价值”，与“废物利用”相埒。

刘景周的晚年生活充实又繁忙。津南区文化和旅游局的许多工作，都有他参与的身影。他是津南区非物质文化遗产评委组成员，对津南区非物质文化遗产保护发挥了巨大作用。楹联比赛、诗词比赛等文化活动，他更是位列评委之席。

面对种种成绩和作为，刘景周总是十分谦逊。他说："在文化社会的烟海中，我只是个低档次。低档次文化而有市场，也不奇怪。大千世界之于人，本有诸多盲点，虽有太阳之光、明月之照，一根火柴的光亮，也还是有需求的。"他的这些话，让我认识了刘景周是何人——一个低调的老头儿也。

（《藏书报》2019年11月26日第45期）

问津讲坛第 70 期

(2019 年 11 月 30 日)

西青乡土建筑

主讲人:周　建

周建　生于 1971 年 4 月，天津人。1990 年参加工作，现任西青区文物保护所所长，副研究馆员。2010 年获国家文物局“第三次全国文物普查实地调查阶段突出贡献个人奖”。2012 年西青区文物保护所获得国家人力资源部与国家文物局“全国文物系统先进集体”称号。

西青乡土建筑

周　建

天津西青区面积约540平方公里,南北长48公里,东西宽11公里,北部最宽处18公里,南部最窄处约4公里,其形状像一只“三接头皮鞋”。区域内尚保留有相当数量的乡土建筑,而且呈现出一定地域性特征。

一、传统建筑的基本格局

西青区内现有村落160余处,分布在水路交通要道周边,形成南运河沿线、辛老公路—津涞道沿线及津盐公路沿线村庄带,呈现出“临河发展,沿路分布”的特征。

(一)村落分布状况

首先是南运河沿线。金代初期,漕运河道沿用旧永济渠,自独流开始折向西北,穿过冀中洼地,经信安、霸州直达涿郡,此时的运河并不流经西青。金泰和五年(1205年),改凿了新的漕运河道,自独流经柳口(今杨柳青)至三岔河口转入潞水,北上通州,史称“潞水通漕”。“潞水通漕”结束了漕运河道不经西青区的历史,对西青区的村落形成及城镇规划产生了重大影响。

西青区的运河南起辛口镇大杜庄村,东至西营门街小稍口村,全长约30公里,流经辛口镇、杨柳青镇、中北镇、西营门街。沿线分布村庄有(自西向东)大杜庄、王家村、大沙沃、小杜庄、毕家村、宣家院、小沙沃、郭庄子、冯高庄、上辛口、中辛口、下辛口、木厂、郑庄子、前桑园、后桑园、娄家院、东桑园、焦家胡同、胡羊庄、西碾坨嘴、东碾坨嘴、西马庄、东马庄、谢庄、李楼、大梁庄、祁庄、大蒋庄、王庄、小蒋庄、雷庄、西北斜、中北斜、东北斜、邢庄子、曹庄子、汪庄子、大稍直口、西姜井、东姜井、李家园、大卞庄、小卞庄、小稍直口、赵庄子,近50座村庄。从总体分布来看,运河沿线村庄数量,运河南岸较北岸多;村庄分布,运河东部较西部密集。

旧时聚落大多选择地势高、取水容易、朝阳的位置作为居住场所,现有沿运河村落基本为明清时形成的聚落。成书于清道光年间的《津门保甲图》,描绘了道光年间西青区境内运河沿线的村落分布情况。图中摘录了今中北镇一段运河沿线村落分布情况,可见村落基本格局已形成,只是道路并未成形。

第二是辛老公路—津涞道沿线。辛老公路自西青区辛口镇下辛口村向南延伸至张家窝镇老君堂村,南北走向,全长约10公里,是连接西青区北部地区南北交通的主要道路。津涞道位于西青区中部,东西走向,西接静海县(今静海区),东抵天津市区,自张家窝镇西琉城向东延伸至李七庄街李七庄,约15公里,为西青区中部主干道路。

辛老公路—津涞道北起辛口镇下辛口村，南经张家窝镇老君堂村和西琉城村，东至李七庄街李七庄，全长约25公路，途经西青区辛口镇、张家窝镇、精武镇、李七庄街。沿线分布村庄有(自西向东)下辛口、木厂、周李庄、南赵庄、古佛寺、炒米店、薛庄子、董庄子、张家窝、老君堂、西琉城、东琉城、高家村、大卷子、小卷子、牛坨子、傅村、程村、邓店、王台、蔡台、武台、杨楼、凌庄子、凌口、赵金庄、李七庄，近30座村庄。总体来看，辛老公路—津涞道沿线两侧村庄分布较为均匀，自西向东逐渐稠密。

三是津盐公路沿线。津盐公路自西青区李七庄街李七庄村南津港桥向南延伸至王稳庄镇东台子马场减河桥，南北走向，与津港运河、李港铁路平行，全程约30公里，是西青区中南部地区南北交通主干道路。津盐公路北起李七庄街李七庄村，南至王稳庄镇东台子马场减河桥(西青区最南端)，直抵大港区，南北沟通西青区中南部，途径西青区李七庄街、大寺镇、王稳庄镇。沿线分布村庄有(自北向南)李七庄、王兰庄、小倪庄、大倪庄、高庄子、梨园头、大寺、王村、大芦北口、小孙庄、大侯庄、小年庄、王稳庄、杨科庄、东兰坨、东台子，约16座村庄。津盐公路沿线村庄的分布，呈现南北两头较为集中，沿线中间分布疏松的形势。

在交通沿线附近定居是人们自古就有的居住习惯。天津南部地区在清代没有固定成型的公路，多为乡间土路，受自然环境影响较大。而道路改道使原本靠近交通线的村落变为相对偏僻的村落。现今的张家窝镇小甸子、宫庄子等村落在清代时位于天津至静海的乡间小路上，原有路网废弃后，成为远离辛老公路—津涞道沿线的村落。如今，虽然辛老公路—津涞道沿线与津盐公路沿线村落是现代人按照村落布局修建的，但其原有布局未有大的改变。

(二)村落基本布局

传统的民宅大多采用坐北朝南的布局方式。坐北朝南的房子冬暖夏凉,光线充足。即使在冬季,阳光也一样能照射到房间的深处,令人有明亮温暖的感觉,且能阻挡北方吹来的寒风。到了夏季,当太阳升到接近头顶的上空之时,屋内也受不到强烈日光的照射,东南风也可以通过门窗吹进屋里,让人感到凉爽舒适。

故此,西青区传统民居大多坐北朝南,这种朝向决定了胡同的走向。为保证居民出行及生活便利,根据地形及人口规模,胡同间设置街巷,将各胡同连接。由若干个胡同即可构成一定规模的村落。各村落所处位置不同,村落格局亦不相同,但大体分为两种布局。

一是鱼骨状布局。所谓"鱼骨状"布局,是指以主要街道为骨干,胡同垂直于主街向两侧辐射,状如鱼骨,其典型代表为辛口镇当城村。当城村以关帝庙门前街道为中心,分别向南北两侧辐射,主街与胡同脉络清晰, 利用主街与胡同将村落分为若干个独立的个体空间,主街与胡同可根据村落规模的发展不断拓展。

"鱼骨状"布局是村落常见布局,根据村落人口规模可酌情发展,便于规划。在其发展中,根据地形及村落大小演变成"梳状""枝状"等布局。

二是沿河村落布局。沿河村落主要是指运河沿岸的村落,由于日常生活与河流关系紧密,故此在村落布局上形成独特的风格。其胡同或街巷与河流走势保持垂直,以保证日常交通及生活便利。其典型代表为杨柳青镇。杨柳青镇由沿运河走势形成的河沿大街、估

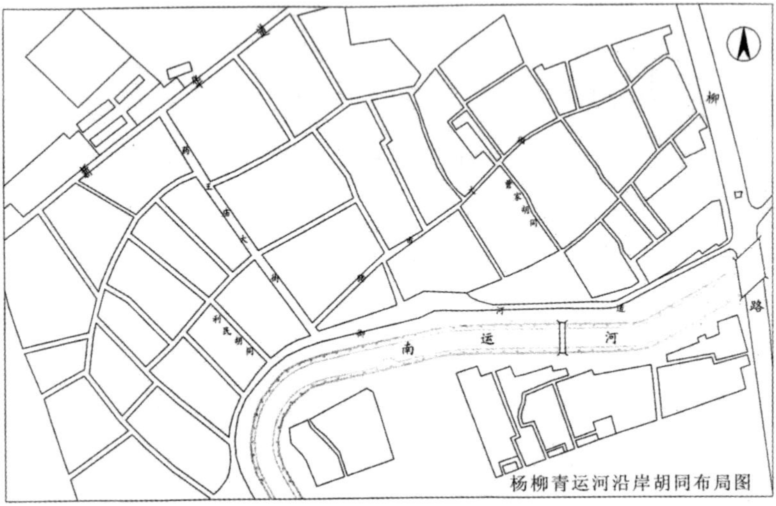

图 1 杨柳青胡同布局图

衣街、猪市大街等街道,以及大寺胡同、菜市大街、后大道、药王庙前大街构成主街,其间密布的胡同均通向南运河。

(三)民居常见布局

传统建筑中,以传统四合院为单元,纵向扩展称之为“进”,而横向扩展则称之为“路”。按照建筑规模常见布局多为一进四合院、二进四合院和多进四合院。

一是一进院落布局。所谓一进院落是指由三合院或四合院构成的院落布局。四合院布局一般由正房、东西厢房和倒座构成。因其由四面围拢而成,传统观念认为“天、地、人、己”四面相合,故称之为“四合院”。三合院也是传统民居中常见的布局,主要由正房与东西厢房和门楼构成,是四合院建筑布局中的一种,与四合院的区别主要是没有倒座南房。

西青区的四合院多为临街建筑,其宅门多为屋宇式,大多开在东南角,民间称之为“乾宅巽门,不用问人”。其大门正对厢房房山,置靠山影壁,院内东西厢房之间设“二道门”。其典型布局为现“平津战役天津前线指挥部旧址”,原为“戴记钱铺”。另外也有一些四合院由于沿街处于商业街道中,故将临街房屋作为商业用房,将宅门开在相邻的胡同内。

西青区境内现有三合院根据宅基地大小正房多为三间或五间,东西厢房各三间,建筑大多采用南北朝向,门楼开在建筑的南侧。根据门楼的朝向,朝西的门楼大多开在西南角,朝东的则开在东南角。三合院建筑是构成村落、街镇胡同的基本单元。各三合院沿南北方向依次排列,形成村落中最基本的胡同。直至近代,三合院建筑依然是西青区最常见的建筑布局。

二是二进院落布局。所谓二进院落是指在一进院落的基础上沿纵向扩展而形成的建筑格局,由一个四合院和一个三合院构成。由于需要穿过一进院落进入二进院落,故中间正房多为“穿堂屋”。二进院落的代表为杨柳青安氏祠堂。

三是双路并列式布局。所谓双路并列式布局是指由两个相似的四合院并列构成的建筑布局,虽共用一个宅门,但内部院落相互独立。并列式布局典型建筑为杨柳青陈家宅。

四是多进多路式布局。多进多路式布局是宅院向纵向和横向双向发展形成的建筑格局,只有豪门贵族才有财力和能力拥有的豪宅。

二、传统木结构做法

中国传统建筑形式多样,不同的建筑采用不同的构造方式。传

图 2 官式七檩硬山木结构示意图

统建筑的木结构在实际环境中，受场地限制的影响，很多细致的节点无法质直观示。为了便于了解传统木结构，我们制作了官式七檩硬山木结构，并将之拆解并详细注明其名称及组合方式。所谓“官式”做法，是指按照政府颁布的规范实施的施工技法。传统建筑中泛指清代公布的《工程做法则例》中描述的做法。相对于官式做法，民间匠人和官式做法不一样的称之为“地方”做法。硬山是一种建筑形式，其特征为屋面仅有前后两坡，房山部位用山墙封护的一种建筑，是传统建筑中最普遍的做法。由于建筑进深不同，需要采用不同数量的房檩来承担屋面载荷，常见的有五檩硬山、六檩前出廊硬山和七檩硬山，七檩硬山是民间能采用的最大进深的建筑。官式七檩硬山木结构是指按照《工程做法则例》要求制作的，采用七棵房檩制作的木结构。只有了解了官式的做法，才能理解西青区独有的“地方”做法。

(一)木结构基本名称及组合

传统建筑在立面上大体由三部分组成：台基、墙体(木构)和屋顶,而木结构是建筑物的主要承重部件。一座建筑的木结构,它的基本骨架是由柱、梁、枋、垫板、檩、椽、望板等组合构成。其中,柱子用于承担建筑屋面的载荷;梁用于将屋面载荷传递给柱子,檩、垫板、枋是一个组合,俗称“檩三件”,主要作用是将载荷分散至梁,同时起拉结作用。椽子用于拉结木檩,并承托望板之用,同时檐椽、飞椽用于悬挑屋面。

(二)常见硬山建筑木构件形式

七檩硬山是传统硬山中较常见的结构形式，可灵活组合以适应不同使用功能。在檐柱下作木装修时,室内进深较大,此种布局称之为七檩无廊硬山。在金柱装修时,形成前出廊硬山建筑。七檩无廊硬山一般不设金柱,需要较大梁、柱来承托屋面载荷。而在前檐或后檐设立金柱后,屋面载荷由檐柱和金柱分担,故此,梁柱尺寸可适当缩小。

1. 七檩无廊硬山

七檩无廊硬山的典型代表建筑是高村“菩萨庙”。“菩萨庙”位于西青区张家窝镇高村,为三间七架硬山建筑,甃砖台明,墙面青砖糙砌,屋面筒瓦捉节做法,残存半条清水脊。明间圆柱,次间为方柱,明间柱下有櫍,圆柱有收分,石质覆盆式柱础。“抬梁式”构造,梁架采用“偷梁造”,不施“五架梁”,直接用金瓜柱承托金檩,瓜柱间用枋子连接。除前檐檐椽、飞椽采用“一椽一档”外,其余采用“一椽三档”做法。前檐露明部分采用木质望板,室内用苇子代替望板。室内地面用青砖铺墁成“席纹”图案。原建筑门窗缺失,仅存槛框。

该建筑的“七架梁”及“三架梁”梁头有明显卷杀,梁背倒棱弧度较大,与清代直梁做法有很大区别。高村“菩萨庙”的瓜柱规格不一，大体分为两种，承托金檩的瓜柱截面接近圆形，柱头带卷杀；承托“三架梁”的瓜柱截面接近圆形，不带卷杀。根据建筑现有的施工细节，尽管很多地方采用了明代中期的建筑手法，但考虑到古时候信息闭塞以及工艺的传承手段造成的技术、工艺特征滞后于建筑时间的特性，综合建筑基础的风蚀程度判断，此建筑建成年代应为明代晚期，是目前西青区现存的最古老的木结构建筑。

在西青区现存的七檩无廊硬山建筑中，还有一处特殊的建筑，即石家大院的佛堂。该建筑采用七檩无廊硬山结构，为便于设置佛龛，在后檐位置设置了金柱，形成了一种独特的七檩硬山结构。

2. 七檩前出廊结构

七檩前出廊硬山典型建筑为西青区小甸子菩萨庙。小甸子菩萨庙位于张家窝镇小甸子村。该庙面阔三间，七檩前出廊硬山建筑。甃砖台明，砖砌台阶。地面海墁青砖，心间入口处用青砖排列成“拜石”形状。心间与左侧次间有土坯墙隔断。墙面青砖糙砌，屋面筒瓦捉节做法，正脊残缺，正吻仅留吻座痕迹。房山前檐作假卷棚状脊饰，侧面看类似于“一殿一卷”，“铃铛”排山上做垂脊，上有残留脊饰瓦件。后檐冰盘檐封檐。建筑残留有“冰裂纹”装饰纹样横批窗。该建筑大量采用西青本地做法，从梁架结构等做法看，应为清代晚期建筑。其建筑造型奇特，尤其是房山假脊做法非常少见。后根据村民回忆，制作了建筑复原效果图。

3. 勾连搭

勾连搭是指将两栋以上的建筑前后相连，以增大室内空间的做法。由于民间传统建筑进深限制在七檩以内，室内空间受到一定的限制，为了增大室内空间，工匠们发明了这种做法。西青区现存的采用勾连搭做法的建筑有两处，高村关帝庙和石家大院。

高村关帝庙木结构。高村关帝庙位于张家窝镇高村,其建筑由一座四檩卷棚和五檩硬山及四檩卷棚抱厦组合而成，其平面布局类似于市内天后宫“凤尾殿”。这种建筑形式称为“一殿一卷带抱厦”勾连搭建筑。

石家大院戏楼。石家大院戏楼是一座组合建筑,其中罩棚北侧建筑即为勾连搭建筑。该建筑由一座五檩前出廊硬山和一座五檩后出廊硬山及平定长廊组合而成。

(三)木结构做法的区别

西青区传统建筑木结构采用了一些本地做法，与官式做法的区别有如下几点：

一是梁架排列方式不同。官式做法梁架系统,屋面载荷由檩经瓜柱分别传递至三架梁、五架梁、七架梁,最终由檐柱承担载荷。西青区地方做法五架梁只起拉结作用，由瓜柱承受载荷并传至七架梁。这种做法,工匠称之为“偷梁造”,在保证结构稳定的情况下，可以用较小尺寸的木材代替五架梁，以节省建筑造价。

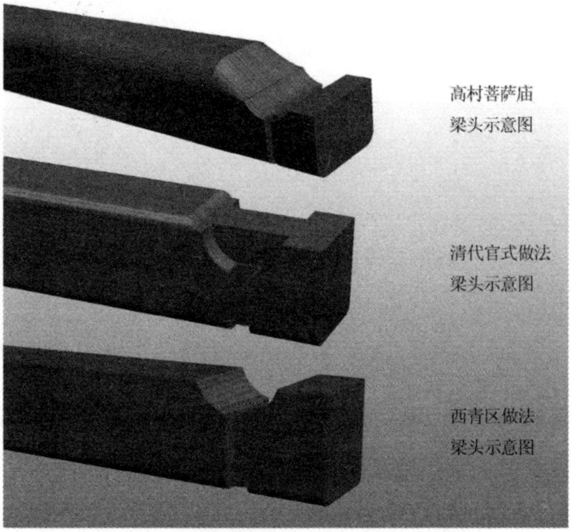

图 3 不同时期梁头示意图

二是梁头做法不同。官式做法梁头檩碗不挖通，中间留一平台。其梁身倒楞(熊背)至檩碗处截止,梁头比梁身矮。西青区梁头做法檩碗挖通,檩碗即垫板尺寸较官式随意,其梁身倒楞贯通至梁头。

三是构件尺寸不同。官式做法柱、梁、枋与檩径有一定比例关系,不管是否露明均按比例选材。西青区地方做法较随意,其尺寸较官式做法偏小。

四是飞椽造型不同。官式做法飞椽椽头平直,多采用"一头两尾"或"一头两尾半"。西青区地方做法飞椽自闸挡板向椽头部分逐渐收缩,带有一定的角度,匠人称之为"稍"。其椽身多采用"一头一尾半"左右。

三、传统瓦作做法

瓦作是指建筑中砌体和屋面做法,包含使用砖、瓦的台基、墙体、屋面等建筑工程。

(一)台基

台基即建筑的基座,建筑物底部高出室外地面的部分称之为"台明",地坪以下部分称之为"埋深",民间俗称"基础"。"台明"侧面称之为"台帮"。台基的上面称之为"台面"。台帮和台面交接处置条石的,称之为"压面石"。由于房屋的木柱和墙体都建立在台基之上,其承托着建筑的载荷,因此台基必须坚固,以保证建筑的稳定。因其高出地面,具有一定的防潮作用。台基的各部分尺寸,由柱径(檐柱)和出檐尺寸换算而来,合理的台基尺寸既能满足日常需要,亦可提升建筑美感。建筑台基的一些做法也具有等级制度的特征。《大清会典事例》载:"公侯以下,三品以上房屋台基高二尺;四品以下至庶民房屋台基高一尺。”而一些带有月台和须弥座的台基更是高等建筑的标志。台基主要由埋深(基础)、台明、柱础和踏跺构成。

1. 基础

基础为民间的通俗称谓,主要指台基地坪以下的部分,传统建筑中称为“埋深”。官式的基础采用“磉墩”加“拦土墙”做法,所谓“磉墩”是专门承接柱子的砖砌基础,类似于现代的“独立柱下基础”,是建筑的主要承重结构。“拦土墙”是连接各磉墩的墙体,只起“挡土”的作用,不承担结构承重。西青区传统基础做法和官式做法区别较大,很少采用“磉墩”,其“拦土墙”即“挡土”,同时也承担建筑载荷,柱础石直接置于基础之上,其结构类似于现代建筑的“条形基础”。

台基主要样式为平台式,西青区现存传统建筑常见台明做法有三种,砖砌台明、砖石混砌和石砌台明。砖砌台明台基的台帮和转角部分用青砖包砌,台帮和台面部分用甃砖镶边,属于低等级台基,常用于普通民宅及建筑。砖石混砌台明台基的台帮部分用青砖包砌,转角部分用石材做角柱石,台面用石阶条镶边,常见于相对富裕的建筑。石砌台明整个台明全部用石材包砌,台帮部分做石质陡板,是一种较高等级的做法,常见于豪门富户人家的宅院。

2. 柱础石

柱础石是支撑木柱的基石,主要作用是承压建筑载荷,同时抬高木柱底部,防止木柱受潮糟朽。柱础多为石质,根据木柱形状分为方形和圆形。西青区柱础石施工做法特点有:一是建筑柱础形式丰富多样,雕刻精美。官式做法柱础多为素面,而西青区的建筑中柱础雕刻精美。二是尺度小于官式做法。官式做法柱础宽度多取 2

倍柱径,而西青区现存的实物仅少部分沿用此等做法。从现存建筑柱础看,其尺度普遍小于官式做法。较之官式做法石料要薄,优点是造价便宜,但承压强度降低,在实例中经常发现柱础四角开裂等现象。三是传统建筑的柱础石置于压面石内侧,而西青区境内的建筑前檐柱础石大多探入压面石,具有鲜明的地方特色。下檐出尺寸的减少,可以减少上檐出的距离,相应缩短了檐椽的尺寸,降低了施工造价,同时亦可改善建筑采光条件,是西青区所独有的建筑做法。

3. 防潮

建筑防潮是指通过采取技术措施阻止地下水沿基础向上渗透,造成室内潮湿。而天津地区地表水含盐成分较高,渗入砖墙后经长期盐碱腐蚀,发生墙体酥碱剥落,严重影响结构安全。故此,建筑的防潮自古就被匠人高度重视,并发明了很多防潮措施。独特的地理位置形成了西青区传统建筑独特的防潮手段。

一是三合土。“三合土”是我国传统的建筑用防潮措施,通过长期的实践摸索采用 3:7 的灰土比例,可以有效地隔离地下潮气,多用于建筑地基、散水及地面的防潮。

二是草碱。“草碱”是指用麦秸、玉米秸作为隔离层,阻挡地下潮气的防潮措施。由于材料易得,是民间常用的防潮措施。

三是石头防潮层。利用石头防潮的特性,将石材至于建筑台基之上,防潮且美观。由于石材加工运输不易,造价较高,是高等级的防潮做法。

四是木碱。将木材置于防潮层之上用以隔绝潮气,民间称之为“碱木”。常见的做法有三种:第一种为“装饰性碱木”,在建筑防潮层位置上镶嵌木条,视觉上起到“防潮”的作用,是普通百姓为了虚荣采用的一种低级做法。第二种采用“满铺”的形式,即用和墙体等宽的木板做防潮层,多用于家庭富足的百姓使用,属于等级较高的做法。第三种采用“复合式”,将木条制作成等墙宽的木格,中间填充麦秸,既能达到木碱的美观,亦能保证防潮的效果,是具有极高性价比的防潮措施,也是常见的地方做法。

五是透气孔。透气孔是指利用工艺人为增加基础散发潮气的一种手段。常见的做法有三种:透风、透气孔和透气砖。透风是中国传统建筑的保护木柱避免受潮腐朽的一种做法, 在木柱柱脚位置的墙体上开一空洞,用于散发潮气,避免木柱糟朽。透气孔是民间匠人长期实践总结出来的一种独特的防潮措施。在施工至基础台基后,砌筑第一批墙体时青砖之间留出缝隙,隔一段距离人为增加墙砖之间的距离,形成一个宽约 3 厘米的砖缝,从而在墙体中形成一个空气通道,通过空气流通排出潮气的一种施工做法。透气孔砖位于基础台基与防潮层之间。间隔一段距离设置一块经过雕刻加工的透气孔砖,以增加基础散发潮气的一种做法。此种做法砖雕精美,是一种高级别的防潮做法。现存的传统建筑实例中,大多采取多种形式的防潮措施组合在一起的,以提高建筑防潮效果,延长建筑使用寿命。

六是櫍。櫍是一种建筑构件,多用于南方潮湿地区,是古代先民为避免木柱受潮糟朽所采取的一种保护措施, 即在木柱与柱础之间增加一块木制的防潮层,其木制纤维与木柱方向成直角,利用木质沿纤维方向吸水的特性,阻断潮气,从而保护木柱。即使櫍糟朽,也可以将其更换,以减少建筑的维护成本。高村“菩萨庙”所用的櫍工艺较简单,仅用数块 2 厘米厚的木板拼凑而成。尽管其工艺简单, 但对建筑的断代和研究西青区外来文化和本土文化的融合提供了实物依据。

(二)墙体

墙体是中国传统建筑的重要组成部分,按其构筑方式分为承重墙体和非承重墙体,承重墙体多为硬山搁檩做法,将房檩直接置于墙体之上,作为承接屋顶重量的一种做法。非承重墙体多用于由梁柱承重的木结构建筑中,因不承担结构作用,只起围护作用。常见的墙体按照建筑部位分为前檐墙、后檐墙、槛墙、山墙、隔断墙等。

1.墙体砌法

西青区现存建筑墙体做法主要有五类:糙砌、淌白、干摆、丝缝和干推。

一是糙砌。是指采用未经加工的青砖直接砌筑的一种做法,砌体表面不规整,砖缝约为5至10毫米,是民间最常用的一种砌法。常见的糙砌有两种做法:一种俗称"挂灰条",即用瓦刀在砖上抹上灰条砌筑的方法;另一种是满铺灰浆的砌筑方法。其中"挂灰条"的灰缝较小,而满铺砌筑的灰缝较大。

二是淌白。将青砖露在墙体表面加工后砌筑的一种做法,砌筑的墙体表面规整,砖缝一般在3毫米左右,常用于高等级建筑中。

三是干摆。所谓干摆即俗称"磨砖对缝"。干摆墙砌法较讲究,需要先将砖加工成"五扒皮"砖。"五扒皮"砖即除青砖的背面不加工外,其余五面均需加工。加工好的砖料看面平整,四边平直,并在砖肋留有"包灰"。干摆墙的立缝和卧缝不挂灰,将砖摆平后在后口用砖块等垫平,然后灌制灰浆,将其中缝隙填满。逐层砌筑后完工前再细致打磨墙体,修补残缺砂眼,并用清水冲洗干净,达到"真砖室缝”的效果。干摆做法是一种相当讲究的高级做法,常用于重要建筑的关键部位,如门楼、廊心墙等部位。

四是丝缝。丝缝做法与干摆接近,其加工好的墙面灰缝规整,一般在 1 至 2 毫米左右。常见的灰缝有两种,一种白色的,一种黑色的,颜色不同主要是灰缝采用的材料不同。白色的多为白灰与江米汁按一定比例调配而成。黑色的则以桐油、炭黑、白面等按一定比例熬制而成。丝缝墙与干摆墙的区别是干摆墙不用灰砌,而丝缝墙需在砖楞上挂灰, 并在砖肋上打灰墩, 以保证灌浆时能充满缝隙。由于丝缝墙加工精细,其制作难度要高于干摆,是一种高等级做法。

五是干推。干推是类似于干摆的一种做法,常用于墀头砌筑,其枭、混等也采用和干摆相近的工艺,同样不挂灰,但加工的砖只平磨,不留包灰,也不灌浆。

2. 墙体拉结

常见的墙体分为实心墙和“夹心”墙。实心墙指墙体全部由青砖砌筑,表里如一的墙体。实心墙较坚固,比“夹心”墙薄,常用于承托建筑重量的“硬山搁檩”做法的建筑。

“夹心”墙是民间俗称,传统做法称之为“填馅”。由于传统建筑由木柱承担建筑载荷,墙体不承重,只起围护作用。故此,砌筑墙体时一般只在建筑表面用青砖砌筑,内里则以各种材料填充,常见的填充材料有土坯、碎砖、瓦片等。传统观念认为墙体厚可以隔绝室外温度,所以一般“夹心”墙都较厚。由于大多建筑采用“夹心”墙体,年久后经常出现空鼓、歪闪等现象。为杜绝此类现象出现,在长期实践中,工匠们发明了利用“把锔”和木砖加固墙体的方法。“把锔”是一种类似于大号“订书钉”的铁质构件,其尺寸根据需要可大可小。“把锔”的使用很灵活，常见的有两种做法：一是墙体与木柱连接。用把锔一端固定在木柱上，另一端固定在木砖（和砖大小的木头）之上，将木砖砌筑于墙体之内，隔若干层置一块木砖，利用木柱与木砖之间的拉力固定墙体。二是墙体内外连接。在墙体内外分别置一木条，用把锔将其连接，利用木条的拉力加固墙体。实际使用中，常将以上两种做法结合使用。由于墙体表面能看到加固的木条，影响建筑美观，实际采用的并不多。

3. 墀头

墀头俗称“腿子”。它是硬山建筑山墙两端封闭檐椽的一种独特做法。墀头通过不同种类的砖构件层层叠涩，在承担重量的同时向外挑出一段距离，以连接和封闭檐椽，其既有结构作用，亦有装饰作用。墀头是硬山建筑独有的一种做法，歇山、悬山建筑没有此种做法。

墀头按部位分为三个部分：下碱、上身和盘头。

一是下碱。下碱位于整个墀头的下段，一般在下碱与上身连接处有一段小台阶，称之为“花碱”。并不是所有墀头都退花碱，现存部分实例中下身直通上身。下碱常见的几种形式：糙砌、干摆、角柱石。糙砌下碱常见于普通民宅，不退花碱，做法与墙体一致。干摆下碱常见于富贵人家的建筑，一般有“干摆到顶”做法；另一种为下干摆、上丝缝做法。角柱石下碱是下碱中最高等级的做法，其采用石质角柱石，上至压面石，有素面和雕刻之分，素面的多斧剁席纹等花纹。角柱石上身墙体一般采用干摆或丝缝做法。

二是上身。上身位于下碱与盘头之间，常见做法有糙砌、干摆和丝缝。

三是盘头。盘头也称“梢子”，是上身向外悬挑至连檐的部分。

盘头部分大体分为三部分，自下而上分为装饰性雕饰、挑檐和戗檐。装饰性雕饰大多由墀头腿和三角巾构成,只起装饰作用,没有结构作用。挑檐部分由枭、混、炉口、荷叶墩等构成,在保证承重作用的前提下悬挑一定距离。现存实例中,挑檐除了砖质外,还有木质和石质挑檐,砖质的挑檐受材质影响,挑出距离容易受限制。而木质和石质挑檐可适当增加挑出距离。戗檐部分包括戗檐砖和两层盘头,戗檐砖置于二层盘头之上,上端置于连檐内侧,与连檐上口齐平。戗檐砖相对于地面倾斜一定角度,其倾斜角度称之为“扑身”。一般“扑身”角度在40至60度之间,其角度根据盘头整体出挑优美顺畅调整。根据建筑等级,盘头部分构件可繁可简。其核心是保留戗檐与挑檐部分,装饰部分根据建筑等级和财力取舍。

西青区乡土建筑的盘头与北京四合院盘头做法有不小的区别。

一是装饰部分不同。北京地区盘头装饰性雕饰采用垫花,其垫花图案多为花篮形状。西青区盘头装饰性雕饰由荷叶墩、三角巾构成,雕刻内容多样,与北京四合院做法区别明显。

二是戗檐做法不同。北京地区盘头做法中戗檐部分两层盘头

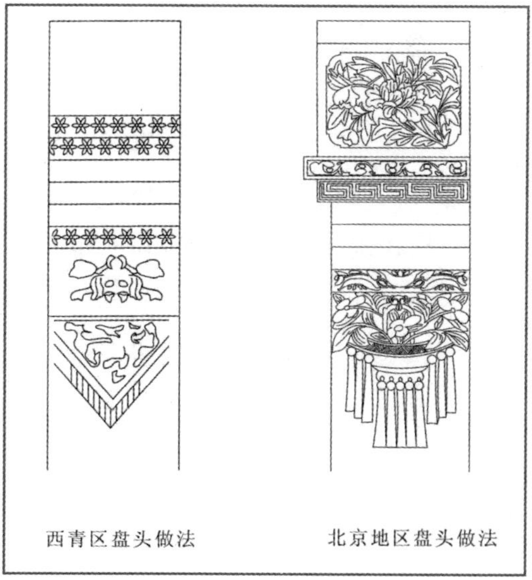

图 4 西青区盘头做法与北京地区做法对比

向外挑出,承接博风拔檐,以承托博风头。西青区大部分做法两层盘头与墀头上身同宽,不承托博风头。

三是二层盘头花纹不同。北京地区二层盘头花饰以“缠枝纹”、“回文”为主,纹饰简单。西青区盘头花饰以“橘子花”为主,纹饰复杂,较北京地区雕刻细腻。

四是挑檐装饰不同。北京地区由枭、混、炉口构成的挑檐多为素面,不雕刻。西青区的挑檐上多雕刻蝙蝠、宝相花等装饰图案。

以上几种为北京地区与西青区常见的盘头做法之间的区别,但由于近年来本地掌握传统做法工匠的减少,一些成品博风头、荷叶墩等也以北京地区做法为标准制作,施工做法有趋于北京地区做法的倾向。

4. 槛墙

槛墙是建筑前檐窗户下面的墙体。槛墙常见做法有木槛墙和砖槛墙。木槛墙的级别要高于砖槛墙,目前只发现石家大院和董家大院两处实例。

砖槛墙分为“粗作”和“细作”。“粗作”用青砖糙砌。“细作”则用砖枋、线枋子圈成“砖池子”,内镶方砖心。

根据建筑的不同等级,槛墙采用不同的做法。如,董家大院倒座南房采用木槛墙,而东西厢房则用“细作”砖槛墙。普通民宅中,正房一般采用“细作”槛墙,而厢房则用糙砌槛墙。

5. 廊心墙

廊心墙是山墙内侧檐柱与金柱之间的部分,因为处于檐廊之中,故称之为廊心墙。廊心墙大体分为三段,下碱、廊心和穿插当。下碱位于腰线以下的部分,常见做法为淌白、干摆和丝缝。廊心部分位于腰线和穿插枋之间,常用砖枋和线枋子圈边,内置砖

心。穿插当位于穿插枋与抱头梁之间，长做装饰雕刻，亦有素面砖心做法。

（三）屋面

传统建筑的屋面主要有合瓦屋面和筒瓦屋面。合瓦屋面用于普通民宅，筒瓦屋面常用寺庙、祠堂等建筑。普通民宅中鲜见筒瓦屋面，只有影壁院墙等部位用10号筒瓦。

合瓦屋面底瓦和盖瓦均使用板瓦，底瓦和板瓦一反一正互相压合，故称合瓦，民间称为“阴阳瓦”。由底瓦构成的水陇称之为走水当。底瓦与盖瓦之间的部分称为瓦腮，为“瓦的腮帮”的意思。盖瓦垄檐口头瓦称之为“花边”，走水当流水的花瓦称之为“滴水”，花边瓦下方位置有一类似于滴水的瓦件，称之为“瓦脸”。

花边、滴水、瓦脸除了具有实用功能外，其图案亦非常精美。其图案多取材于“蝙蝠”“寿字”等吉祥图案。

合瓦屋面的正脊做法有两种，一种为清水脊，另一种为马鞍脊。清水脊是硬山建筑常用的正脊做法。其构造自下而上为软当沟、两层瓦条子、混砖、砖楣子。正脊两端置草平砖，上置蝎子尾。清水脊常用作正房主脊，其级别高于马鞍脊。马鞍脊因其形状似“马鞍”而得名，最低级别的正脊，常用作次要建筑正脊或厢房。

四、乡土建筑的木装修

传统建筑中的木装修是指除承重构建以外的木构件，常指门窗、隔断、吊顶等非承重部分。木装修根据装修部位不同分为外檐装修和内檐装修，外檐装修指用于室外的空间的装修，内檐装修是

室内(檐柱以内)的装修。这里的木装修专指室内(檐柱以内)的门窗及隔断。

(一)门

门是建筑的出入口，内檐装修的门同时也是分割室内外的界限,按做法门分为隔扇门和帘架。

一是隔扇门。隔扇门是安装在建筑物金柱或檐柱间的用于分隔室内外的一种装修。隔扇门大体由门框、抹头、隔扇心、裙板和绦环板构成。根据抹头数量隔扇门分为“四抹隔扇门”“五抹隔扇门”“六抹隔扇门”,“四抹隔扇门”也称之为以“落地明造”,其中以“六抹隔扇门”最为常见。西青区传统建筑常见的隔扇门、隔扇心图案形式多样,多取材于传统吉祥图案,包括“步步锦”“套方”“冰裂纹”等。

二是帘架。帘架是附在隔扇门之上的用于挂门帘子的架子,用于夏季挂竹帘和冬季挂棉门帘之用。帘架利用栓斗和荷叶墩固定于门框之上,以便于拆卸。帘架上的门称之为风门,一般帘架风门均为单扇。

(二)窗

传统建筑窗户分为支摘窗和横批窗。

一是支摘窗。支摘窗是传统建筑民居中最为常见的一种窗,其上部为支窗,下部为摘窗。支摘窗常做两层,内层做格栅窗,以屉布纱阻挡蚊虫,兼以通风。外层为棂条窗,旧时糊毛头纸,并刷桐油以保温、防雨。天热时,将支窗支起,利用内层屉布纱通风。

二是横批窗。木装修部分上槛与腰槛之间的窗户称之为横

批窗。

(三)隔断

隔断是利用木板、隔扇等将房屋隔开的室内装修做法。常见的有木隔断、花罩、壁纱橱等做法。

五、附属建筑

附属建筑是指附属在传统建筑之上的建筑,包括门楼、影壁、泰山石敢当、家仙楼以及烟囱等。

(一)门楼

门楼是建筑物的出入口,它既是宅院的出入口、又是象征主人社会、经济和政治地位的门面。在旧社会,门是富贵贫贱、盛衰荣枯的象征。门楼既是室内外空间联系与沟通的渠道,同时也具有保护与防御的作用。故此,门楼的用工、用料和做法都极其讲究。按其做法常见的门楼有金柱门、如意门、馒头门、八字门、垂花门、随墙门等。

1. 山门

山门多指寺庙的门楼。山门根据寺庙等级和规模采取不同的建筑形式,既有歇山等高等级建筑,也有硬山类低等级建筑,并无统一建筑形式。“准提庵”山门是西青区现存唯一一座山门。“准提庵”位于今杨柳青镇内,民间俗称“十八手菩萨庙”。“准提庵”山门建筑类似于民间“馒头门”做法,下碱用素面角柱石,上身淌白做法,檐口仿木结构,作砖枋、砖檩、砖椽,砖枋做成“如意枋”形状,两端探出墀头，枋头作卷云纹饰。砖枋上作假梁头，下有残缺垂柱。筒瓦屋面做悬山卷棚，垂脊无脊饰，木质博风板，表面抹灰。大门朱漆，槛框两侧作余塞。

2. 金柱门

金柱门是一种屋宇式大门，因其大门开在金柱位置而得名。现存的金柱门多在沿街开门，其梁架为独立的七檩前出廊构造，屋面坡度与相邻房屋保持一致。建造金柱门的多为临街建筑，为当地富豪所有，门楼旁边多置门房，其作用类似于今天的“传达室”。

西青区乡土建筑的金柱门和北京地区金柱门也有一定的区别。一是主次关系不同。北京地区金柱门高出相邻建筑，以突出门的地位。西青区的金柱门其高度和房屋坡度与邻近房屋相同。二是木柱形制不同。北京地区金柱门多用圆柱，西青区的多用方柱。三是梁架不同。北京地区金柱门采用五柱前出廊式或七檩前后廊式。西青区的金柱门多采用七檩前出廊式。四是木枋造型不同。北京地区金柱门檐枋为传统的直枋，西青区金柱门采用本地做法的“如意枋”。

3. 如意门

如意门的构架多采用七檩硬山形式，前檐柱间砌墙，居中部位留一个尺寸适中的门洞。门洞内安装门框、门槛、门扇以及抱鼓石等构件。如意门洞的左右上角，有两块挑出的砖制雀替。门额部分多以砖雕装饰，雕饰内容混珠、八达码等图案。

4. 馒头门

馒头门是传统墙垣式门楼的一种，北京地区也叫“小门楼”。馒头门多为纯砖结构，造型简单，整个门楼由墀头(腿子)、门额和屋面构成。其墀头多用糙砌，门额通过简单的枭混叠涩出檐，屋面多采用普通合瓦，少有装饰，常用于一般家庭的宅门。一些富豪人家的馒头门，通过提高施工做法等级，将普通的门楼打造得分外豪华。

墀头上方置门额，利用枭、混等多层叠涩出檐，檐椽为砖质，其前檐檐口做法与影壁做法类似。馒头门檐口做法是和金柱门、如意门的主要区别。

5. 八字门

“八字门”是西青区独有的一种门楼做法，因其门楼内凹，整体形状类似于汉字的“八” 字，故称“八字门”。“八字门”大多位于南北胡同内，户主多为当时的中产阶级，与临街大户的常用“金柱大门”“如意门”不同，“八字门”门口较小，宽度在 2 米左右。墙体大门内凹，上身砌砖栏板或女儿墙。

由于“八字门”自胡同向院内凹进数步台阶，故台阶探入胡同内较少，有利于狭窄胡同内人员通行。这种门楼将台阶置于自家院内，减少占用公用空间，来往的人员在享受便利的同时亦会颂扬其功德。故此，民间将此门称之为“德门”。

6. 二道门

二道门是本地民间称谓，是指在院内再设立一道门，用以区分内外的门楼。二道门以内为内宅，一般外人不得入内，以保证宅院主人的隐私。

7. 随墙门

随墙门是指“随意”开在建筑上的大门，是门楼中等级最低的做法。

8. 西洋门

清代晚期至民国年间，传统建筑中出现了一些融合西方建筑

图 5 靠山影壁示意图

特点的门楼，称之为西洋门。

(二)影壁

影壁是建筑的附属建筑，设立在大门里面或者外面的一组装饰墙壁,它面对大门,起到区分内外屏蔽视线的作用。由于进出大门都要和影壁打照面，所以影壁也叫“照壁”。

影壁的形式主要有座山影壁和一字影壁。所谓“座山影壁”是指设在大门面对的山墙上的影壁,一半露明,另一半与山墙连接,因其“座”在山墙上而得名,也叫“靠山影壁”。一字影壁因其整体形状像汉字的“一”而得名。一字影壁大多位于大门外,与大门相对而建。特殊情况因院内无法“座山”的时候,也在院内修建一字影壁。

(三)泰山石敢当

传统民俗中“化煞”之物。为求生活平安,常于丁字路口等冲处位置的墙上安放“泰山石敢当”,以化解聚结“煞气”,保护屋主平安。同时,常用朱砂将字体描红,以加强“化煞”效果。

民间使用“泰山石敢当”由来已久,成书于明代的《鲁班经》已有详细记载。《鲁班经》载:“高四尺八寸,阔一尺二寸,厚四寸,埋入土中八寸。凡凿石敢当，须择冬至日后甲辰，丙辰，戊辰，壬辰，甲寅，丙寅，戊寅，庚寅，壬寅，此十乃龙虎日，用之吉。至除夕用生肉三片祭之，新正寅时立于门首，莫与外人见，凡有巷道来冲者，用此石敢当。”即摆设“泰山石敢当”应选择冬至后的“龙虎日”，并要在除夕夜用生肉祭拜，新年正寅时偷偷摆好。

西青区现存的“泰山石敢当”与《鲁班经》所述出入较大，尺寸较小，多为砖、石材质，同时刻制内容也不限于“泰山石敢当”，也有刻制成“太公在此”的。

（四）家仙楼

家仙楼是指民间供奉“五大家”的建筑，常放置于正房与厢房之间的“风岔”处。

此外，乡土建筑的附属建筑还有烟囱等，这里就从略了。

为后人留下些东西

——问津讲坛第 70 期主讲人周建先生侧记

郑 舟

2019 年 11 月 30 日，第 70 期问津讲坛迎来天津市西青区文物保护所所长周建先生，他以“西青乡土建筑”为题，对有关西青区乡土建筑的历史故事、地域特征以及文化内涵等进行了精彩讲解。

周建虽然是土生土长的西青人，但 1990 年刚刚参加工作时，他对“文物保护”“乡土建筑”这些名词的理解，还仅仅停留在字面上。经过近 30 年的专业锻炼，他已从一名朝气蓬勃的青年文保干部，成长为沉着稳重、业务谙熟，能够主持项目带领团队的文史“大拿”，已是天津古建圈内颇有名气的行家。

“研究乡土建筑就像听京剧”

进入文物保护这个行业后，周建一猛子扎进石家大院，一干就是 16 年。当初来到石家大院工作，面对专业技能与工作内容的脱节，迫切想证明自己的周建感到焦虑和迷茫。静下心来，他明白只有从点滴做起、从点滴学起,才能让原本躁动的青春变成深水静流的厚重与超越。于是他把目光投向了朝夕相处的工作对象石家大院,开启了对乡土建筑的研究探索之路。正如多年以后他常挂在嘴边的话"研究乡土建筑就像听京剧",当你对它了解不深入时,根本就看不懂,感受不到其魅力,也不能理解它所传达的复杂信息。只有逐渐深入去学,才能体会到其中的趣味和魅力。

20 世纪 90 年代初,摄影还处于胶卷时代,考虑到成本问题,周建想到了用绘图软件 AutoCAD 绘制乡土建筑图纸。他利用当时单位唯一一台电脑,将乡土建筑测绘数据描制成一张张电子图纸,以便进一步开展研究。那时 AutoCAD 软件都是英文版本,他为了尽快熟悉使用,将快捷键制成小卡片,边用边背,遂至烂熟于胸,现在这一软件早已有了中文版本,但他依然流畅地使用早年的快捷键。第三次全国文物普查期间,他曾为天津市各区县普查员讲解 AutoCAD 软件的应用,将宝贵经验传授给全市同行。

2000 年,周建主持的石家大院、安氏家祠修缮工程全面启动,从前期方案设计、绘制图纸到现场施工,两个项目一直持续到 2012 年。在此期间,他的专业技能和职业素养得到充分的施展。2006 年石家大院被确定为全国重点文物保护单位,2013 年安氏家祠被确定为天津市文物保护单位,所有申报程序都是由他一手操办的。

发现西青现存最早木结构建筑

谈到自己工作中最难忘的高光时刻,周建毫不迟疑地说当数发现西青区现存最早的木结构建筑高村菩萨庙。

第三次全国文物普查期间,周建带领区普查队来到张家窝镇高村,对第二次全国文物普查认定的高村菩萨庙开展复查。当这座风格朴素的七架硬山建筑映入眼帘时，如果不看明间腰槛所刻楷书“佛法无边”以及东侧墀头砖雕所刻“云挥百万慈手过”的话,你会以为它是一座民居。但细细品味之后，几处独特结构的细节特征,令周建感到异常惊艳。

一是櫍的使用。高村菩萨庙所用的櫍工艺较简单,仅用数块两厘米厚的木板拼凑而成。明代中期以后南方地区很少有建筑再使用櫍,而北方地区由于气候干燥使用得更少。

二是梁架系统。这座庙的“七架梁”和“三架梁”具有月梁的部分特征,梁头带有明显卷杀,梁背倒棱弧度较大。高村菩萨庙的瓜柱规格不一,大体分为两种:承托金檩的截面接近圆形,柱头带卷杀;承托三架梁的截面接近圆形,不带卷杀。瓜柱卷杀源于宋代的梭柱,由于施工复杂,明代逐渐改为只在柱头做卷杀,至清代,瓜柱截面为方形且不做柱头卷杀。明代椽子之间用里口木,至清代改为闸挡板。高村菩萨庙采用的形式较特殊,其在檐檩相对檐椽的位置上挖出类似于檩碗的凹槽,用于固定檐椽。

三是硬山搁檩。明代,随着硬山建筑大量普及,由于墙体的支撑性能完全满足屋面承重,可以取消靠山墙的梁,从而降低建筑成本。明代后期出现了一种完全依靠山墙承托木檩的建筑方法,称为硬山搁檩。高村菩萨庙即是早期典型的硬山搁檩做法。

四是偷梁减椽。所谓“偷梁造”是民间传统建筑工艺中的常见做法，在满足结构要求的情况下，通过减少某些构件降低建筑成本。常见的偷梁造大都通过结构变化缩短五架梁,使其长度缩短。高村菩萨庙利用瓜柱代替五架梁,直接“偷”了一缝五架梁。减椽就是通过增加椽子之间的距离,从而减少椽子的数量以降低成本,常见于地方做法中不露明的建筑。高村菩萨庙只有檐椽、飞椽采用传统的一椽一档,其余部分采用一椽三档。

以上四个结构特征，表明高村菩萨庙采用了部分明代工艺以及当时南方地区的建筑施工手法。据此,周建判定这座庙修建于明代晚期,是目前西青区现存最早的木结构建筑。

高村菩萨庙的历史价值

在周建看来，研究和保护乡土建筑的目的是为研究本地历史提供佐证,这也就是高村菩萨庙等乡土建筑的历史价值所在。

一是通过建筑年代判断村落形成时间。根据建筑现有施工细节,尽管很多地方采用了明代中期的建筑手法,但考虑到古时候信息闭塞以及工艺传承手段造成的技术和工艺特征滞后于建筑时间的特性,综合建筑基础的风蚀程度判断,高村菩萨庙的建成年代应为明代晚期。当时修建寺庙是大事,需解决财力、人力等诸多问题,应是群体行为，故而可判断在明中期以前高村已形成村落并初具规模。而该村关帝庙的修建,则说明在清中期以前有大量外来人口到此定居。由于移民风俗各异,为缓解矛盾,需要加强民众间的团结,希望通过宣扬“忠义”达到凝聚村民的目的,以维护地方稳定。

二是有助于研究高村早期村落村民的构成。高村菩萨庙从施工手法看应为南方匠人修建。首先,建筑中采用了南方地区使用的櫍、梁头卷杀等施工手法;其次,明代以前该地区居民大多为驻扎的官军及眷属，明代由于国家的移民政策，大量移民来到这里定居,必然需要一定数量的建筑匠人修建房屋,同时移民中当不乏各种工匠,甚至修建建筑的工匠就是移民中的一员。尽管建筑外形融合了北方建筑的特点，但在一些施工细节上，由于文化、宗教、民间信仰、经济实力等因素，势必融合南方建筑做法。高村菩萨庙采用部分南方建筑做法，在北方地区较为少见，故而早期高村聚落的先民疑为南方移民。

三是见证地区经济的发展历程。古代先民出于对神灵的敬仰，修建寺庙大多不计成本，往往会成为一个地区最高等级的建筑，集中反映一个地区经济、文化、科技水平等。高村菩萨庙大量采取降低施工造价的做法，反映出当时高村的经济发展相对落后。高村菩萨庙与关帝庙从侧面反映了高村自明晚期至清中期村落发展壮大的过程。早期的菩萨庙由于经济实力不足，大量采用降低造价的施工手法，而到清中期修建关帝庙时，则大量采用精细的砖细做法等，甚至在梁架上施以彩绘，可见当时的经济状况较明晚期有了很大改善。

高村菩萨庙独特的地方做法，对研究西青历史以及外来文化与本土文化的交融，提供了宝贵的实物资料，弥补了西青史料的不足。

廓清西青历史发展的脉络

周建在平时的工作中经常告诫年轻同事，研究乡土建筑是为了丰富西青历史文化内涵，廓清本地区历史发展的脉络，做到拨云见日、水落石出。他常说，有的人喜爱乡土建筑是看中了它的文物价值，认为乡土建筑越来越少，奇货可居；而他热爱乡土建筑则是看中它们承载的历史信息。文物是今人与古人沟通的桥梁，通过研究乡土建筑可以了解古时人们的工艺水平、知识储备和生活习惯。

而随着时间的推移,曾经的技术和记忆逐渐消失殆尽,历史的真相好像可以任人揉捏，这也导致很多没有依据的伪史传说充盈于网络,而真正的历史真相反倒鲜有人知晓。

出于对职业操守和社会责任的敬畏与坚持，周建经常念叨他那句“为后人留下些东西”的口头禅,带领着他的团队为廓清西青历史的种种迷雾而奔波。为此,他翻阅《金史》检索文献,对照碑刻开展田野调查。在《西青文物集——传统建筑》一书中,他引经据典,对西青历史做了较为准确的勾勒，用学术的手段为脚下的这片土地发声。

(《藏书报》2020 年 1 月 20 日第 3 期)

遗憾论

——2019年度问津讲坛综述

周醉天

2019年度问津讲坛的主题是“不可移动文物”。

一、工业遗产保护的遗憾

2019年问津讲坛开篇第一期“大历史”，岳宏先生讲《工业遗产视角下的“永久黄”》。所谓“永久黄”是中国化工工业肇始时期，在天津塘沽开办的永利碱厂、久大精盐公司、黄海化学工业研究社的合称。改变中国“吃土民族”的形象，发明侯氏制减法树立中国化学工业在世界的形象，创办中国最早的企业科学研究机构，“永久黄”三个单位实是一家，是集盐碱的生产、科研、学术于一体的企业集合体，这在当时是非常先进的，就算是在今天，其继承者仍是非常具有先进性的企业集团。

“永久黄”是中国海洋化学工业的肇始，在中国工业发展史上也占有重要位置。然而，作为重要的工业遗产，“永久黄”却遭遇了大规模拆除。从剩余的“永久黄”工业遗产名录,可以看出多是一些附属建筑,比如图书馆、科学厅、石灰窑局部等,而比这更重要的生产设施已无一例外惨遭厄运了。永久黄在塘沽地区发展史上占有重要位置,第一个学校、第一个医院、第一个俱乐部、第一个图书馆、第一个工人新村等,都与“永久黄”密不可分,曾经的塘沽区(今划入滨海新区)就是这么一路发展而来的。但是现在,这一切都消失殆尽。

近似的题材是第六期金彭育讲的《工商学院的建筑》,与“永久黄”有所不同的是,工商学院的建筑属于教育建筑,至今保存完好,甚至还包括了桑志华、德日进旧居及北疆博物院。北疆博物院是我非常喜爱的博物馆。2019 年 6 月 8 日是第 12 个中国文化和自然遗产日,天津记忆文化遗产保护志愿者团队联合中国文物学会、中国古迹遗址保护协会和中国近现代史史料学学会的在津会员, 共同举办了 “走进北疆 再现荣光——中国文化和自然遗产日主题活动”。在北疆博物院芦萱老师的引导和讲解中,我们仔细参观了北疆博物院(黄河白河博物馆)。按照现今博物馆的规模来比较的话,这个馆简直是太小了,太简陋了,几乎就称不上是个博物馆。但是,跟着芦萱老师参观,听她娓娓道来,我被桑志华深深地感动了。因为被感动,因为人物故事,使得这个小馆慢慢有了灵魂,再加上回荡在这座如今看来并不庞大建筑里的讲解女声, 仿佛桑志华老人依然在此工作,声音、标本、建筑、故事浑然一体,走到最后是留言簿,我拿起笔未加思索写下“科学思想没有国界”。当天,组织者傅磊就整理推文介绍了这次活动的情况, 并且把我的留言写进了推文。

天津工商学院这些建筑,由于一直由学校和文化机构使用,而幸运地被保留下来。北疆博物院,应是天津最该看的博物馆,没有之一。北疆博物院长期被忽略的遗憾,比较“永久黄”永久消失的遗憾,那简直是太幸运了。

二、文保专业人士的遗憾

2019年问津讲坛第二期程绍卿、第四期杨新、第十期周建,这三位均系文化遗产保护从业者,是体制内的文保第一线工作者,听他们的讲座,除了听专业知识,还得听背后的故事。

程绍卿讲座的题目是《天津的乡土建筑》。他向嘉宾介绍了《威尼斯宪章》和《关于乡土建筑遗产的宪章》的有关内容。程绍卿君讲道:“正如《宪章》在‘变化与阶段性修复’一节中所指出的,‘应当尊重乡土建筑随着时间的推移而出现的变化, 这些变化也是其重要组成部分’,但这是一种富有连贯性的变化。”这一描述,使我们想起天津西沽。天津记忆团队的傅磊先生接受新华社记者采访时曾说:“西沽是天津最后一片原生态的乡土建筑, 这里具有从明朝到清朝、民国、现代,各个历史时期的建筑,非常值得保护。”

程绍卿继续讲到:“乡土建筑具有 ‘通过非正式途径传承的设计与建造传统工艺’。乡土建筑也被称为‘没有设计师的建筑’,其设计思想与建造工艺充分体现了乡村民众的群体智慧和一种文明的普遍风格。这种‘草根性’是乡土建筑生命力的基础。这一条款提出了乡土建筑所特有的‘非正式’的遗产价值,这也是乡土建筑在设计、建造方面的个性。当然,正如《宪章》所指出的,尽管‘它看上去非正式,但却秩序井然。’”这简直就是对着西沽说话,西沽不就是这样的吗?西沽承载了很多人的乡愁,是这个城市为数不多仅存的乡贤文化的地标之一。

杨新老师讲《盘山的摩崖石刻》,资料翔实,生动准确,这是杨老师的专业。因为职责所在,他在有限经费支撑下数次登山,利用先进设备仪器,对盘山的摩崖石刻进行了全面勘察、拍照、测量、定位,同时对石刻具体方位和保存现状作了如实记录,填写调查日志和调查表。

盘山摩崖石刻共计 247 处,其中唐代 1 处,辽代 1 处,金代 2 处,明代 22 处,清代 169 处,民国时期 40 处,年代不详 12 处。又其中保存完好的 38 处,占比 15%;保存较好的 83 处,占比 33.6%;保护一般的 79 处,占比 32%;保存较差的 47 处,占比 19%。

我以为盘山摩崖石刻最具代表性的是一进山门的"入胜"二字,而我最想看到的则是唐廷枢的石刻。杨新讲到清代摩崖石刻时指出:"清代题景题记摩崖较多,如西甘涧的'永宁题记',天成寺大殿后汪仁溥题'涓涓泉',万松寺塔林旁王锺霖题'逍遥游',天成寺下方宁瑃题'此地有崇山峻岭,怪石奇松',王忠荫题'鸣驺入谷'等等。另有长白思通、甫芗、孙庆颐、甫石臣,粤东香山唐廷枢、徐润、李植昭、刘光廉等多处同游题记。"于是在互动环节,我作为主持人简要地向大家介绍了唐廷枢与天津以及中国工业发展史的关联。

其后,关于唐廷枢游览盘山的情况,我专门查阅了资料,并参考唐山开滦矿务局档案馆原馆长杨磊先生的文章,在此向大家做简单介绍。清光绪十四年(1888)是开平矿务局蒸蒸日上的一年:这一年,中国第一条铁路唐胥铁路将要从芦台延筑至大沽和天津;这一年,开平建矿十年后首次分发股息,5 月 12 日在天津报纸上刊登将分发股息的启事;这一年,7 月 17 日开平矿务局召开第一次股东大会,审议了财务开支等;这一年,唐廷枢在天津河东购地四块,花费津银 14425 两建立河东煤栈码头，在租界林立的海河两岸第一次出现中国企业的码头；也是这一年，唐廷枢等四人对迁安铁矿、承平银矿进行了考察，然后来到蓟州盘山乘兴游山。

当时，唐廷枢、徐润已辞去轮船招商局职务，专任开平矿务局总办和会办。刘光廉是两人的同乡密友，曾是轮船招商局的股东和要员，后因还款问题遭到挤压，遂追随唐、徐北上。李植昭目前查无下落，但此人排名在刘光廉之前，也该是个有身份和地位的工商巨贾。同游盘山的四个人，此前考察铁矿和银矿，可能与投资入股收购矿业有关。此次游山留下的摩崖石刻，位于天成寺西，竖写 7 行 28 字："光绪十四年八月九日粤东香山唐廷枢徐润李植昭刘光廉同游并志。"经考察，承平银矿有三处可以采银熔银，且有 15 名西人在此担任矿师、化验师等。清光绪十五年(1889)，开平矿务局终将承平银矿收于门下。这一处石刻记录了中国工业发展史上的一段佳话。

周建讲的《西青乡土建筑》，大致也分为两个部分：一方面讲作为文物或者准文物的建筑，包括民居建筑四合院、三合院等在西青区的空间布局；另一方面就是讲传统木结构建筑以及瓦作的方法，还有乡土建筑的木装修以及附属建筑，如门楼、山门、如意门、泰山石敢当、仙家楼等。

周建讲得也非常好，因为他与程绍卿、杨新，讲的都是各自的专业，说起来自是如数家珍。不过周建这一讲，数了多少家珍我是没记住，但是讲石家大院旁边的那个院子，我是记住了的。现在您去参观石家大院，是一个规模宏大，接近于四方城的由若干四合院组成的大宅门。但是，1949 年之前，这个大宅门西南部其实是少一个大大的四合院的，整体呈现刀把儿的形状。这是为什么呢？因为石家大院并不是一开始就有方方正正的好多院落，而是随着石家的发家,财富越来越多,才从一个小四合院,收买邻里住宅,历经几十年的积累,最终形成了好多院落。就在这个过程中,位于石家西南方向运河边上的一个院落,始终没有卖给石家。石家依仗着财大气粗,尽收周边宅地,唯此院落没有收到。石家为此三番五次派人上门游说,出尽高价,但是主家不为所动,坚持不卖祖宅。这让石家颇感意外,也让石家的宅院始终缺少了一个大角。在石家风光无限、繁荣富强的时代,这个残缺始终没能解决,直到石家家道中落,也就再没能力解决了。

三、小站练兵宣传的遗憾

刘景周老先生2019年第九期讲《小站周公祠》,讲得很细致。这堂讲座已经不仅仅是讲建筑了,甚至是全面讲述了周盛波、周盛传兄弟二人的事功,最重要的是他们带领淮军在小站驻扎、屯田、挖河的一段大历史。刘老的讲座大致仍是两部分:前一部分是讲建筑,讲小站周公祠这座建筑的历史,风风雨雨一百年;后一部分讲周氏兄弟在小站的作为,是晚清那个大时代当中一段重要的史实。

位于津南区小站镇的周公祠是周盛传、周盛波弟兄的祠堂,按照刘老的说法是"国办祠堂"。为什么是国办祠堂,它的来龙去脉,您可以阅读刘老讲座的篇章,在此就不重复了。把真实历史留给后人意义很大。

刘老在介绍后人修缮周公祠的时候,有一段描述:"时间最能检验工程质量。1987年修缮的三个正殿,未过二十几年,顶瓦脱落,土板子折断,屋顶洞开,墙砖碱蚀,原青石台阶被换成砖头水泥台阶。2016至2018年,区文化局又陆续大修,重作屋顶台阶,并彩绘一新，添置匾额楹联。还在月台上砌了矮花墙，三大殿才显得如此壮观。”这也是一段真实的历史轮廓。而在这些历史轮廓当中，我们每一位都是历史当事人。

还是讲一个轻松的段子吧！

昨天(2020 年 10 月 10 日，写到此处的这一日的昨天)在微信上闹了一个小笑话。小站镇文化站站长陈同军先生，我们于 2015 年小站练兵 120 周年学术研讨会上结识，之后他即调回文化馆工作，昨日陈同军发了一个朋友圈，他写到“2920 年小站镇‘稻香风情’系列活动之音乐小站专场”，后面附了几幅图片。见此之后，我即与他开了个玩笑，我写道：“嗯，像是九百年后的音乐！”然后是“笑脸”和“点赞”。陈同军居然未解其意，又写道：“周老师您好，我说您是表扬啊还是表扬啊还是表扬啊，呵呵。”他还进一步解释说：“咱这十月一期间，我们一共搞了九场活动，这个也是丰富老百姓的群众文化吧。”我赶紧说：“表扬表扬，只是提醒一下笔误。”没想到这哥们儿依然“未解风情”，继续介绍他的工作，真是憨得可爱。从陈同军的可爱介绍中，一个基层文化工作者的形象已跃然纸上。他继续说：“去年以小站稻乡风情为品牌，我们搞了将近 200 多场活动。……今年由于疫情防控，这不就搞了几场嘛！效果还行，挺好的。”

说真的，对于这些基层工作的朋友，我一向很敬重，他们最不容易，辛辛苦苦做了许多有意义的工作，陈同军依然没有明白我的调侃，我只好又发一张放大的 2920 年字样的截图，这才使他哈哈大笑起来。这样嘻嘻呵呵几轮对话之后，他依然想着他的工作，他说：“另外，我们想在 12 月份搞一场小站建镇 145 周年的那么一个小活动，我还想请教请教您呢，看看您有这方面的好点子吗，给我们指导指导。”得,我的一个善意提醒,又招来一通“工作”。

我赶紧回复陈同军说:“喂,陈老师你好,那个活动搞得非常好,真的非常好!我也非常关注小站这个稻作文化,做得有声有色,做得非常好。140多年这个(纪念日)呢,我还头一次听说,没想过。那我现在主观想象,肯定是以盛军驻扎小站开始计算对吧,但是严格地讲,这个定为建镇日可能不太贴切。”

“所以,现在看起来,从宣传的角度上讲有三部分:一部分是小站稻,一部分是盛军,一部分是新建陆军。所以怎么选择啊?还得琢磨琢磨,我一直没有想好。我琢磨琢磨有什么想法儿,再跟你沟通啊,谢谢。”

“也许是我研究小站练兵吧,对小站练兵我是情有独钟的。我一直以来是这么认为的,我觉得小站练兵无论从学术价值、历史意义、现实意义以及对于小站知名度(提升)、拉动经济做文旅,都是最优的选择啊!

“这个盛军呢,对小站是有贡献的,有养育之恩,这个我是承认的,有他的历史意义,纪念盛军也责无旁贷。盛军,由于有了盛军才有小站镇吧——他们又开凿减河,创造出小站稻,绝对对小站是有大功的,我们纪念盛军是没有问题的。”

“但是呢,如果是作为现在的小站宣传,盛军不是最佳的选择,因为盛军有一个瑕疵,就是在甲午战争当中,盛军的战绩是非常糟糕的。”

“现在最佳的宣传该是小站练兵,小站练兵的历史功绩,其实现在已经是常识,是被学术界所公认的,也是尽人皆知的,宣传上没有问题,对现在小站镇的文旅经济拉动会很大。”

陈同军站长肯定了我的意见,他说我“说得实实在在”。这只是一次普通的微信朋友圈的偶然相遇，真要说起我和小站的缘分，那还真是有好多好多话要说，在这里恐怕是写不完的。祝福小站吧！

四、文物偏安一隅的遗憾

王桂义讲《丰台天尊阁》，是2019年问津讲坛的第八期。起初听到这个题目的人，都以为是写错了，或者以为讲错了——丰台隶属于北京啊，问津讲坛怎么会讲北京的文物呢？其实稍微想想就能知道讲的一定是天津，因为在几十年前的天津，有一款酒叫作“天尊酒”，而且是高档酒，天尊酒当是因为天尊阁而得名。天尊酒是芦台的酒，那么天尊阁也必定在宁河，但是为什么冠以“丰台天尊阁”呢？还是让我们进入现场听讲座吧。

“丰台镇古作‘豐臺’，位于天津市宁河区东北部，为与北京的丰台相区分，旧时人们称这里为‘东丰台’。”原来如此，华北大地有两个丰台，也是奇观了。

“东丰台人杰地灵、文艺荟萃，木板年画、雕纸、染纸、雕塑等均是传承七八百年的传统民间工艺，在国内外享有盛誉。此外，东丰台还曾拥有‘天一水会’这一古老的救火组织，二十四道花会的强大演出阵容，正月初一供桌会、正月十五闹花灯、二月十九烧花船、七月十五放河灯、十月十五水会戏等传统民俗活动，可谓美景如画、众彩纷呈。至今，矗立在天尊阁碑廊内的康熙年功德碑上‘京东首镇’几个大字依旧赫然醒目。数百年来，民间亦流传有‘一京(北京)、二卫(天津卫)、三丰台’之说。”如此看来，还真是个京东重镇，就是在这样一个有历史积淀、有文化底蕴的地界儿，有那么一个天尊阁，属于“道家宫观”。

然后讲的是道教的一些基本介绍以及道教在丰台的发展历程、天尊阁的传说等。

主讲者说："千百年来，作为道教祖庭的天尊阁不仅在建筑、风水、宗教、艺术、社会伦理、道德规范及倡导人与自然和谐共生方面体现了社会价值，同时也衍生了民间文化不可或缺的传说故事。"据王桂义搜集整理，当地民间流传的与天尊阁相关的传说有二十多个。由于这些传说的神话色彩比较浓郁，在问津讲坛这里就没有一一列述，只是选择性介绍了自抗日战争始，天尊阁多次躲过被毁劫难的故事。听着蛮有意思，但是作为文史人，还是觉得有话要说，尤其是其中的两个故事。

第一个故事是在1933年5月间，由于南京国民政府长城抗战失利，日本侵略军先后攻陷唐山、丰润等地，进而向平津地区推进。国民党的部队驻扎在丰台镇，日军飞机轰炸："从唐山方向突然飞来三架双翼飞机。这三架飞机看似有备而来的，进入镇区后就各自飞向东、南、北三个方位的驻军上空投放起了炸弹。据当地老人回忆，其中在南部投弹的飞机还专门盘旋到天尊阁的上空，人们隔着窗户纸看得真真切切，眼见飞机上的炸弹就跟下饺子一样往天尊阁顶部坠落下来。但这些炸弹却向天尊阁东北部七八十米外的大水坑中。结果，天尊阁安然无恙，只是把东北部的大水坑炸起了几柱浪花，也没有伤害到当地百姓。"

另一个故事发生在1975年。当时丰台城原有的六座城门和镇区内大大小小二十余座庙宇大多被拆毁，仅剩下作为学校校舍的天尊阁。就在这一年春节过后，经过讨论研究，决定将天尊阁拆除。为了尽量减少对砖瓦木料的损坏，保证二次使用，公社专门联系了山东的十几位古建筑师傅实施具体拆除工作。这些古建筑师傅们却不辞而别，其中缘由已无从考证，值得庆幸的是天尊阁再次躲过一劫。

后面这个事件，可以成为当代天津史的选题，尤其是天尊阁这个事件，完全具备深入挖掘的条件，现在为时还不算晚。

其实对我这个年龄的人而言，天尊酒就是一段往事，并且颇具文史价值，兼有经济价值，还可以为当地文旅事业背书，是个一举数得的题材，希望有人做。据说这一款酒不出产了，是为憾事。如果通过文史人的呼吁，使得其复产，那将是文史人为当地文旅做出的贡献。

近日，听闻王桂义老师出版了一部书，是关于天尊阁的，遗憾的是没有看到，也就不能向大家介绍了。王桂义老师研究天尊阁数十年，造诣颇深，他在问津讲坛向大家介绍天尊阁，实在是一件功业，因为在天津这确是一处重要的文化遗产，它静静地伫立在丰台古镇，它的建筑、它的历史、它的故事，对于天津大多市民来说还处于神秘状态，这正是目前天尊阁可以保护利用的地方，完全可以用来打造特色文旅。这一点，我一定尽我所能呼吁助力。

一座恢宏楼阁名天尊，一个千年古镇叫丰台，就因为它们偏处一隅，因此少有人涉足，不能不说是一个遗憾。让我们一起努力来消除这个遗憾，不要让它继续“养在深闺”了。

五、尚可努力消除的遗憾

第三期静海民间学者李寿金讲祠堂文化，题目是《静海的祠堂建筑》。这个话题对于市区的听众似乎有点远，但是由于社会的进步，交通的发达，从中心城区去静海已经非常方便了，静海也已经由远郊变成近郊了,了解一下乡间的宗祠文化,对于中心城区市民而言也是大有裨益的,因为中心区的市民,你往上捯到三代,大多来自河北乡下。

李寿金来自李佳阳的静海记忆团队, 他作为问津讲坛的主讲人,也是源于李佳阳的推荐,因此有必要介绍一下李佳阳和静海记忆团队。

这是一支静海本土的文化遗产保护志愿者团队, 成员来自各行各业,从事不同的工作,但都对历史古迹有着由衷的热爱,并愿意为之付出业余时间去保护那些濒临消失或存在安全隐患的文物古建。他们没有任何报酬,考察的车费、油费、伙食费都得自掏腰包,可每周至少一天,他们要奔波在"野外考察"的道路上。以前这些人是"各自为政",虽然都小有成绩,但力量弱小。2017 年 1 月 1 日,这些志同道合的人组成了守护静海记忆的团队。他们是有目标有纪律、宣传地方文化、探索历史、记录遗迹、交流知识、传承文明的公益团队。

团队组建之后,1 月 7 日,他们就来到梁头镇前邓村,寻找邓长耀的墓志铭碑。邓长耀(1877—1950) ,字鉴三,天津市静海县梁头镇王庄子村人。民国时曾任陕西省政府代理主席等,是冯玉祥的结拜大哥。经过一番努力,他们终于找到了邓碑。更值得一说的是,在找到的几块残碑之中,其中一块是清朝光绪三十一年(1905)翻刻的明朝正德元年(1506)的碑,记述了前邓村观音五圣祠建成于明朝弘治十五年(1502),由直隶天津卫右所杨隆修建。杨隆之父杨文"原籍山东登州府莱阳县,於明朝洪武年间调补天津卫军役,仕河间府静海县河西邓家庄"。这样的信息,恰好印证了天津一位网名"老先生"者的论断,天津得名绝不是因为朱棣过河打了胜仗而赐名,对此笔者赞同。老先生当然有很多依据,我也有我的论述,理由之一就是在所谓朱棣赐名之前,就已经有天津卫或者天津右卫了,而静海记忆团队的这次收获,这通碑文的记载,又给我的论述提供了有力证据,杨隆之父杨文“原籍山东登州府莱阳县,於明朝洪武年间调补天津卫军役,仕河间府静海县河西邓家庄”。关于天津得名的争论,恐怕还得持续下去。在此利用综述的机会,做一个小小的说明,咱先记录在案。

当然以上是我讲的,以下才是李寿金讲的。

李寿金的讲座与其他主讲者一样,对于静海祠堂建筑的数量、分布、规模、特点、作用等进行了介绍,但是让我惊讶又略感遗憾的是以下内容:

> 大瓦头岳氏宗祠 1994 年原址重建,正殿四间,西单间为守祠室。屋顶为硬山顶,盖黄琉璃瓦,正脊上二龙戏珠,两端吻兽。檐下“岳氏宗祠”四字匾,门两边祠联:瀛海家声远;汤阴世泽长。祠内正中供奉先祖岳飞巨幅画像,隆长面白,三绺微须,身穿蟒袍,腰横玉带,威风凛凛,令人望而生敬意。最上方悬光绪年间“精忠报国”金字老匾。东侧供奉南门宗谱,西侧供奉北门宗谱。家族中出了众多官宦名流,其中岳飞第二十八世孙:武榜眼岳汝忠,曾受乾隆太上皇御赐黄马褂、龙头拐的岳全美是岳氏家族的杰出人物。

> 王口岳飞后人,为更好弘扬传承先祖“尽忠报国”精神,在2016 年建立一座岳飞思想文化纪念馆,馆内一楼供奉飞祖画像,龙头拐、黄马褂(复制)。珍藏有《岳氏宗谱》,以及各类介绍

岳飞及当地岳氏文化书籍。二楼厅内待客、会议室，四壁挂满各地岳氏宗亲联谊合影及族史文化介绍。尤其一方复制“中流砥柱”匾额字体厚重，气象正大，引人瞩目。纪念馆每年春节时期，岳氏宗亲会进行祭祖，弘扬文化。

岳飞的家族与天津有关，这是多么令人震撼的消息，这完全是个非常好的文旅亮点，因为在中国文化当中，岳飞是爱国的代名词，是英雄的同义语，岳飞有多大的号召力，就不用我多说了吧，但凡中国人都知道。同时，岳飞天然自带人气，具有多么巨大的商业价值也是不言自明的，看看杭州西湖边上的岳庙就知道了。所以，静海王口没有很好地挖掘岳飞文化，没有很好地建设硬件，更没有很好地设计文旅并传播扩散，没有搭好文化的台，也就没有唱好乡镇文旅产业的戏，是为遗憾。

在此，问津书院的专家学者团队，或可以协助地方完成以上项目，为服务乡镇文旅经济多作贡献。这一节，应该是尚可努力消除的大有希望的遗憾——这种遗憾是暂时的，希望是永存的！祝福静海，祝福王口。

六、提携新人不留有遗憾

1990 年出生的罗丹，是本年度问津讲坛最年轻的主讲人，他做这年第五期讲座时只有 29 岁。问津讲坛甄选主讲人是有一定标准的，一般是在某个领域有所建树，或者在这个领域的研究处于较为领先地位，故几年来，天津文史人均把在问津讲坛做讲座视为一种荣誉、一种认可，而此次请这样年轻的文史人做主讲，还是在天津的文史圈引起了不大不小的议论。笔者听到山长这个决定的时候也是颇为诧异，但是职责所在，主持工作还是要一板一眼地完成。

罗丹开讲座时，前来的嘉宾大约有三四十人。罗丹讲座的题目是《天津文庙建筑文化谭》，分为四个部分：瓦与顶、坊与墙、门与池、殿与庑，讲的是很专业的天津文庙建筑。通过建筑讲文化，讲到崇化学会曾经在此办学，这引起我的共鸣。罗丹讲道：

1927 年，严修、华世奎、林墨青先生等人共同发起创办了天津崇化学会。崇化学会是以“延国学之坠绪，衍固有之文化”，“为童年储师资，为学子谋深造”，“讲求国学，补学校之不及”为宗旨的从事国学教育研究的团体。1931 年，崇化学会迁于文庙明伦堂讲学。1937 年，崇化学会董事恐日寇侵占文庙，破坏文物古迹，于是由华世奎先生邀请胡峻门(祖尧)先生主持崇化学会工作，在崇化堂后的大厅内为学员讲课。

明伦堂建筑群由门厅、前殿、大殿、配殿等组成，是天津府学的主学堂，古时的秀才(生员)在此上课学习。近代以来，在明伦堂建筑群后部建成一座中西合璧的方形高敞大屋，三面设置大窗，采光效果很好。室内放置数排书桌座椅，成为一间可容纳近百人的大教室。

近些年，随着“国学热”的兴起，很多地方的文庙纷纷恢复明伦堂，重现往昔的开坛讲学之风。天津文庙博物馆内的明伦堂也被辟为国学馆，请大专院校、科研单位及社会上的名师讲授国学，如《论语》《中庸》《大学》等，并定期举办专题讲座，普及传统文化知识，产生了有益的社会影响。古老的文庙建筑，也因此焕发了新的光彩。

听到此处,我为传统、为儒学感慨。首先,致敬严修先生吧!为什么?理由不说了。其次致敬龚望先生,崇化的学子反哺崇化,终生传承国学,于国学教育、佛教、佛乐、国乐、书法、收藏等领域均有建树。第三致敬郑菊茹先生,崇化的学子,献地于敬业中学堂,而后才有南开学校。

这次讲座以后,随着时间的推移,我又接触到罗丹的一些消息。比如河西区政协组织撰写文史资料丛书,章用秀先生领衔,罗氏父子位列其中。近期的文史活动也多是上阵父子兵:由万鲁建、傅磊和我共同策划组织的"翁万戈纪实电影放映暨研讨活动"天津第一站在袁氏宅邸举办,罗文华老师携子参加;就是这天上午,父子俩还参加了天津社会科学院出版社在河西政协举办的"海河西岸记忆丛书"编委会的审稿会;而在此两天之前,天津社会科学院历史研究所召开了一次研讨会,恰是为了罗丹新书《票证中的天津风物》而进行的,罗丹作了《票证在天津历史文化研究中的作用》讲座,罗文华先生做了补充……回看近两年罗丹的学术历程,2019年至今,在报刊发表文章有《跨越百年的邮政博物馆》《票券上的天津解放记忆》《游船上的海河风景》《千年名刹独乐寺》《觉悟社门券存史迹》《从乾园到静园》《踏寻文化大师李叔同的足迹》《门券见证美术馆发展之路》等近二十篇;参与鼓楼博物馆、文庙博物馆"中国清代铜鎏金机制币式扣收藏展""永通万国——天津钱币收藏家联展""中国古代瑞兽形铁秤砣收藏展""绚丽霓裳——近代服饰收藏展""印象天津——民俗风情万栩油画作品展""刻画洞天——天津博物馆藏砖雕展""秋澄万景清——中秋文化展"等大型展览活动的策展工作,其间还撰写了论文《民国时期崇化学会在天津文庙的国学活动》《论天津文庙在天津文教史上的特殊贡献》发表于2018年、2019年孔庙年会论文集。

就此,我们可以看到两个努力。

一个是老罗的努力,看到一个和我一样的父亲的努力,我感同身受。呵护子女,是每一个父亲的本性。但是还有另一个角度,就目前来看,明星大腕将子女打包带进文艺圈者,亦不在少数;却少见将子女带进文史圈的。几乎没有人愿把自家人带进文史圈,甚至很多家属反对家人涉足文史圈。笔者自己就经常面临家属的谴责,文史圈有什么好处?文史圈确实没什么世俗的好处,但也不能说什么都没有,文史圈有情怀,文史圈有责任,文史圈还有风险。

另一个是小罗的努力。在天津近代票证史这一领域,罗丹已经做得很好了,一本《票证中的天津风物》该是填补空白之作吧。故而,问津讲坛该不该请小罗做主讲人,也就有答案了。我理解问津书院的一片苦心,提携年轻人也应该是问津讲坛的责任所在。罗丹加油!

此提携青年无遗憾,但是作为问津讲坛而言,则提携的数量太少了,是为遗憾。

七、2019讲坛的最大遗憾

2019年第七期问津讲坛,由时任天津社科院出版社社长兼总编辑的张博主讲,讲座题目是《中国最早室内篮球场及其他》。

篮球传入中国是清光绪二十一年(1895),天津中华基督教青年会成立以后,便将西方近代体育项目逐渐引入天津,篮球只是其中之一。由于篮球运动的传入,从这儿开始,天津基督教青年会就成了一个基地,中国近代体育的很多项目都在这里孕育,在南开学校、北洋大学以及天津的高中等学校付诸实施,比如网球、乒乓球等。

篮球运动传到天津以后,基督教青年会在天津北洋大学、新学书院、官立中学堂等学校传授篮球技术,进一步推广这项运动。那时候还都是室外篮球场,1914 年 10 月，天津基督教青年会在东马路的会所建成并且投入使用，这个建筑当中包括一个内设的篮球场,成为中国首个室内篮球场地。由于这个篮球场建在室内,避免了恶劣天气的影响,使天津的篮球运动得到进一步发展。此后,天津乃至华北地区许多重要的篮球比赛都在这里进行。

张博老师讲了篮球传入天津,传入中国的历程,讲了中国首个室内篮球场，更多时间在讲中华天津基督教青年会传播近代文明的历史。其讲稿第二个小标题就叫作“青年会传播近代文明的领域”,其中第一个领域是提倡改良社会习俗。当时的有志之士认为,中国之所以落后跟社会习俗有密切关系,必须改变社会陋习,社会才能进步。那有哪些社会陋习呢?有几个方面尤其受到开明人士的憎恶,如纳妾、缠足、抽大烟、酗酒等。1910 年,在基督教青年会骨干成员的倡导下,天津人在全国率先向这些陋习宣战。第二个领域是注重平民教育。当然这不是教育救国理念下的行为,这是西方为了传教而兴起的教育事业。基督教青年会面向社会开办各种文化教育学校，客观上对于天津教育的普及和天津市民素质的提高起了一定作用。

张博的讲稿约 7500 多字，可第一部分讲室内篮球场不超过 1300 字。其他方面的内容为第二部分讲天津基督教青年会传播近代文明的领域,第三部分是讲基督教青年会传播近代文明的途径,

第四部分是基督教青年会在天津传播近代文明的影响和意义。

关于张博老师和他的讲座,我想说两点。第一,讲西方近代文明在天津的传播,应该是难能可贵的。第二,在我写这篇综述的时候,张博老师已经远走四川,调入成都体育学院当教授去了。

作为历史学博士的张博先生，在天津社科院出版社社长兼总编辑任上,不惜辞职远走巴蜀,或许正应了苏轼所说的“此心安处是吾乡”吧。

2020 年 10 月 29 日

于天津北辰万科新城

后记:让无声的建筑“开口说话”

近些年来,问津书院集合了一大批各领域的专家学者,致力于天津地域文化的挖掘、梳理以及研究工作,迄今已做出许多有目共睹的成绩。《三津谭往》是《问津文库》丛书中的一个特色系列。自2013年以来,书院每年就某一与城市文化相关的研究主题延请专家举办讲座,《三津谭往》是其结集出版的成果。2019年,问津讲坛的主题是不可移动文物,主要是各类建筑文化遗产。

在经济飞速发展、大都市日益现代化的趋势下,文化内涵的差异成为城市面貌独具一格的决定因素。建筑是一种无声的语言。一座城市,给人印象最直观、最深刻的往往是它的建筑形式。充斥着高楼大厦、熙熙攘攘的城市看起来很现代,但很明显既缺乏历史感,无形中也隐藏着冷漠的距离感;而那些静静矗立的老建筑,携带着满身的历史沧桑感,引诱着研究者去破解城市的文化密码。

本书的十位作者,也就是2019年问津讲坛的主讲人,个个都是建筑文化方面的解码高手。他们大都出生在本乡本土,或者是长期寓居,对这片土地有着深厚的情感,是以能心无旁骛苦中作乐,将大量精力物力财力投入其中。经过多年的田野调查和摸索实践,他们对身边的历史建筑了如指掌。本书所收集的十篇讲稿内容,正是各位专家辛苦研究的结晶。

从研究对象来看,天津的建筑遗产涵盖面广,类型非常丰富。各位专家根据自己的研究兴趣,关注的领域和方向各有不同。有的关注近代以来受西方文化影响而产生的建筑遗产,如金彭育先生研究天津工商学院的老建筑,属于人们常说的小洋楼一类;有的关注近代天津现代化进程中遗留下来的文化财富,如岳宏研究馆员的天津工业遗产"永久黄",张博研究员的天津第一个篮球场及其他相关建筑;有的研究则与中国的传统文化底蕴相关的古建筑,收入文稿中的有天津文庙研究、小站周公祠研究、丰台天尊阁研究,还有天津、西青、静海的乡土建筑研究等。而元明清天妃宫遗址博物馆杨新先生的盘山摩崖石刻研究,则是2019年问津讲坛的特殊个案。

从研究体例上来看,这些研究有的侧重整体建筑理论的演变研究,更多的则是一个个精彩的个案分析。专家们认真考证古建筑的沿革,梳理其从创建、修葺直到当下的现状;分析古代建筑外在形式的构造,充分挖掘不同物质形式中所隐藏的特定的文化内涵,在此基础上界定该建筑遗产的历史文化价值,为当下的文化遗产保护以及城市建设提供切实可行的建议。

俗语说:"外行看热闹,内行看门道。"这些专业学者的研究系统而又深入,往往在普通人熟视无睹处发现古建筑所携带的历史文化信息。通过锲而不舍的努力,他们让这些古老的建筑"开口说话",向我们讲述这座城市的前世今生。他们的研究让我感悟到:生活的诗意不在远方,而恰恰在我们周边。唯有深入了解这些建筑的文化内涵,我们才能真正走入这座城市的血脉深处。感谢诸位专家帮我们擦亮双眼,发现城市建筑的文化之美。

作为讲座结集的成果,这些稿件风格各异,或严谨条理、或古朴典雅、或活泼风趣……编者尊重各位专家的劳动成果,尽量最大限度地保留其鲜明的个人特色。非常感谢好友孙爱霞博士的推荐,感谢王振良主编的信任与支持。编书之余,我也受益匪浅,仿佛对这座城市的了解更深了一层,更多了一份文化认同感。借编书的机会能为之尽一份心力,我很荣幸!由于该书是讲座内容的结集,并非专深的学术论文,有的引用之处,未能细作说明,敬请各位方家宽宥!

王云芳

2020 年 9 月 2 日

《问津文库》已出书目

（总计 99+3 种）

◎天津记忆

沽帆远影　刘景周著	59.00 元
荏苒芳华：洋楼背后的故事　王振良著	49.00 元
津门书肆记　雷梦辰原著/曹式哲整理	49.00 元
故纸温暖：老天津的广告　由国庆著	28.00 元
沽上文谭　章用秀著	38.00 元
百年留踪：解放桥的前世今生　方博著	39.00 元
南市沧桑　林学奇著	79.00 元
津沽漫记：日本人笔下的天津　万鲁建编译	39.00 元
忆弢盦：来新夏先生纪念文集　焦静宜编	92.00 元
与山河同在：天津抗日杀奸团回忆录　阎伯群编	38.00 元
楮墨留芳：天津文化名人档案　周利成著	30.00 元
布衣大师：允文允武的艺术名家阎道生　阎伯群著	30.00 元

口述津沽:民间语境下的堤头与铃铛阁　张建著　28.00 元
大地史书:地质史上的天津　侯福志著　29.00 元
丹青碎影:严智开与天津市立美术馆　齐珏著　28.00 元
立宪领袖:孙洪伊其人其事　葛培林著　30.00 元
津门开岁:徐天瑞日记解读　王勇则著　58.00 元
水产教育家张元第　张绍祖编著　36.00 元
八年梦魇:抗战时期天津人的生活　郭文杰著　28.00 元
沽文化诠真　尹树鹏著　48.00 元
圈外谈艺录　姜维群著　38.00 元
记忆的碎片:津沽文化研究的杂述与琐思　王振良著　38.00 元
水产教育家张元第集　张绍祖编　58.00 元
应得的荣誉:女医生里昂罗拉·霍华德·金的故事
[加]玛格丽特著/胡妍译　38.00 元
海河巡盐:国博藏所谓《潞河督运图》天津风物考
高伟编著　58.00 元
析津联话　章用秀著　58.00 元
顶上功夫:宝坻剃头匠的历史记忆　甄建波著　68.00 元
四当明霞:藏书目里的章钰及其交游　李炳德著　68.00 元
津沽旧事　郭凤岐著　198.00 元
守望家园:天津市非物质文化遗产散论　李治邦著　78.00 元

◎**通俗文学研究集刊**

望云谈屑　张元卿著　39.00 元
还珠楼主前传　倪斯霆著　38.00 元
品报学丛.第一辑　张元卿、顾臻编　38.00 元

云云编：刘云若研究论丛　张元卿编　38.00 元

品报学丛．第二辑　张元卿、顾臻编　32.00 元

刘云若评传　张元卿著　32.00 元

郑证因小说经眼录　胡立生著　78.00 元

品报学丛．第三辑　张元卿、顾臻编　48.00 元

刘云若传论　管淑珍著　48.00 元

品报学丛．第四辑　张元卿、顾臻编　58.00 元

走近姚灵犀　张元卿、王振良编　58.00 元

◎三津谭往

三津谭往.2013　王振良主编　39.00 元

三津谭往.2014　万鲁建编　39.00 元

三津谭往.2015　孙爱霞编　48.00 元

三津谭往.2016　孙爱霞编　58.00 元

三津谭往.2017　孙爱霞编　68.00 元

三津谭往.2018　孙爱霞编　68.00 元

三津谭往.2019　王云芳编　68.00 元

◎九河寻真

九河寻真.2013　王振良主编　59.00 元

九河寻真.2014　万鲁建编　59.00 元

九河寻真.2015　万鲁建编　88.00 元

九河寻真.2016　万鲁建编　98.00 元

九河寻真.2017　万鲁建编　98.00 元

九河寻真.2018　万鲁建编　98.00 元

◎**津沽文化研究集刊**

《雷雨》八十年　耿发起等编　55.00 元

陈诵洛年谱　张元卿著　48.00 元

碧血英魂:天津市忠烈祠抗日烈士研究　王勇则著　98.00 元

都市镜像:近代日本文学的天津书写　李炜著　38.00 元

天津楹联述略　李志刚著　36.00 元

口述津沽:民间语境下的西沽　张建著　56.00 元

口述津沽:民间语境下的西于庄　张建著　108.00 元

紫芥掇实:水西庄查氏家族文化研究　叶修成著　58.00 元

芦砂雅韵:长芦盐业与天津文化　高鹏著　58.00 元

王南村年谱　宋健著　78.00 元

国术之魂:天津中华武士会健者传　阎伯群、李瑞林编　78.00 元

来新夏著述经眼录　孙伟良编　198.00 元

举火烧天:天津抗日杀奸团纪事　杨仲达、陶丽著　68.00 元

口述津沽:民间语境下的丁字沽　张建著　168.00 元

口述津沽:南开学子语境下的公能精神　胡海龙著　168.00 元

◎**津沽名家诗文丛刊**

王南村集　王煐原著/宋健整理　68.00 元

严范孙先生古近体诗存稿　严修原著/杨传庆整理　48.00 元

星桥诗存　苏之銮原著/曲振明整理　58.00 元

退思斋诗文存　陈宝泉原著/郑伟整理　88.00 元

待起楼诗稿　刘云若原著/张元卿辑注　42.00 元

刘大同诗集　刘建封原著/刘自力、曲振明整理　88.00 元

碧琅玕馆诗钞　杨光仪原著/赵键整理　58.00 元

石雪斋诗稿(附遂园印稿)　徐宗浩原著/张金声整理　68.00 元

紫箫声馆诗存　丙寅天津竹枝词　冯文洵原著/杨鹏整理　88.00 元

思暗诗集　华世奎原著 / 阎伯群整理　38.00 元

止庵诗存　周学熙原著 / 宋文彬整理　128.00 元

沽上梅花诗社存稿　孙爱霞整理　88.00 元

天津文钞　华光鼐编纂 / 石玉点校　68.00 元

◎津沽笔记史料丛刊

严修日记(1876—1894)　严修原著/陈鑫整理　138.00元

桑梓纪闻　马鸿翱原著/侯福志整理　42.00元

天津县乡土志辑略　郭登浩编　98.00元

严修日记(1894—1898)　严修原著/陈鑫整理　128.00元

周武壮公遗书　周盛传原著/刘景周整理　128.00元

天后宫行会图校注　高惠军、陈克整理　128.00元

津门诗话五种　杨传庆整理　78.00元

《北洋画报》诗词辑录　孙爱霞整理　198.00元

桑梓纪闻(增补本)　马鸿翱原著/侯福志整理　68.00元

袁克文集　吴瞳瞳整理　58.00元

◎名人与天津

李叔同与天津　金梅编　68.00元

我与曲艺七十年　倪钟之著　68.00元

辛笛与天津　王圣思编著　88.00元

◎**梓里寻珠**

传承与突破:近代天津小说发展综论　李云著　78.00 元

从租界到风情区:一个中国近代殖民空间在历史现实中的转义　李东晔著　68.00 元

赶大营研究　张博著　68.00 元

屏庐铅椠:藏书家刻书家金钺研究　胡艳杰编著　68.00 元

◎**随艺生活**

方寸芸香:藏书票里的书故事　李云飞编　98.00元

问津书韵:第十三届全国读书年会文集　杜鱼编　78.00元

开卷二〇〇期　董宁文、董国和、周建新编　168.00 元